TEST 1

TEPS

Test of English Proficiency
developed by
Seoul National University

넥서스

NEW TEPS 시험 구성

영역	문제 유형	문항수	제한 시간	점수 범위
청해 Listening Comprehension	Part I: 한 문장을 듣고 이어질 대화로 가장 적절한 답 고르기 (문장 1회 청취 후 선택지 1회 청취)	10	40분	0~240점
	Part II: 짧은 대화를 듣고 이어질 대화로 가장 적절한 답 고르기 (대화 1회 청취 후 선택지 1회 청취)	10		
	Part III: 긴 대화를 듣고 질문에 가장 적절한 답 고르기 (대화 및 질문 1회 청취 후 선택지 1회 청취)	10		
	Part IV: 담화를 듣고 질문에 가장 적절한 답 고르기(1지문 1문항) (담화 및 질문 2회 청취 후 선택지 1회 청취)	6		
	신유형 Part V: 담화를 듣고 질문에 가장 적절한 답 고르기(1지문 2문항) (담화 및 질문 2회 청취 후 선택지 1회 청취)	4		
어휘 Vocabulary	Part I: 대화문의 빈칸에 가장 적절한 어휘 고르기	10	통합 25분	0~60점
	Part II: 단문의 빈칸에 가장 적절한 어휘 고르기	20		
문법 Grammar	Part I: 대화문의 빈칸에 가장 적절한 답 고르기	10		0~60점
	Part II: 단문의 빈칸에 가장 적절한 답 고르기	15		
	Part III: 대화 및 문단에서 문법상 틀리거나 어색한 부분 고르기	5		
독해 Reading Comprehension	Part I: 지문을 읽고 빈칸에 가장 적절한 답 고르기	10	40분	0~240점
	Part II: 지문을 읽고 문맥상 어색한 내용 고르기	2		
	Part III: 지문을 읽고 질문에 가장 적절한 답 고르기(1지문 1문항)	13		
	신유형 Part IV: 지문을 읽고 질문에 가장 적절한 답 고르기(1지문 2문항)	10		
총계	14개 Parts	135문항	105분	0~600점

Listening Comprehension

Directions

1. In the Listening Comprehension section, all content will be presented orally rather than in written form.
2. This section contains five parts. For each part, you will receive separate instructions. Listen to the instructions carefully, and choose the best answer from the options for each item.

L

Part I Questions 1~10

You will now hear ten individual spoken questions or statements, each followed by four spoken responses. Choose the most appropriate response for each item.

Part II Questions 11~20

You will now hear ten short conversation fragments, each followed by four spoken responses. Choose the most appropriate response to complete each conversation.

Part III **Questions 21~30**

You will now hear ten complete conversations. For each conversation, you will be asked to answer a question. Before each conversation, you will hear a short description of the situation. After listening to the description and conversation once, you will hear a question and four options. Based on the given information, choose the option that best answers the question.

L

Part IV **Questions 31~36**

You will now hear six short talks. After each talk, you will be asked to answer a question. Each talk and its corresponding question will be read twice. Then you will hear four options which will be read only once. Based on the given information, choose the option that best answers the question.

L

Part V Questions 37~40

You will now hear two longer talks. After each talk, you will be asked to answer two questions. Each talk and its corresponding questions will be read twice. However, the four options for each question will be read only once. Based on the given information, choose the option that best answers each question.

Vocabulary & Grammar

Directions

These two sections test your vocabulary and grammar knowledge. You will have 25 minutes to complete a total of 60 questions: 30 from the Vocabulary section and 30 from the Grammar section. Be sure to follow the directions given by the proctor.

V

Part I **Questions 1~10**

Choose the option that best completes each dialogue.

1. A: Do you think you'd be interested in recording our song?

B: Sure, I'm not __________ to the idea.

(a) averse
(b) denuded
(c) belittling
(d) bemused

2. A: I'm glad everyone agreed to cut down on company spending.

B: Yes, it is indeed a(n) __________ move, in my opinion.

(a) insipid
(b) jocular
(c) prudent
(d) noxious

3. A: Our apartment is looking so old and run down.

B: We should probably __________ the whole place.

(a) fluster
(b) sterilize
(c) refurbish
(d) dismantle

4. A: Hi, Molly, I'm calling because Ted's in trouble again.

B: Oh, no. What __________ is he mixed up in now?

(a) pique
(b) dexterity
(c) mischief
(d) apparition

5. A: Could you tell me where Douglas went?

B: I just saw him __________ the overpass to the station.

(a) desist
(b) egress
(c) rescind
(d) traverse

6. A: When can you help me clean out the garage?

B: I can do it __________.

(a) out on a limb
(b) down to the wire
(c) from rags to riches
(d) at the drop of a hat

7. A: This job is really boring, don't you think?

B: Oh, yes, it's just so __________.

(a) vilified
(b) tedious
(c) vigilant
(d) amenable

8. A: Are you enjoying your new position at work?

B: Unfortunately, I'm __________ with more responsibilities.

(a) stewed
(b) billeted
(c) lavished
(d) encumbered

9. A: I was surprised the journalists found you so quickly.

B: They __________ me as I was leaving a restaurant.

(a) soused
(b) waylaid
(c) famished
(d) replicated

10. A: The company needs a new advertising campaign.

B: We've already __________ that idea.

(a) jacked up
(b) eased up
(c) toyed with
(d) wound around

V

Part II **Questions 11~30**

Choose the option that best completes each sentence.

11. Some people have alleged that even top journalists in prestigious newspapers have been __________ stories to mislead the public.

(a) gyrating
(b) placating
(c) fabricating
(d) enervating

12. The celebrity appeared to be __________ about the scandal that was being reported, expressing utter disbelief.

(a) inelegant
(b) unhinged
(c) outmoded
(d) nonplussed

13. Because wild rice is rooted in the mud of lakes and rivers, it is more __________ to the harmful effects of pollution from mining and other industries.

(a) risible
(b) affluent
(c) truculent
(d) susceptible

14. Deep Heal Spas is located in the center of Queens, so drop in for a relaxing spa that will make you feel __________ and fresh.

(a) deified
(b) virulent
(c) instituted
(d) rejuvenated

15. Domestic workers experience higher rates of __________ muscular or skeletal disorders that put them out of work or leave them weak or in pain.

(a) vitriolic
(b) redundant
(c) debilitating
(d) promiscuous

16. When surveyed, the exceptionally rich __________ a surprising list of anxieties, such as a sense of isolation, worries about love, and fears for their children.

(a) exfoliated
(b) elongated
(c) emaciated
(d) enumerated

17. The professor had a reputation for giving __________ lectures by just rambling on and boring everyone.

(a) residual
(b) doggerel
(c) extenuating
(d) interminable

18. The licenses of several Indian pilots were __________ by aviation authorities when it was found that they were flying with fake documents.

(a) offset
(b) revoked
(c) mutated
(d) admonished

19. After Lenin died in 1924, Stalin __________ his rivals and gained control of the Communist Party, eventually becoming a dictator.

(a) recoiled
(b) exalted
(c) concatenated
(d) outmaneuvered

20. The tenant claims he spent money improving the property but was not __________ according to the agreement with the property owner.

(a) bridled
(b) concocted
(c) recompensed
(d) underhanded

21. A new study in the *Journal of Management Studies* shows how systematic corruption is a fact of life and __________ in many countries.

(a) inert
(b) obtuse
(c) endemic
(d) vacuous

22. Come see and hear this funny and intriguing show performed by this master of storytelling, a man who is a natural __________.

(a) privateer
(b) serenader
(c) raconteur
(d) conquistador

23. Residential construction has turned around and is now growing at an annual rate of 3.3% after __________ steeply in the July-September quarter.

(a) chaffing
(b) plunging
(c) ascending
(d) genuflecting

24. The Vikings __________ monasteries on Ireland's west coast in 795 AD and took the booty with them as they advanced along the coastline.

(a) exhorted
(b) pillaged
(c) goaded
(d) raked

25. Researchers suggest that raising expectations could be a key to __________ the academic performance of at-risk students.

(a) berating
(b) teetotaling
(c) enhancing
(d) alliterating

26. Stefan Zweig was the author of works in many genres, but his literary reputation __________ rested on a series of stories and novellas.

(a) lewdly
(b) predominantly
(c) tepidly
(d) bullishly

27. Despite the traditional __________ of doctors to recommend weight training to pregnant women, a new study has found that it can be beneficial.

(a) prescience
(b) reluctance
(c) malfeasance
(d) nonchalance

28. __________ underwater currents to run turbines is seen by many as an extremely "green" form of energy production.

(a) Deterring
(b) Riposting
(c) Maligning
(d) Harnessing

29. In the Civil War, General Robert E. Lee failed in his last attack and all his troops had to __________ their positions around Petersburg.

(a) flout
(b) detract
(c) evacuate
(d) transmute

30. News reports focusing on negative incidents involving Muslims mount up, creating a __________ effect that leads to biased perceptions.

(a) demented
(b) cumulative
(c) perspicuous
(d) incontinent

You have finished the Vocabulary questions. Please continue on to the Grammar questions.

G

Part I Questions 1~10

Choose the option that best completes each dialogue.

1. A: Surely Morris didn't go out sailing today.
B: I don't think the cold weather __________ have deterred him.

(a) can
(b) shall
(c) would
(d) should

2. A: What if the country fails to reform its corruption by June?
B: It quite simply __________ its right to international aid.

(a) had forfeited
(b) was forfeiting
(c) will have forfeited
(d) was going to forfeit

3. A: Something must be done about the rise in school bullying.
B: We should make perpetrators __________ for their actions.

(a) apologize
(b) apologizing
(c) to apologize
(d) to have apologized

4. A: What's up, Brett? I was told you wanted to see me.
B: That celebrity, __________ you had hoped to meet, left the party.

(a) whose
(b) whom
(c) of who
(d) by which

5. A: Mr. Brownee does an amazing job as a teacher.
B: Yes, __________ their best, he helps students excel.

(a) inspires
(b) inspiring
(c) has inspired
(d) to be inspiring

6. A: What did you do when you got to Kauai?
B: We just spent time __________ the island.

(a) explored
(b) exploring
(c) to explore
(d) of exploring

7. A: Is it true Constantine was not a Christian ruler?
B: Yes. For one thing, he demanded he __________ as a god.

(a) be venerated
(b) was venerated
(c) had venerating
(d) should venerate

8. A: The recession hit middle-income families really hard.
B: Yes, more people now have but __________ on middle-class status.

(a) tenuous hold
(b) a tenuous hold
(c) the tenuous hold
(d) any tenuous hold

9. A: Would you be able to tolerate hard physical work if you had to?
B: Yes, I think I __________, since I have a family to support.

(a) could
(b) could that
(c) could able
(d) could be doing

10. A: It was lucky the ambulance arrived so quickly.
B: __________ that, I doubt I'd be alive today.

(a) It wasn't for
(b) To not be for
(c) Had it not for
(d) Had it not been for

G

Part II **Questions 11~25**

Choose the option that best completes each sentence.

11. The leader had tried to prevent the breakup of the Soviet Union, __________ constituent republics were defying central control.

(a) to which
(b) in order that
(c) about whom
(d) many of whose

12. Any private college or publicly funded institution from now on has to meet __________.

(a) criteria of highly trusted sponsor
(b) our highly trusted sponsor criteria
(c) our trust of highly sponsored criteria
(d) criteria our sponsor we highly trusted

13. It was suggested that the minister __________ the final clause of the bill so that it could be applied immediately.

(a) amend
(b) amends
(c) will amend
(d) be amending

14. Recently, a gang of frauds __________ fake legal actions against homeowners in order to scam them out of their property.

(a) instigate
(b) was instigated
(c) are being instigated
(d) has been instigating

15. __________ in a small town, we knew the parents of our son's friends and even went to school with most of them.

(a) To be grown up
(b) We both grew up
(c) Had both grown up
(d) Having both grown up

16. In this region, people traditionally built houses based on hundreds of years of experience __________ with local materials.

(a) to work
(b) working
(c) had worked
(d) to be working

17. The benefits of the vaccine __________ outweigh the allergy risk, so parents should certainly continue to give it to their children.

(a) so
(b) a lot
(c) every
(d) by far

18. Prizewinners __________ accept the house if they do not want to and are welcome to take the equivalent in cash.

(a) could not
(b) need not
(c) would not
(d) will not

19. Born in Russia in 1908, Ida Kar lived in Paris during the 1920s, a period of heady possibility __________ strong-willed female photographers.

(a) of
(b) in
(c) for
(d) yet

20. The student was searching for her bracelet when she discovered that all along she __________ it in the side pocket of her bag.

(a) has
(b) had had
(c) was having
(d) has been having

21. Scientists froze the first generation of bacteria, which they will thaw some time later __________ with evolved bacterial descendants.

(a) compared
(b) comparing
(c) to compare
(d) by comparing

22. The motorcyclist was lucky to survive the accident without a helmet, as he __________ a concussion or even worse.

(a) may have sustained
(b) could have sustained
(c) can have sustained
(d) would have sustained

23. The suspect, Peter Blake of Erindale, __________ at his girlfriend's address earlier this morning by a law enforcement task force.

(a) apprehended
(b) was apprehended
(c) had been apprehending
(d) will be being apprehended

24. Examining the visa problem from all its different angles clearly __________ it would benefit both Saudi Arabia and expatriates if visa restrictions were relaxed.

(a) show
(b) shows
(c) are showing
(d) being shown

25. Embracing the online world can be profitable, but sometimes __________ for interacting with customers and partners.

(a) to do old-fashioned thing is a better way
(b) that is the old-fashioned way done better
(c) doing things the old-fashioned way is better
(d) ways better are doing by old-fashioned thing

G

G

Part III **Questions 26~30**

Read each dialogue or passage carefully and identify the option that contains a grammatical error.

26. (a) A: Seems like the Internet's not working, because webpages aren't loading.
(b) B: When that happens I usually reset the modem and the router.
(c) A: Well, you should have to lend me a hand because I don't know about that.
(d) B: It's easy; you just unplug them and then plug them back in, and they reset automatically.

27. (a) A: You've got to read this book, because in my opinion it's just brilliant.
(b) B: You mentioned that before but I'm too busy for novels these days.
(c) A: Surely you're able to spare a few minutes to read a few pages each day.
(d) B: I suppose I could read a few pages before to go sleeping each night.

28. (a) Portugal is not only the poorest country in Western Europe, but it also has the fewest educated population. (b) Its poor education standards are a problem that is becoming even more of a liability as the economic crisis worsens. (c) The country must generate long-term economic growth, but it cannot do so without a well-educated workforce. (d) Even if a better education system were established, it would take a long time before its benefits were felt in economic terms.

29. (a) The last electrical device you bought might have manufactured at a coal-powered Chinese factory. (b) If that is the case, then in making this device, the factory possibly emitted 11 kilograms or more of greenhouse gases. (c) Then another 5 kilograms of greenhouse gases were likely emitted in transporting the device to a store near you. (d) So, you actually contributed to raising global pollution levels and increasing global warming by buying that device.

30. (a) Health officials in the United Kingdom are alarmed that new HIV infections have nearly doubled over the past ten years. (b) Part of the problem is that people are no longer frightened of HIV and believe that nowadays it is a disease that is simple to treat. (c) This dangerous perception leads to people being diagnosed with the disease much later, which in turn increase risk of illness and death. (d) The problem has prompted health officials to recommend a widening of testing in order to catch and treat cases early.

You have reached the end of the Vocabulary & Grammar sections. Do NOT move on to the Reading Comprehension section until instructed to do so. You are NOT allowed to turn to any other section of the test.

READING COMPREHENSION

DIRECTIONS

This section tests your ability to comprehend reading passages. You will have 40 minutes to complete 35 questions. Be sure to follow the directions given by the proctor.

R

Part I **Questions 1~10**

Read the passage and choose the option that best completes the passage.

1. Robert Ferris has a great ability to conjure up ______________________________.
He does so again in his latest novel *Celluloid Kings,* in which Hollywood is depicted as a world of corruption and betrayal. But the corrupt Hollywood theme is an old one and the novel's characters are far from compelling. It's a familiar story of beautiful yet ugly people and unlikely conspiracies and plots, which turn it into a kind of soap opera. Ferris' mistake is to focus on such a well-worn film industry theme. So, the novel ultimately doesn't amount to much, and the more you read the less you care.

(a) life in the fast lane of organized crime
(b) stories with intriguing plots and action
(c) evils lurking beneath worlds of glamor
(d) Hollywood in fresh and interesting ways

2. Researchers are now saying that global warming is taking a toll on global wheat and corn production. What has surprised them, however, is that the U.S., Canada, and Mexico have been relatively unscathed, despite the weather changing rapidly in agricultural areas worldwide. While they are unsure about the cause of this, they are certain that North American wheat and corn farmers have simply been lucky. As they have not experienced significant impacts, it is assumed they might even be skeptical or complacent about the climatic threat. According to the researchers, this would be ______________________________.

(a) just as likely whether the crops are wheat or corn
(b) misguided and relative declines in crop yields are due
(c) likely that yields in most countries are increasing
(d) because the U.S. will continue to escape climate change

3. The pattern is familiar in Baku, the capital of Azerbaijan, when pro-democracy demonstrations occur. Activists protest in the streets, the police arrest people, and some are jailed. But it has become worse lately as the government is desperate to stop the kind of popular uprising seen in many countries in the Arab world. This is nothing new for the Azerbaijani government: it has a history of extinguishing pro-democratic movements by jailing activists and stifling journalists. That happened several years ago, when nonviolent civil revolutions deposed the governments in neighboring countries. We can expect the government to

______________________________.

(a) tolerate dissent but only in so far as it is kept peaceful
(b) implement a broader strategy involving other countries
(c) consolidate its position with more authoritarian measures
(d) follow the example of democratic countries in the Arab world

4.

> To the Editor:
>
> The article entitled "Fiscal Restraints Not Working" was perceptive but gave little in the way of solutions. Our nation's financial woes can be solved first with a moratorium on oil and farm subsidies, perhaps for five years. These areas hardly require billions of taxpayer dollars for their survival. Next, what should be done immediately is to implement a value added sales tax of 5% on all purchases. Then we need to crack down on Medicare fraud. For these steps to succeed, the political parties need to quit fighting ideological battles and focus on what is important. The focus should be on ______________________________.
>
> Stan Brunswick

(a) finding a real solution other than relying on taxes
(b) tackling the real deficit issues confronting our nation
(c) our nation's issues rather than bailing out big businesses
(d) following the party whose ideology best fits national goals

5. A preliminary court hearing was held today for three Brookshire Fire Service managers who are facing charges in relation to the deaths of colleagues in the Woodrow warehouse fire. The three defendants were acting as incident commanders at the time and were responsible for sending four of their colleagues into the burning building. Greg Mathews of the fire crime division said that there is sufficient evidence of manslaughter by gross negligence. As Brookshire County Council runs the fire service, it will also be prosecuted. Charges will be laid alleging it ______________________________.

(a) provided inferior service on the night of the fire
(b) failed to protect its employees' health and safety
(c) was responsible for the deaths of the three firefighters
(d) had not warned the warehouse managers about the fire

R

R

6. The link between increased hygiene and higher rates of health problems is well-known and has been dubbed the "hygiene hypothesis." The theory is often cited in relation to the rise in asthma, allergies, and autoimmune disorders in modern society. But researchers now propose that it especially applies to women, as they have higher rates of allergic health problems and it may be because of the way they are socialized. Compared to boys, girls tend to be prevented from getting dirty and so are not exposed to germs that they might become immune to. The researchers say that this ______________________.

(a) runs counter to what they have more recently found
(b) is the reverse of the problem with the hygiene hypothesis
(c) indicates instead that society raises young girls differently
(d) offers an explanation for why gender is related to allergies

7. Initially, the Teachers Union was in full support of the education reform bill. But now the converse is true, after a majority of union members voted against it in its present form. The reason for backing down from the bill, which union delegates had spent months negotiating, was the introduction of last-minute amendments that restricted union bargaining over longer school days. A spokesperson for the union said that members object to the additions inserted during what she claims was last-minute maneuvering by school reformers. As it stands, the legislation could pass, ______________________.

(a) stipulating that unions could bargain for more pay
(b) leaving teachers with fewer of the late amendments
(c) preventing further disputes according to union requests
(d) restricting rights to negotiate benefits for additional time

8. The present control measures to halt the spread of foot-and-mouth disease, such as the culling of livestock in large numbers, are controversial and hugely expensive. In this report, we examine a new way of handling foot-and-mouth disease based on the finding that the cattle with the disease are infectious for a much shorter time than once thought. We now understand that while a cow might have the disease virus in its bloodstream, it might not be in an infectious state. If it becomes possible to detect the virus early, you need only remove the infected animal to prevent disease transmission. This in turn means ______________________.

(a) foot-and-mouth disease spreads faster in the first five days
(b) reducing preemptive culling around infected farms
(c) using traditional control measures for the time being
(d) how we regard human influenza might be inaccurate

R

9. In 1920, French cinema was transformed with the realization that the United States was taking over the global movie market and no one could compete with it. Hollywood's dominance was likely to be permanent, and so French cinema had to accept something of an underdog status from then on. ________________________________, it continued to prove itself no slouch in technical expertise and pushing the boundaries of what cinema could do. French cinema was at least at the forefront of innovation. It became a kind of testing ground for new ideas that Hollywood then copied and exploited.

(a) Therefore
(b) In other words
(c) On the contrary
(d) Notwithstanding

10. A proposal that the public and journalists should bow to the Lord Mayor at city council meetings will not become part of the council's constitution. Councilors have unanimously voiced their opposition to the plan, saying that it was over the top. Traditionally, councilors themselves have been required to bow their heads to the Lord Mayor. ________________________________, it is not something that has ever been imposed on journalists covering meetings or visitors in the public gallery. The consensus among councilors was that any attempt now to extend the bowing rule will cause embarrassment to all concerned.

(a) Instead
(b) Even so
(c) For instance
(d) Accordingly

R

Part II **Questions 11~12**

Read the passage and identify the option that does NOT belong.

11. Social cohesion is increasingly being linked with health problems. (a) Particularly at risk are women in socioeconomically deprived neighborhoods, according to the latest research. (b) A growing body of evidence suggests that our physical and social environments at home and work can greatly affect health. (c) Men are apparently less affected, although poorer neighborhood environments did have an impact. (d) The discrepancy might relate to women spending more time in their neighborhoods due to domestic roles, which magnifies the problem.

12. Singer and model Kirsten Rutherford can now add fashion designer to her résumé. (a) The talented beauty has teamed up with handbag brand Westhouse to collaborate on a collection of accessories. (b) Westhouse's creative director Allen Park has been working with Rutherford on the pieces, inspired by the 1930s jazz age. (c) London-born Rutherford, who now resides in New York, will also appear in the collection's advertising campaign. (d) It has been confirmed that Rutherford will sign a contract to model lingerie when she arrives in the U.S. later in October.

Part III Questions 13~25

Read the passage, question, and options. Then, based on the given information, choose the option that best answers each question.

R

13. For twenty years, scientists have known that certain kinds of ocean bacteria consume decaying algae and in the process produce sulfur compounds that are an important part of the ocean cycle. The compounds are released two different ways, either going into the atmosphere and aiding water and cloud formation, or entering the ocean's food chain and eventually returning into the ocean waters. Although aware of this, scientists could not explain why some compounds go one way and some the other, but they are now starting to understand the biochemical pathway that controls the manner of release.

Q: What is the main topic of the passage?

(a) Explaining how sulfur is important to the ocean's water cycle.
(b) Growing knowledge on how ocean bacteria release sulfur.
(c) Measuring sulfur from bacterial action on ocean algae.
(d) Controlling the directions in which sulfur is released.

14. Injunctions granted by the lower courts against the press have led to accusations that privacy laws are being used in an oppressive way. In fact, so many prohibitions are passing through the courts, brought mostly by celebrities, that critics are regarding them as a threat to the freedom of the press. In response, the government has asked the Supreme Court to settle the privacy laws issue. A spokesperson for the Ministry of Justice said that "the government recognizes a need to balance individual rights to privacy with rights to freedom of expression and the public's right to transparency of information."

Q: What is the main idea about injunctions in the news report?

(a) The increased use of them has undermined press freedoms.
(b) The courts will find a balance between them and public rights.
(c) The government is intervening over them to protect press freedom.
(d) The rights of the public are under threat from celebrities using them.

R

15. Paleontologists have long held that horses are good examples of evolution through natural selection. But this assertion has been difficult to test because most horse species are now extinct. In a quest for verification, scientists examined teeth fossils from 70 extinct species of horses spanning 5 million years. Differing wear patterns on the teeth fossils showed that dietary changes occurred, which horse teeth necessarily evolved to cope with. They then compared their results favorably with records of North American climate changes that coincided with changes in vegetation.

Q: What is the main idea about horses in the passage?

(a) Their ancient ancestors underwent many dietary changes.
(b) They were governed by natural selection for 55 million years.
(c) Their dental changes are consistent with evolutionary adaptation.
(d) They had teeth showing how they ate vegetation for millions of years.

16. Musical training has been known to confer learning advantages on students, but now a new study has found it can enhance two functions that decline with age—hearing speech in noise and memory. Even as they age, those with lifelong musical training can hear speech in noisy environments without difficulty and have superior auditory memory. The reason why is that long-term experience with discerning meaningful sounds from among many sounds, and remembering sound sequences, trains the nervous system and enhances auditory development. As one ages, this keeps the mind finely tuned.

Q: What is the main idea about music in the passage?

(a) Music helps old people in learning and memory retention.
(b) Hearing and memory are improved through musical training.
(c) Practicing music offsets detrimental effects to hearing with age.
(d) Elderly people who learn music can experience less hearing loss.

R

17. LS Lowry (1887–1976) was a British artist famous for his scenes of cartoon-like matchstick people inhabiting urban cityscapes. His settings were largely based on the industrial cities of Northern England in the early 20th century, but he also painted scenes at seaside and lake areas. Lowry's art is distinctive in that you never see weather or shadows or night scenes. People are always in a sharp bright light in streets of white or grey. Lowry is good at crowds, which dominate his canvases, and shows just how individuals behave in them as they go about their daily business.

Q: What is a feature of Lowry's painting technique?

(a) He drew characters with attention to realistic detail.
(b) He concentrated purely on people in industrial settings.
(c) His people never appear in darkened city environments.
(d) His crowd scenes depict individuals behaving strangely.

18. All of the world's countries have now become the source or destination points for counterfeit medicine. At present, around 1% of all medicines in the developed world are probably counterfeit. In some areas of Latin America, Asia, and Africa that figure rises to up around 30%. If a global average is taken, counterfeit drugs comprise around 10%. These figures apply to both lifestyle drugs and to critical medicines needed for cancer and heart disease. Counterfeiting also includes medical devices, such as surgical instruments, syringes, and even radiotherapy machines. The growth in online purchases has exacerbated the problem.

Q: Which of the following is correct according to the passage?

(a) Unregulated medical practitioners are increasing in number.
(b) Fake medicines are less ubiquitous in developed countries.
(c) Drugs in all regions of Latin America are 30% counterfeit.
(d) Machines for making medicines are also counterfeited.

R

19.

> To the Editor:
>
> I have just read "Dog Fee Unleashes Protest," about Dale County's plan for dog owners to pay $50 to $70 for permits to use off-leash dog parks. It is completely reasonable to require dog owners to pay such an annual fee. Where I live this plan was implemented and works great. But discounts should apply for smaller dogs. The same goes for multiple dog owners, who might have three dogs. They could pay $50 for the first dog and $20 per dog after that. Also, any revenue the government obtains must be used for park upkeep.
>
> Donald Lee

Q: Which of the following is correct about the planned fee according to the letter?

(a) Expecting people to pay $70 dog fees is rather unfair.
(b) Mandating fees for dog parks has never been popular.
(c) Fee reductions should apply to people with many dogs.
(d) Paying $20 per dog is a better idea than paying $50 or more.

20. Bats evolved powered flight just as birds, insects, and ancient pterosaurs did, but in contrast to them bats are furry. That made researchers in Costa Rica wonder if the flights of bats are impaired when their wing membranes become wet in the rain. They studied the metabolism of flight in bats exposed to rainfall and discovered high energy costs and reduced aerodynamic properties. In fact, the energy expended by bats increased twofold when they were wet. While it is now known that rain impacts bat flight, researchers still do not know if sensory navigation is affected by rain.

Q: Which of the following is correct about bats according to the passage?

(a) They evolved fur like their ancient pterosaur ancestor.
(b) They learn to reduce energy rates when wet by rainfall.
(c) Flight is adversely affected by rain-drenched membranes.
(d) They suffer from impaired navigation if flying in the rain.

R

21. Prosecutors alleged today that former governor William Milden sold his office for gain and to meet debts of $350,000. He has been charged with 20 counts of bribery, conspiracy, and fraud. The charges are the same as those in the first corruption trial of the 52-year-old Democratic governor last year, which ended with the jury not reaching a verdict. In his opening statement, a U.S. attorney outlined five instances where Milden conducted shakedowns and attempted to extort cash for favors. The defense council countered by saying that secret recordings of Milden were all talk but nothing substantial.

Q: Which of the following is correct according to the news report?

(a) Three charges were laid on the former governor.
(b) Old ground is going to be covered in the second trial.
(c) Milden was 52 years old when first charged with fraud.
(d) Prosecutors allege that Milden paid cash to obtain favors.

22. Contrary to predictions of greater leisure hours, people are working longer hours than ever, and it is impacting their sleep. Approximately 15 percent of women and 11 percent of men who work more than 48 hours a week get less than 6 hours' sleep a night. Also, 30 percent of women who work over 48 hours a week report poor sleep quality compared with 23 percent for those who work between 31 and 48 hours. Interestingly, this pattern parallels employee dissatisfaction, with those who are dissatisfied being more likely to sleep less and with 33 percent of them getting poor quality sleep.

Q: Which of the following is correct about sleep patterns according to the passage?

(a) More women currently work over 48 hours a week than men.
(b) Around 11 percent of men work for more than 48 hours a week.
(c) People dissatisfied with work get 33 percent less sleep than normal.
(d) Poor sleep quality affects fewer women when working hours are lower.

R

23. Leaf-cutter ants use leaves to create a kind of fungus that they then use to feed their ant colony. In other words, the ants farm the fungus, and they have been doing so since well before humans invented farming, perhaps for up to 50 million years. Over that time, the ants have co-evolved with bacteria called Pseudonocardia that have antibiotic compounds able to help the ants protect their fungus crop from a parasite called Escovopsis. The ants carry a supply of Pseudonocardia on their bodies that combats the parasite when it attacks the ants' fungus supply.

Q: What can be inferred about the ants from the passage?

(a) Their fungus comes in different varieties.
(b) They have been using a natural pesticide.
(c) Their bacteria are not harmful to humans.
(d) They eat any kinds of leaves in their area.

24. Research has shown that when the chemical triclosan, which is in antimicrobial soaps, interacts with chlorine in tap water, chloroform is produced. Thus, antibacterial soaps and other products may be exposing people to high levels of chloroform. The problem is that it is a possible cancer-causing agent. In addition, it can get into the body in many ways besides antimicrobial soaps, such as by inhaling or even taking a shower. Unfortunately, triclosan is in many products these days, from creams to hand lotions to plastic. It gets washed down drains and creates other chemicals that accumulate in the environment.

Q: What can be inferred from the passage?

(a) Triclosan is also used in various food products.
(b) Using too much soap may be damaging to health.
(c) Triclosan can help clean the environment of bacteria.
(d) Full studies on triclosan were done before it was used.

25. While our revenue is derived from member country contributions and support from international groups for specific projects, we at InterEco seek to enhance and continue our main goal, which is a pollution-free world. To achieve this objective, InterEco invites interested individuals, groups, and companies with expertise in managing and organizing public events, such as balls and musicals, to work in partnership with us. We require services that involve negotiating with artists, managing sponsors, locating and contracting venues, and handling the logistics and marketing of events.

Q: What can be inferred from InterEco's advertisement?

(a) InterEco lacks expertise in administrating performances.
(b) It is solely for volunteers willing to organize public events.
(c) InterEco has a tradition of using entertainment to raise money.
(d) It represents a move away from other revenue-raising methods.

R

Part IV **Questions 26~35**

Read the passage, questions, and options. Then, based on the given information, choose the option that best answers each question.

Questions 26-27

A Luxury Apartment for Rent

Cape May, New Jersey, is well-known for its vacation resorts and Victorian buildings. It also boasts many luxury apartments, many of which are too costly for ordinary people. Well, here at Atwood Apartment Complex, anybody can afford to rent a luxury apartment at a reasonable rate.

Located near Cape May Harbor, Atwood is widely recognized as the epitome of opulence. At the same time, we always do everything we can to make Atwood a warm, welcoming space for all our valued residents, offering the best service.

Almost all residents find our top-notch amenities both convenient and satisfying. In particular, they strongly feel that our resident lounges and fitness centers are second to none. In resident lounges, you can either relax alone or have fun with others. In fitness centers featuring state-of-the-art equipment, you can work out in every way imaginable, which will definitely improve the quality of your life.

Our award-winning Affordable Rent Programs have helped hundreds of people to live comfortably in Atwood. If you want to find out how these amazing programs work or to visit our apartment complex, call us today at 775-3388-9977. Just one call will change your life forever.

26. Q: Which of the following is NOT correct about Cape May according to the advertisement?

(a) A large number of people go there for vacations.
(b) Many buildings in the city were built during the time of Queen Victoria.
(c) The majority of its citizens are affluent.
(d) Atwood Apartment Complex operates its business in the city.

27. Q: What can be inferred from the advertisement?

(a) Residents of Atwood are likely to find the complex to be a mortifying place.
(b) It is possible for residents to have some privacy in the resident lounges.
(c) The equipment in the fitness centers is slated to be replaced in the near future.
(d) Atwood's Affordable Rent Programs are not accessible to most citizens.

Questions 28-29

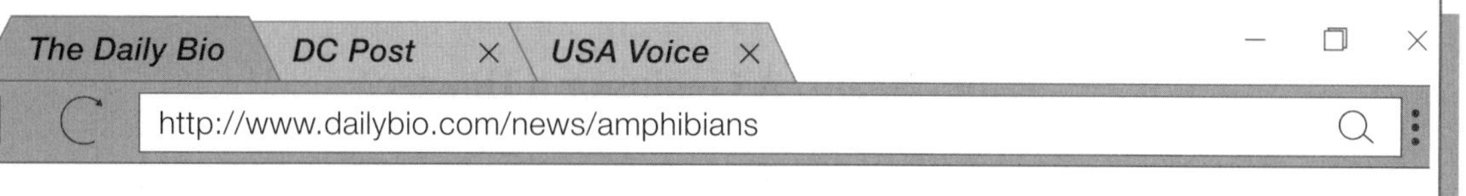

THE AMAZING OVERWINTERING STRATEGY OF WOOD FROGS

Well-known for their freeze tolerance, wood frogs are widely distributed throughout North America. The frog literally freezes in the winter and "thaws" in the spring. When winter comes, ice forms in the frog's body with its bodily fluids frozen.

Several "agents," including organic acids, contribute to the freezing of the wood frog. Biologists have found out that several types of microbes also help trigger ice formation in the frog. Interestingly, wood frogs continue to keep them in their bodies throughout the winter.

When spring comes, the wood frog recovers its physical functions quite rapidly. According to Jack R. Layne, Jr. and his colleagues, wood frogs regain their bodily functions in a certain order. Even before they thaw completely, their hearts begin to beat again. Thereafter, their respiratory functions are restored. Several hours after they thaw, wood frogs become able to move their muscles to a limited extent.

Biologists point out that organic compounds such as urea and glucose help to prevent wood frogs from freezing completely. In this sense, those compounds are regarded as cryoprotectants for the wood frog.

28. Q: Which of the following can contribute to ice formation in the wood frog, according to the article?

(a) Glucose
(b) Sulfuric acid
(c) Cryoprotectants
(d) Some microorganisms

29. Q: Which of the following is correct about wood frogs according to the article?

(a) They are ubiquitous in Brazil.
(b) Even when they freeze, they continue to breathe normally.
(c) Urea inhibits the restoration of their physical functions.
(d) Their hearts stop beating during the winter.

R

Questions 30-31

James Grant: A Genius or a Hoaxer?

Everybody would agree that James Grant is a controversial performer. He is well-known for not mincing words when it comes to political and social issues affecting minority groups. This candor of his makes him both loved and loathed by critics.

Some of his supporters argue that Grant is a genius in that he displays great ingenuity in using words to lay bare the hypocrisy of the dominant classes. On the other hand, his detractors maintain that his so-called "ingenuity" is vastly overrated. They also point out that Grant's penchant for profanities is proof that he is just a hoaxer.

Given his polarizing reputation, his performance scheduled at 3:00 p.m. at Twain Theatre on September 15th will definitely attract both fans and critics. A spokesperson for the theater says that it would be great if the audience could see Grant's performance just as it is.

Well, for both his proponents and opponents, that would be a daunting task, considering that people tend to see what they want to see. Only time will tell if Grant is truly a genius performer.

30. Q: What is the main idea of the passage?

(a) Grant is a hypocritical figure who conceals his disdain for minority groups.
(b) Grant utilizes satirical performances for his personal gain.
(c) Grant's performance on September 15th is not likely to be a success.
(d) Grant is a polarizing performer whose genius is debatable.

31. Q: What can be inferred from the passage?

(a) Grant's first career was a political commentator who supported liberal attitudes.
(b) Grant is likely to believe that the political rights of minority groups should be respected.
(c) Even Grant's detractors acknowledge that he is one of the most eloquent critics of the dominant classes.
(d) In criticizing society, Grant always makes use of only polite language.

R

Questions 32-33

From:	Erica Nicholas <enicholas@ccglobal.com>
To:	Dr. Peter Spence <p_spence@fairville.edu>
Date:	Fri, March 26 at 10:23 AM
Subject:	Your Keynote Speech

Dear Dr. Spence,

This is Erica Nicholas, at CC Global. We feel deeply honored to have you as a keynote speaker at CC Global Conference. Because we firmly believe that climate change is a pressing issue for everyone, we are convinced that your keynote speech is both timely and timeless.

As you may already know, however, we believe that audience engagement is an essential element of a good speech. Therefore, we would like to ask you if it would be possible for you to interact more actively with the audience. What about having a Q&A session after your keynote address?

Of course, it is totally up to you to decide whether to accept our suggestions or not. We sincerely hope that you find our suggestions worth considering. We look forward to seeing you at the conference.

Best regards,

Erica Nicholas,
Conference Coordinator, CC Global

32. Q: Why did Nicholas send the email to Dr. Spence?

(a) To appreciate his efforts to interact more actively with the audience
(b) To suggest that he address a more timely issue
(c) To encourage him to increase audience engagement
(d) To recommend that he be more open-minded to innovative ideas

33. Q: What can be inferred from the email?

(a) Nicholas is concerned that Dr. Spence's address will be unappealing to the audience.
(b) In his speech, Dr. Spence is likely to discuss the effects of global warming on the environment.
(c) Dr. Spence is highly likely to be offended by Nicholas's suggestions.
(d) Dr. Spence offers a Q&A session whenever possible.

R

Questions 34-35

The Battles of Saratoga: A Major Turning Point

The Battles of Saratoga were one of the most decisive moments of the American Revolutionary War, in that they helped ensure the ultimate victory of Americans by encouraging France and Spain to fight against Britain. Prior to the Battles, foreign countries, including France, were not convinced that the Americans were committed to fighting for their independence from Britain. However, the courage and tenacity shown by the American soldiers persuaded other countries to decide to help the Americans.

A British general named John Burgoyne came up with a brilliant strategy for defeating the Americans in the Battles. However, he falsely assumed that other British forces would support his army and that the Americans were not resolute enough to fight bravely. During the Battles, no British forces could help Burgoyne's army, and, to the surprise of British officers, the American soldiers fought courageously.

News of the Americans' victory impressed King Louis XVI so much that he made a decision to form an alliance with them, promising to provide much needed support for the Americans. Spain also decided to fight against Britain, which helped to tip the scales to the victory of the Americans.

34. Q: During the Battles of Saratoga, why were the British officers astonished?

(a) Because General Burgoyne's ingenuity shone through
(b) Because the British forces collapsed internally
(c) Because their predictions were fulfilled
(d) Because the Americans displayed great bravery

35. Q: Which of the following is correct according to the passage?

(a) The Battles of Saratoga were fought between the British forces and the French.
(b) General Burgoyne underestimated the resolve of the Americans.
(c) All the British forces in America were keenly aware of the importance of winning the Battles of Saratoga.
(d) Prior to the Battles of Saratoga, France determined to ally itself with the Americans.

You have reached the end of the Reading Comprehension section. Please remain seated until you are dismissed by the proctor. You are NOT allowed to turn to any other section of the test.

앞면(Side1)

TEPS

Test of English Proficiency
developed by
Seoul National University

수험번호 Registration No.	
성명 Name	한글
	한자

문제지번호 Test Booklet No.	감독관확인란

청해 Listening Comprehension

1	a	b	c	d	26	a	b	c	d
2	a	b	c	d	27	a	b	c	d
3	a	b	c	d	28	a	b	c	d
4	a	b	c	d	29	a	b	c	d
5	a	b	c	d	30	a	b	c	d
6	a	b	c	d	31	a	b	c	d
7	a	b	c	d	32	a	b	c	d
8	a	b	c	d	33	a	b	c	d
9	a	b	c	d	34	a	b	c	d
10	a	b	c	d	35	a	b	c	d
11	a	b	c	d	36	a	b	c	d
12	a	b	c	d	37	a	b	c	d
13	a	b	c	d	38	a	b	c	d
14	a	b	c	d	39	a	b	c	d
15	a	b	c	d	40	a	b	c	d
16	a	b	c	d					
17	a	b	c	d					
18	a	b	c	d					
19	a	b	c	d					
20	a	b	c	d					
21	a	b	c	d					
22	a	b	c	d					
23	a	b	c	d					
24	a	b	c	d					
25	a	b	c	d					

어휘 Vocabulary

1	a	b	c	d	16	a	b	c	d
2	a	b	c	d	17	a	b	c	d
3	a	b	c	d	18	a	b	c	d
4	a	b	c	d	19	a	b	c	d
5	a	b	c	d	20	a	b	c	d
6	a	b	c	d	21	a	b	c	d
7	a	b	c	d	22	a	b	c	d
8	a	b	c	d	23	a	b	c	d
9	a	b	c	d	24	a	b	c	d
10	a	b	c	d	25	a	b	c	d
11	a	b	c	d	26	a	b	c	d
12	a	b	c	d	27	a	b	c	d
13	a	b	c	d	28	a	b	c	d
14	a	b	c	d	29	a	b	c	d
15	a	b	c	d	30	a	b	c	d

문법 Grammar

1	a	b	c	d	16	a	b	c	d
2	a	b	c	d	17	a	b	c	d
3	a	b	c	d	18	a	b	c	d
4	a	b	c	d	19	a	b	c	d
5	a	b	c	d	20	a	b	c	d
6	a	b	c	d	21	a	b	c	d
7	a	b	c	d	22	a	b	c	d
8	a	b	c	d	23	a	b	c	d
9	a	b	c	d	24	a	b	c	d
10	a	b	c	d	25	a	b	c	d
11	a	b	c	d	26	a	b	c	d
12	a	b	c	d	27	a	b	c	d
13	a	b	c	d	28	a	b	c	d
14	a	b	c	d	29	a	b	c	d
15	a	b	c	d	30	a	b	c	d

독해 Reading Comprehension

1	a	b	c	d	26	a	b	c	d
2	a	b	c	d	27	a	b	c	d
3	a	b	c	d	28	a	b	c	d
4	a	b	c	d	29	a	b	c	d
5	a	b	c	d	30	a	b	c	d
6	a	b	c	d	31	a	b	c	d
7	a	b	c	d	32	a	b	c	d
8	a	b	c	d	33	a	b	c	d
9	a	b	c	d	34	a	b	c	d
10	a	b	c	d	35	a	b	c	d
11	a	b	c	d					
12	a	b	c	d					
13	a	b	c	d					
14	a	b	c	d					
15	a	b	c	d					
16	a	b	c	d					
17	a	b	c	d					
18	a	b	c	d					
19	a	b	c	d					
20	a	b	c	d					
21	a	b	c	d					
22	a	b	c	d					
23	a	b	c	d					
24	a	b	c	d					
25	a	b	c	d					

주민등록번호 National ID No.

0	0	0	0	0	0	–		0	0	0	0	0	0
1	1	1	1	1	1		1	1	1	1	1	1	1
2	2		2	2	2		2	2	2	2	2	2	2
3	3		3	3	3		3	3	3	3	3	3	3
4	4		4		4		4	4	4	4	4	4	4
5	5		5		5	–	5	5	5	5	5	5	5
6	6		6		6		6	6	6	6	6	6	6
7	7		7		7		7	7	7	7	7	7	7
8	8		8		8		8	8	8	8	8	8	8
9	9		9		9		9	9	9	9	9	9	9

고사실란 Room No.

0	0
1	1
2	2
3	3
4	4
5	5
	6
	7
	8
	9

수험번호 Registration No.

0	0	0	0	0	0	0
1	1	1	1	1	1	1
2	2	2	2	2	2	2
3	3	3	3	3	3	3
4	4	4	4	4	4	4
5	5	5	5	5	5	5
6	6	6	6	6	6	6
7	7	7	7	7	7	7
8	8	8	8	8	8	8
9	9	9	9	9	9	9

비밀번호 Password

0	0	0	0
1	1	1	1
2	2	2	2
3	3	3	3
4	4	4	4
5	5	5	5
6	6	6	6
7	7	7	7
8	8	8	8
9	9	9	9

좌석번호 Seat No.

A	1
B	2
C	3
D	4
E	5
	6
	7

서 약	본인은 필기구 및 기재오류와 답안지 훼손으로 인한 책임을 지고, 부정행위 처리규정을 준수할 것을 서약합니다.	

답안작성시 유의사항

1. 답안 작성은 반드시 **컴퓨터용 싸인펜**을 사용해야 합니다.
2. 답안을 정정할 경우 수정테이프(수정액 불가)를 사용해야 합니다.
3. 본 답안지는 컴퓨터로 처리되므로 훼손해서는 안되며, 답안지 하단의 타이밍마크(❙❙❙)를 찢거나, 낙서 등으로 인한 훼손시 불이익이 발생할 수 있습니다.
4. 답안은 문항당 정답을 1개만 골라 ▮와 같이 정확히 기재해야 하며, 필기구 오류나 본인의 부주의로 잘못 표기한 경우에는 당 관리위원회의 OMR판독기의 판독결과에 따르며, 그 결과는 본인이 책임집니다.

   Good ▮ Bad

5. 감독관의 확인이 없는 답안지는 무효처리됩니다.

뒷면(Side2)

TEPS

Test of English Proficiency
developed by
Seoul National University

성명	영문	
	서명	

응시일자 : 20 년 월 일

<부정행위 및 규정위반 처리규정>

1. 모든 부정행위 및 규정위반 적발 및 이에 대한 조치는 TEPS관리위원회의 처리규정에 따라 이루어집니다.

2. 부정행위 및 규정위반 행위는 현장 적발 뿐만 아니라 사후에도 적발될 수 있으며 모두 동일한 조치가 취해집니다.

3. 부정행위 적발 시 당해 성적은 무효화되며 사안에 따라 최대 5년까지 TEPS관리위원회에서 주관하는 모든 시험의 응시자격이 제한됩니다.

4. 문제지 이외에 메모를 하는 행위와 시험 문제의 일부 또는 전부를 유출하거나 공개하는 경우 부정행위로 처리됩니다.

5. 각 파트별 시간을 준수하지 않거나, 시험 종료 후 답안 작성을 계속할 경우 규정위반으로 처리됩니다.

성 명 (성 · 이름순으로 기재)

EX H O N G G I L D O N G

A
B
C
D
E
F
G
H
I
J
K
L
M
N
O
P
Q
R
S
T
U
V
W
X
Y
Z

단 체 구 분

학생	일반
○	○

질 문 란

1. 귀하의 TEPS 응시목적은?
ⓐ 입사지원 ⓑ 인사정책
ⓒ 개인실력측정 ⓓ 입시
ⓔ 국가고시 지원 ⓕ 기타

2. 귀하의 영어권 체류 경험은?
ⓐ 없다 ⓑ 6개월 미만
ⓒ 6개월 이상 1년 미만 ⓓ 1년 이상 3년 미만
ⓔ 3년 이상 5년 미만 ⓕ 5년 이상

3. 귀하께서 응시하고 계신 고사장에 대한 만족도는?
ⓐ 0점 ⓑ 1점
ⓒ 2점 ⓓ 3점
ⓔ 4점 ⓕ 5점

4. 최근 2년내 TEPS 응시횟수는?
ⓐ 없다 ⓑ 1회
ⓒ 2회 ⓓ 3회
ⓔ 4회 ⓕ 5회 이상

학력	재학	졸업	전공	직업
초등학교	○	○	인문학 ○	공무원 ○
중학교	○	○	사회과학 · 법학 ○	고시준비 ○
고등학교	○	○	경제학 · 경영학 ○	교사 ○
전문대학	○	○	자연과학 ○	군인 ○
대학교	○	○	의학 · 약학 · 간호학 ○	의료인 ○
대학원	○	○	공학 ○	자영업 ○
			교육학 ○	학생 ○
			음악 · 미술 · 체육 ○	회사원 ○
			기타 ○	무직 ○
				기타 ○

직종		직책
고위임직원 ○	무역 ○	임원 ○
전문직(과학,공학) ○	외환 ○	부장 ○
전문직(교육) ○	자금 ○	차장 ○
전문직(법률,회계,금융) ○	공무 ○	과장 ○
기술직 ○	업무 ○	대리 ○
영업 ○	품질관리 ○	계장 ○
홍보 ○	전산 ○	사원 ○
총무 ○	행정직 ○	인턴 ○
인사 ○	생산관리 ○	기타 ○
경리 ○	서비스 ○	
기획 ○	기타 ○	
구매 ○		

NEW TEPS 실전 모의고사 3회분 VOL.2

지은이 김무룡, 넥서스 TEPS연구소
펴낸이 임상진
펴낸곳 (주)넥서스

초판 1쇄 발행 2021년 5월 20일
초판 3쇄 발행 2024년 4월 1일

출판신고 1992년 4월 3일 제311-2002-2호
10880 경기도 파주시 지목로 5
Tel (02)330-5500 Fax (02)330-5555

ISBN 979-11-6683-052-5 13740

가격은 뒤표지에 있습니다.
잘못 만들어진 책은 구입처에서 바꾸어 드립니다.

www.nexusbook.com

서울대텝스관리위원회 뉴텝스 경향 반영

NEW TEPS 실전 모의고사 VOL. 2

3회분

★ 서울대텝스관리위원회 NEW TEPS 경향 완벽 반영
★ 실제 NEW TEPS 시험지 그대로 구성한 실전 모의고사 3회분 수록
★ 청해 스크립트 및 쉽고 자세한 해석/해설 수록
★ NEW TEPS 실전용 · 복습용 버전의 2종 MP3 무료 다운로드
★ 정답 자동 채점 & 모바일 단어장 및 보카테스트 제공
] QR코드 / www.nexusbook.com

MP3 · 단어장
정답 자동 채점
VOCA TEST

TEST 2

TEPS

Test of English Proficiency
developed by
Seoul National University

넥서스

NEW TEPS 시험 구성

영역	문제 유형	문항수	제한 시간	점수 범위
청해 Listening Comprehension	Part I: 한 문장을 듣고 이어질 대화로 가장 적절한 답 고르기 (문장 1회 청취 후 선택지 1회 청취)	10	40분	0~240점
	Part II: 짧은 대화를 듣고 이어질 대화로 가장 적절한 답 고르기 (대화 1회 청취 후 선택지 1회 청취)	10		
	Part III: 긴 대화를 듣고 질문에 가장 적절한 답 고르기 (대화 및 질문 **1회 청취** 후 선택지 1회 청취)	10		
	Part IV: 담화를 듣고 질문에 가장 적절한 답 고르기(**1지문 1문항**) (담화 및 질문 2회 청취 후 선택지 1회 청취)	6		
	신유형 Part V: 담화를 듣고 질문에 가장 적절한 답 고르기(**1지문 2문항**) (담화 및 질문 2회 청취 후 선택지 1회 청취)	4		
어휘 Vocabulary	Part I: 대화문의 빈칸에 가장 적절한 어휘 고르기	10	통합 25분	0~60점
	Part II: 단문의 빈칸에 가장 적절한 어휘 고르기	20		
문법 Grammar	Part I: 대화문의 빈칸에 가장 적절한 답 고르기	10		0~60점
	Part II: 단문의 빈칸에 가장 적절한 답 고르기	15		
	Part III: 대화 및 문단에서 문법상 틀리거나 어색한 부분 고르기	5		
독해 Reading Comprehension	Part I: 지문을 읽고 빈칸에 가장 적절한 답 고르기	10	40분	0~240점
	Part II: 지문을 읽고 문맥상 어색한 내용 고르기	2		
	Part III: 지문을 읽고 질문에 가장 적절한 답 고르기(**1지문 1문항**)	13		
	신유형 Part IV: 지문을 읽고 질문에 가장 적절한 답 고르기(**1지문 2문항**)	10		
총계	**14개 Parts**	135문항	105분	0~600점

TEPS

LISTENING COMPREHENSION

DIRECTIONS

1. In the Listening Comprehension section, all content will be presented orally rather than in written form.
2. This section contains five parts. For each part, you will receive separate instructions. Listen to the instructions carefully, and choose the best answer from the options for each item.

L

Part I **Questions 1~10**

You will now hear ten individual spoken questions or statements, each followed by four spoken responses. Choose the most appropriate response for each item.

Part II **Questions 11~20**

You will now hear ten short conversation fragments, each followed by four spoken responses. Choose the most appropriate response to complete each conversation.

L

Part III **Questions 21~30**

You will now hear ten complete conversations. For each conversation, you will be asked to answer a question. Before each conversation, you will hear a short description of the situation. After listening to the description and conversation once, you will hear a question and four options. Based on the given information, choose the option that best answers the question.

L

Part IV Questions 31~36

You will now hear six short talks. After each talk, you will be asked to answer a question. Each talk and its corresponding question will be read twice. Then you will hear four options which will be read only once. Based on the given information, choose the option that best answers the question.

L

Part V **Questions 37~40**

You will now hear two longer talks. After each talk, you will be asked to answer two questions. Each talk and its corresponding questions will be read twice. However, the four options for each question will be read only once. Based on the given information, choose the option that best answers each question.

VOCABULARY & GRAMMAR

DIRECTIONS

These two sections test your vocabulary and grammar knowledge. You will have 25 minutes to complete a total of 60 questions: 30 from the Vocabulary section and 30 from the Grammar section. Be sure to follow the directions given by the proctor.

V

Part I **Questions 1~10**

Choose the option that best completes each dialogue.

1. A: I'm concerned the storm is going to damage the roof.

B: Don't worry, it's very __________.

(a) dull
(b) sturdy
(c) posted
(d) harsh

2. A: When did you realize you were eligible for a raise?

B: It __________ me late last night.

(a) bumped into
(b) dawned on
(c) squared with
(d) came through

3. A: Look at how the ice on the trees __________ in the sunlight.

B: Winter certainly is a beautiful time of year.

(a) glistens
(b) polishes
(c) amasses
(d) fidgets

4. A: The volume's turned all the way up, but nothing's __________.

B: There must be something wrong with the TV.

(a) exclusive
(b) negligent
(c) salient
(d) audible

5. A: It sure is __________ in here, don't you think?

B: Yes, I suppose we should open a window or something.

(a) stuffy
(b) drafty
(c) misty
(d) filmy

6. A: This lotion is so thick that it's difficult to __________.

B: The consistency does seem very strange.

(a) soothe
(b) apply
(c) rummage
(d) deliver

7. A: Are you being __________ for all this work you're doing on the company website?

B: Yes, they're paying me by the hour.

(a) frisked
(b) registered
(c) compensated
(d) allocated

8. A: There's a lot of construction work going on at your house.

B: Yes, we're having the garage __________ into a third bedroom.

(a) realigned
(b) morphed
(c) transferred
(d) converted

9. A: I haven't seen Professor Johnson at all this semester.

B: I think he's taking his __________ this year.

(a) withdrawal
(b) furlough
(c) bachelor
(d) sabbatical

10. A: Kevin seems a bit depressed today.

B: They say his boss really __________ this morning.

(a) swept him up
(b) passed him along
(c) chewed him out
(d) knocked him down

Part II **Questions 11~30**

Choose the option that best completes each sentence.

V

11. After West Asia fell under Hellenistic control, its Seleucid rulers __________ a lengthy period of peace.

(a) ran through
(b) closed up
(c) stripped out
(d) ushered in

12. Senator Chapman's appointment of an unqualified aide was viewed as a serious __________ in judgment by many on his team.

(a) split
(b) flinch
(c) lapse
(d) chink

13. No matter what they do, it seems as if management is unable to __________ the anger of the striking employees.

(a) tally
(b) placate
(c) render
(d) coalesce

14. The development of agriculture was likely a significant __________ to the establishment of large urban populations in antiquity.

(a) precursor
(b) liability
(c) agenda
(d) eulogy

15. The athlete, desiring to __________ the taste of victory, remained on the field till dusk.

(a) savor
(b) insulate
(c) fetch
(d) assume

16. The heavy metal band White Smoke announced today that it will take a year-long __________ from live performance.

(a) tack
(b) buttress
(c) reaction
(d) hiatus

17. Phonographs evolved into CD players, just as the laptop is the modern __________ of the typewriter.

(a) improvisation
(b) disclosure
(c) counterpart
(d) priority

18. The Pleiades is a star __________ comprising seven bright stars and is among the easiest to observe with the naked eye.

(a) outfit
(b) cluster
(c) amalgam
(d) mass

19. Flinging oneself __________ into an investment opportunity is never a good policy, so careful research and consideration is needed.

(a) headlong
(b) sideways
(c) upfront
(d) backwards

20. The rare Abyssinian catbird is __________ to the tropical forests of Ethiopia and nowhere else on Earth.

(a) lucid
(b) banal
(c) endemic
(d) prodigal

21. Through __________ maneuvering of his troops, the general was able to secure victory against a force much larger than his own.

(a) adroit
(b) vacuous
(c) extant
(d) opaque

22. Cross examination demonstrated that the witness was prone to __________, changing his story whenever the facts lined up against him.

(a) intransigence
(b) prevarication
(c) turpitude
(d) veneration

23. The President, obviously flustered, wore a persistent __________ as he answered reporters' questions about the scandal.

(a) scowl
(b) visage
(c) enigma
(d) chagrin

24. Japanese officials have unveiled plans to __________ the nation's corporate income tax rate by a full 5% next year.

(a) slash
(b) denude
(c) resist
(d) mold

25. Government-subsidized __________ is now being distributed to farmers in an attempt to shore up the region's production of wheat and soybeans.

(a) subsistence
(b) agriculture
(c) fertilizer
(d) analysis

26. Through the writing of counterfeit checks, the criminal __________ hundreds of unsuspecting bank customers out of thousands of dollars.

(a) bilked
(b) fawned
(c) descried
(d) absconded

27. In earlier centuries, writing under a male __________ allowed many female authors to publish their work more easily.

(a) pseudonym
(b) pact
(c) pacifist
(d) patriarch

28. Throughout her life, Mrs. Anderson has dedicated herself to the __________ pursuit of justice for all members of our society.

(a) nonchalant
(b) dogged
(c) illicit
(d) florid

29. Profits will be meted out as quarterly cash __________ based on the initial investment of each party.

(a) distributions
(b) substitutions
(c) resolutions
(d) constitutions

30. Acknowledging that extended stays in drab environments can be __________ experiences, hospital administrators have spruced up waiting areas.

(a) aggrandized
(b) specious
(c) ethereal
(d) vexing

You have finished the Vocabulary questions. Please continue on to the Grammar questions.

G

Part I **Questions 1~10**

Choose the option that best completes each dialogue.

1. A: I don't understand the benefit of a personal trainer.
   B: They show you how __________ correctly.
   (a) being exercised
   (b) for exercising
   (c) exercising
   (d) to exercise

2. A: I'm not sure __________.
   B: Let's keep them in the fridge for later.
   (a) what to do with the leftovers
   (b) the leftovers what to do with
   (c) to do what with the leftovers
   (d) with what the leftovers to do

3. A: __________ authority are you changing the personnel schedule?
   B: Mr. Lee requested that I do it.
   (a) On whose
   (b) By whom
   (c) Whose
   (d) Who

4. A: Don't worry about arriving late. I know traffic was bad.
   B: Thanks __________ so understanding.
   (a) to be
   (b) will be
   (c) for being
   (d) having been

5. A: Is Ian pleased with the architectural design of the building?
   B: He __________ with how it turned out.
   (a) couldn't be happier
   (b) won't be happiest
   (c) had been happy
   (d) is being happy

6. A: I'll clean everything up before our guests get here.
   B: Yes, please be sure that __________.
   (a) you have done
   (b) to be doing
   (c) you do
   (d) do it

7. A: Ben sure did storm out of here in a hurry.
   B: He left without giving __________ of an explanation, too.
   (a) any
   (b) much
   (c) such
   (d) some

8. A: I found a huge pinecone __________ in the pool this morning.
   B: Weird! I wonder how it got there.
   (a) to have floated
   (b) floating
   (c) to float
   (d) floats

9. A: Why does Professor Wilkins give us so much homework?
   B: He __________ good preparation for our future academic careers.
   (a) is looking at it
   (b) looks at being it
   (c) is being as looking
   (d) looks at it as being

10. A: I __________ money every week. What's your secret?
    B: I use a computer program to track my budget.
    (a) save very difficult to find
    (b) to save very difficult find it
    (c) find it very difficult to save
    (d) find difficult very it's to save

G

Part II Questions 11~25

Choose the option that best completes each sentence.

11. Georgia O'Keeffe was a painter __________ the landscape of the American Southwest was a great inspiration.

(a) in whose
(b) for whom
(c) whose
(d) whom

12. All of Brian's university professors agreed that he was __________ a promising candidate for the annual research scholarship.

(a) quite
(b) a bit
(c) very
(d) a lot

13. Members of the minority political party were happy to talk to __________ would lend an ear for half a second.

(a) anyone who
(b) whom they
(c) who at everyone
(d) all them that

14. My father, an expert in biology, once explained __________ a harmless king snake from a venomous coral snake.

(a) to distinguish how to me
(b) how to me to distinguish
(c) to me how to distinguish
(d) how to distinguish to me

15. AdvanTex has put out a new camera that can carry out 18 different photography functions, __________ the auto mode.

(a) not including
(b) including not
(c) to not include
(d) it doesn't include

16. Astronomers now believe that, statistically speaking, it is highly __________ that life exists beyond the confines of our solar system.

(a) probably
(b) probable
(c) probability
(d) more probable

17. __________ his keen instincts and remarkable physical condition, Colonel Fawcett was dispatched on a second expedition to the Amazon.

(a) Having spectacularly demonstrated
(b) He had demonstrated spectacularly
(c) He spectacularly demonstrated
(d) Demonstrated spectacularly

18. Ulysses S. Grant __________ the Northern forces to victory against the Confederacy.

(a) led as he was the general
(b) he was the general that led
(c) was the general who led
(d) the general was leading

19. Russia's invasion of the Republic of Georgia in 2008 was seen as __________ in the context of post-Soviet diplomacy.

(a) disturbing an event
(b) an event disturbing
(c) a most disturbing event
(d) most disturbingly eventful

20. Medical experts are asserting that diabetes __________ as a manageable disease, despite its connection with other life-threatening conditions.

(a) being mischaracterized
(b) has been mischaracterized
(c) mischaracterized
(d) is mischaracterizing

G

21. Describing a character __________, but it takes talent to do it in such a way that readers become emotionally involved.

(a) any writers are doing
(b) is that writers do anyway
(c) something that any writers do
(d) is something any writer can do

22. Kaufman & Sons __________ the allegations of fraud being brought against them if they want to salvage their public reputation.

(a) better than addressing
(b) are better addressing
(c) had better address
(d) better addressed

23. __________ extremely potent, essence of jasmine oil sells for about $45 per milliliter at most aromatherapy shops.

(a) Having been
(b) To be
(c) Being
(d) It is

24. The plant extract known as stevia, __________ as a pro-health, low-fat alternative to cane sugar, has seen sales increase recently.

(a) advertised
(b) advertising
(c) it's advertised
(d) has been advertised

25. Company policy is to maintain current price listings online, __________ several are months out of date.

(a) and yet
(b) so that
(c) but for
(d) or else

G

Part III **Questions 26~30**

Read each dialogue or passage carefully and identify the option that contains a grammatical error.

26. (a) A: OK, I'm heading out to pick up some groceries.

(b) B: What? I thought you had done that hours ago.

(c) A: I would be going to do, but I got distracted playing my new video game.

(d) B: That thing is really counterproductive. I think you play it too much.

27. (a) A: Have you heard anything about this afternoon's meeting?

(b) B: A meeting? Actually, I didn't even know we were having.

(c) A: Well, we are, but I'm not sure what we'll talk about.

(d) B: We should probably ask Sam if he knows anything about it.

28. (a) Dogs have larger brains than cats, but not simply because their bodies are generally larger. (b) Rather, the difference can be explained by the two species' sociability. (c) It has demonstrated that social animals tend to evolve larger brains, for social interaction requires substantial brainpower. (d) Cats, being naturally less social animals, require less powerful brains.

29. (a) As a resident of a rural area, protecting your property boundaries is something you hope you never have to worry about. (b) But the truth is that everything from survey mistakes to vindictive neighbors poses a constant threat to your property. (c) Do yourself a favor and purchase the appropriate title insurance policy to protect your land. (d) That way, in case of all dispute, you'll be covered for whatever expenses you incur.

30. (a) In today's complex global economy, it can be difficult to distinguish the major players. (b) Belgium, with one of the smallest EU domestic production levels, can greatly affect neighboring economies. (c) This can be explained by the fact that, on top of comprising domestic companies, Belgium had hosted billions of dollars in foreign investment. (d) Thus, though the nation's GDP pales in comparison to Spain's, its economic influence is just as great.

You have reached the end of the Vocabulary & Grammar sections. Do NOT move on to the Reading Comprehension section until instructed to do so. You are NOT allowed to turn to any other section of the test.

Reading Comprehension

Directions

This section tests your ability to comprehend reading passages. You will have 40 minutes to complete 35 questions. Be sure to follow the directions given by the proctor.

R

Part I **Questions 1~10**

Read the passage and choose the option that best completes the passage.

1. ______________________ where the designer launched his fashion label at the age of 18. Saab ranks among the world's preeminent designers, his work attiring megastars and divas that regularly strut down runways and red carpets. Now, some of these iconic dresses will be available for public viewing at an upcoming exhibition to go on display December 22 in Harrods' Luxury Collections Display Lobby. Some of the more recognizable garments will include dresses worn by Beyoncé, Penelope Cruz, and Kristen Stewart—even the gown worn by Halle Berry the night she won her best actress award.

(a) The name Elie Saab has spread far beyond Beirut
(b) Fashion is a growing industry in the capital of Lebanon
(c) Much of Elie Saab's inspiration comes from his hometown
(d) Elie Saab owes his international fame to a mentor in Lebanon

2. A report on the health of American women circulated this month is demonstrating an appalling lack of progress toward many of the health goals established by a recent government initiative. Among the few positives mentioned were statistics showing fewer women are smoking now or dying of coronary heart disease than in 2020. Yet since that time, obesity rates have skyrocketed 24 percent, with 26.4 percent of US women now categorized as "obese." As one might expect, the trending obesity correlates logically with women's diets, lacking in fruits, vegetables, and exercise. Health experts characterize the report as a ______________________.

(a) denunciation of the US healthcare system
(b) concerning snapshot of the state of women's health
(c) reflection of a vast improvement in women's attitudes
(d) consequence of the government's recent health initiative

3. Eleven workers were killed and the waters of the Gulf of Mexico swamped with oil when the Deepwater Horizon rig erupted catastrophically in April. The explosion, as determined by various investigative committees, was a consequence of negligence on the part of the companies overseeing the operation. Specifically, myriad failings of British Petroleum, Transocean, and Halliburton engendered precarious and volatile conditions at the drilling site. Serial oversights by officials included the misreading of pressure tests and improper maintenance, which are hard to understand for an industry as risky as offshore drilling. They basically ______________________.

(a) indicate other uncontrollable circumstances came to bear
(b) have not been acknowledged as contributing factors
(c) attest to dangerous complacency at all levels
(d) played a role in suppressing the price of oil

R

4. In and of itself, glimpsing a fork-marked lemur is not especially notable; what surprised primate researcher Russ Mittermeier was its location. Mittermeier made his sighting while conducting an experiment in a part of northeast Madagascar. Knowing that the animal was out of place there, he quickly suspected that he was gazing at a new species of lemur. His team tranquilized a lemur in order to examine it up close, noting many familiar traits but a few unusual ones as well. Its distinctive color pattern, peculiar displays of head-bobbing, and odd tongue had Mittermeier and his team ______________________________.

(a) amazed it had traveled so far north
(b) convinced they found a new species
(c) persuaded that lemurs need more protection
(d) excited about the lemur's population growth

5. Two decades ago, the Swedish city of Kristianstad had a much different ecological footprint. At that time, all of the heat generated throughout the long Nordic winter came from fossil fuels. Desiring to change that, Kristianstad began utilizing the byproducts and rubbish of its agricultural industry, processing organic refuse into biogas. Manure, food waste, wood shavings, and animal products all have their place in the heterogeneous concoction that becomes Kristianstad's main fuel source. Captivated by the city's success, other municipalities have begun to pattern their power usage after Kristianstad's innovative solution. So, now, ______________________________.

(a) city-wide energy still comes from fossil fuels
(b) traditional sources of energy are not relied upon
(c) skepticism surrounds unconventional fuel sources
(d) officials concede the city's dream is a long way off

R

6. Both potent and ascetic, *Noon Anon* is a new film that examines how one painter's obsession with authenticity and the dark margins of his psyche leads to a nihilistic and destructive lifestyle. This is the most interesting facet of *Noon Anon*, the baring of artist Silas' private inner world, a process that director Mira Korinchak reveals to be inescapably impairing the physical and mental life of the painter. Played by Cat Olmsted in a brash, staggering performance, the film's protagonist, Silas, dissipates his energy and sanity in producing his art. Each canvas he completes ______________________.

(a) drags him closer to the grave
(b) deepens his greed and arrogance
(c) engenders controversy over its meaning
(d) is inspired by a different source from the last

7. ______________________ laptops obtained through Luther High School's student laptop borrowing initiative. Our administration has always prioritized the privacy of students, in matters of academic transcripts, health records, and counseling history. Now, in consideration of the issues raised by rightfully troubled parents, we have decided to disable the security feature within district-provided laptops that intrudes on students' privacy. We will implement another security system to track borrowed laptops that does not encroach upon students' right to confidentiality yet maintains the guardianship of district-owned equipment.

(a) We are delighted to give an update about
(b) Students have failed to take proper care of
(c) Parents have expressed some concern over
(d) The media created unfounded fears regarding

8. Amid a profusion of natural satellites orbiting about Saturn, one moon in particular, Iapetus, stands apart as a bewitching target for astronomical study. The third-largest Saturnian satellite is distinguished by its striking two-tone coloration—once its defining attribute. Now, interplanetary scholars are abuzz with suppositions about the nature of the peculiar ridge strung along three-quarters of the moon's equator, first revealed in 2004 through high-resolution photographs from the Cassini mission. ______________________, which gives Iapetus its strange appearance, has not yet been reached. Theories under consideration include volcanism, fault lines, or a powerful impact of some sort.

(a) An explanation of its atypical coloration
(b) Agreement concerning its impact craters
(c) Consensus regarding the irregular moon's size
(d) General accord about the formation of the ridge

R

9. After colliding with a propeller-driven Lockheed Constellation aircraft at an altitude about 5,200 feet above the streets of New York City, United Airlines Flight 826 careened into Brooklyn's Park Slope neighborhood. Obliterating a church, a grocery store, and a laundry, the four-engined DC-8 jet killed five bystanders on the ground before coming to rest at the corner of Seventh Avenue and Sterling Place. ______________________, the Constellation, which had broken into three sections in the air, erupted in flames as it crashed on Staten Island. December of 2010 marked fifty years since that disaster, which was at the time the worst air tragedy on record.

(a) Still
(b) Thus
(c) Meanwhile
(d) Furthermore

10. Eerily similar approximations of last night's Cutlasses game have already played out three times this season. According to sports statistician Sally Mercer, no other team in the history of the NFL has rallied so many times to regain the lead after a 15-point disadvantage, only to lose by a hair. The Cutlasses' belated comebacks are awe-inspiring; no one can deny that. ______________________, football is a sport with two halves, and if the Cutlasses do not improve their start-of-game play, they will never make it to the finals.

(a) Otherwise
(b) In addition
(c) Nevertheless
(d) In other words

Part II **Questions 11~12**

Read the passage and identify the option that does NOT belong.

11. In Minsk, Alexander Lukashenko was officially named the winner of a contentious 2010 election. (a) The 56-year-old head of state has governed Belarus since 1994, squelching opposition with authoritarian policies. (b) The country had achieved independence from the Soviet Union three years earlier, in 1991. (c) On election day, a number of protestors demonstrating against Lukashenko in the square outside the main government building were beaten, detained, or jailed. (d) Among those arrested were four of Lukashenko's nine political rivals.

12. The American artist Jasper Johns is best known for his iconic rendering of the American flag. (a) His reproductions of pop culture iconography make him more of a pop artist than a Neo-Dadaist. (b) Evidently, the impetus to paint the star-spangled banner was kindled by a prophetic dream. (c) Prompted by the dream, he prepared a surface consisting of canvas mounted on plywood and layered with newspaper shreds. (d) Paint mixed with wax was then applied to build a textured, tactile representation of the flag that begs the question: art or national ensign?

Part III **Questions 13~25**

Read the passage, question, and options. Then, based on the given information, choose the option that best answers each question.

R

13. With whom do you communicate more effectively your spouse or close friend, or a total stranger? It may seem like common sense to answer the former, but for many people this does not reflect reality. Psychologists point to the "closeness bias" in explanation. Basically, we tend to overestimate the contextual bonds shared with close companions, assuming they are privy to all the essential background details of what we are talking about. We therefore skip over data we would otherwise feel the need to share with strangers, leading to frequent miscommunication.

Q: What is the main idea of the passage?

(a) We are better judged by strangers than acquaintances.
(b) Intimate knowledge of our companions is impossible.
(c) Spouses constantly struggle against the "closeness bias."
(d) Bias through closeness can hamper our communications.

14. On January 13, a collection of more than 30 works of art by the preeminent medical illustrator Dr. Frank Netter will go on exhibition at the Firehouse Gallery. A celebration of human anatomy, Netter's illustrations emphasize both the grandeur and the fragility of the body with explicit accuracy. The artist's precision might seem to some clinical, even obscene, dissecting the body with a physician's dispassion. But if startlingly technical, they are also astonishingly beautiful. This exhibition, the first in a series probing the junction of art and science, will be on display until March 23.

Q: What is the announcement mainly about?

(a) Frank Netter's lifetime of accomplishments
(b) Exhibited medical illustrations by Frank Netter
(c) Frank Netter's extraordinary gallery of medical art
(d) High accuracy of Frank Netter's medical illustrations

R

15. Ensure that the manuscript complies with the journal's guidelines for the relevant article type, keeping in mind that failure to do so warrants immediate dismissal of the submission. Please pay particular attention to the maximums delineated in the table entitled Maximum Article Length. Confirm that neither the author's name nor affiliations appear anywhere within the manuscript or accompanying images. Format the entire document—references, tables, keys, and all—in double-spaced, 12-point typeface, paginated consecutively with the Abstract first. If the article is tendered online, it must be accompanied by a cover letter with the author's name and contact information.

Q: What are the instructions mainly about?

(a) Writing an article suitable for a certain magazine
(b) Submitting a grant proposal for research funding
(c) Citing references properly in a scientific article
(d) Formatting an article for submission to a journal

16. Four young ballet dancers from an impoverished district on the outskirts of Cape Town are the subject of the new documentary *Ghetto Ballet*. The film chronicles their preparation for a potentially life-altering audition with a professional dance company, which, if successful, could signify liberation from a life of poverty. After the documentary aired on American cable, a viewer petitioned a local ballet company for help. As a result, the Atlanta Ballet learned of the documentary and, recognizing the dancers' potential, offered South African ballerina Sibahle Tshibika a scholarship to train with them over the summer.

Q: What is the passage mainly about?

(a) An outreach effort run by Atlanta Ballet
(b) An exchange program for young ballet dancers
(c) The conditions faced by those in Cape Town's slums
(d) The benefit from a film for poor South African dancers

R

17. Among extant countries, New Zealand has the privileged distinction of being the first to enfranchise women, suffrage having been scribed into the country's law books in 1893. Although it was first to answer the demand for voting rights for women, New Zealand did not yield that liberty without a fight. A twenty-year campaign was waged by leading suffragettes like Kate Sheppard and Mary Ann Müller, whose objective was to frame the bestowment of voting rights to women as being in everyone's interest. To that end, they argued that women would bring a dose of morality into the country's corrupt political system.

Q: Which of the following is correct according to the article?

(a) Legal sanctioning of women's suffrage dates to 1893.
(b) New Zealanders readily granted women voting rights.
(c) Supporters of suffrage took several years to get the vote.
(d) Women were unable to see how to stop political corruption.

18. In the foothills of the Green Mountains, Yorktown Living History Center plunges visitors into the past, with a dynamic reenactment of everyday life as it was lived two hundred years ago. Interactivity is what differentiates Yorktown Living History Center from other history museums. Guests are never bystanders. You can attend classes in a one-room schoolhouse, contribute to daily barnyard and household chores, and labor in seasonal agricultural endeavors. This Saturday and Sunday, from 10:00 am to 5:00 pm, join us to celebrate the New Year with caroling, spiced cider, and old-fashioned parlor games.

Q: Which of the following is correct according to the advertisement?

(a) The museum's specialty is 19th-century history.
(b) Museum guests are asked not to touch the exhibits.
(c) Visitors to the museum get to see a wild-west show.
(d) The museum will close all day Sunday for New Year's.

R

19. Precisely what circumstances suppress continent-wide economic development in Africa today is not simple to explain. However, one member of the economics department at Harvard has a theory, which recently appeared in *The Quarterly Journal of Economics*. Author Nathan Nunn maintains that the continent's underdevelopment may be due to centuries of human trafficking. Nunn correlated current per capita gross domestic product with victimization during the era of slave trade. Those countries least ravaged by slavery, such as South Africa, Egypt, and Namibia, are among Africa's wealthiest. Meanwhile, the most despoiled, including Angola, Ethiopia, and Tanzania, remain worse off economically.

Q: Which of the following is correct according to the report?

(a) A stasis in African development is not hard to understand.
(b) A Harvard economist knows how to fix Africa's economies.
(c) Poor crop conditions account for Africa's economic problems.
(d) Namibia is at more of an economic advantage than Tanzania.

20. From 1856 onwards, families of Mormons trekked toward Salt Lake City with hand-towed carts filled with their belongings to live where their religious leadership was headquartered. Nearly 3,000 pilgrims took part in this four-year long migration. Known as Mormon handcart pioneers, individuals from places as distant as Iowa and Nebraska, unable to afford horse- or oxen-drawn transport, packed their possessions into wheeled carts and hauled them across the American West. After more than a century, their dogged efforts are still commemorated by members of the Mormon church, who recall the trek of their forebears every July 24, on Pioneer Day.

Q: Which of the following is correct about Mormon handcart pioneers?

(a) They emigrated to escape religious persecution.
(b) Their pilgrimage covered a distance of over 3,000 miles.
(c) Thousands of them had moved to Salt Lake City by 1860.
(d) Pack animals with carts aided the transport of their possessions.

R

21. Vultures cast lugubrious shadows, wheeling about above a rotting carcass before swooping down to scavenge the bones. Though disparaged for their eating habits, vultures play an indispensible role in their ecosystems, for by devouring carrion they curtail the spread of disease and redistribute nutrients. Consequently, when vulture populations come under threat, as was the case in South Asia during the 1990s, disease proliferates unchecked. Termed the Asian vulture crisis, this was when 95 percent of the vulture population perished due to drugs used on livestock, and as a result the ecosystem suffered an overabundance of carrion.

Q: Which of the following is correct according to the passage?

(a) Vultures are universally lauded for their eating habits.
(b) Vultures prevent the spread of disease by eating carrion.
(c) Vulture populations are still under threat from overhunting.
(d) Vulture numbers are up 95 percent since the Asian vulture crisis.

22. As North American woodpeckers chisel at the bark and pith of trees, excavating crannies and fissures in their search for insect morsels, they leave behind a surfeit of cavities that other bird species rely on for roosting and nesting. In essence, they produce habitat for a host of other types of wildlife, so they are a good indicator of the vitality of a forest, its density, and its biodiversity. Researchers can also catalog the distribution of woodpeckers throughout the continent's forests, collecting data about forest bird density overall. Charting and mapping such data is relevant for land management planning.

Q: Which of the following is correct according to the passage?

(a) Hollowing out trees helps keep down insect populations.
(b) North American woodpeckers chisel trees to build their nests.
(c) Woodpeckers' insect-hunting activities help form bird habitats.
(d) Scientists use data about woodpecker habitats to assess fire risk.

R

23. With the recent release of the fourth expansion for Artful Battle, the leading massively multiplayer online role-playing game, game maker Fortnight Design demolishes the few remaining industry records that its trailblazing game had yet to crush. It is with good reason that gamers madly flock to vendors in pursuit of the new expansion. While previous releases rendered only minor changes to the Artful Battle world, Fortnight Design broke the mold this go-round. The bulk of the content is entirely fresh and quests having become more subtle, dynamic, and engaging.

Q: What can be inferred from the review?

(a) Artful Battle did poorly when originally released.
(b) Fortnight Design has only one game title to its credit.
(c) Former expansions did not extensively modify game quests.
(d) Sales of the expansion were available only from online vendors.

24. Certainly, there are limits to what census information can convey about the people of Minnesota. Even so, data released Tuesday by the US Census Bureau does manage to demonstrate that, like other parts of the country, Minnesota has distinct social divisions. They can be mapped as geographical boundaries, the starkest of which represent disparity between income and level of education. Ruralism is correlative with poverty and less education. In Nobles, Blue Earth, and Beltrami counties, 18 percent of people live below the threshold of poverty, compared with less than 5 percent in Scott, Carver, and Washington counties.

Q: What can be inferred from the report?

(a) Washington county has the least poverty of all.
(b) Nobles, Blue Earth, and Beltrami are rural counties.
(c) Rural Minnesotans are better educated than average.
(d) Minnesota's divisions are less defined than other states.

25. In 1911, the eminent chemist and physicist Marie Sklodowska–Curie became the first person ever awarded two Nobel prizes. Yet, the momentousness of this occasion was somewhat overshadowed by vocal allegations leveled by the wife of a colleague, who descried Sklodowska–Curie's affair with her husband. Frenzied by the story's sensationalism, media outfits worldwide effused so much debasing commentary that the Nobel committee attempted to dissuade Sklodowska–Curie from showing up at the prize ceremony. The committee's trepidations were unwarranted, though, for she attended without incident and received her second award, this time in chemistry.

Q: What can be inferred about Sklodowska–Curie from the passage?

(a) She shared her Nobel prize with collaborating chemists.
(b) The Nobel committee helped dispel rumors about her.
(c) The accusations brought against her were fraudulent.
(d) She received a first Nobel for other than chemistry.

R

Part IV **Questions 26~35**

Read the passage, questions, and options. Then, based on the given information, choose the option that best answers each question.

Questions 26-27

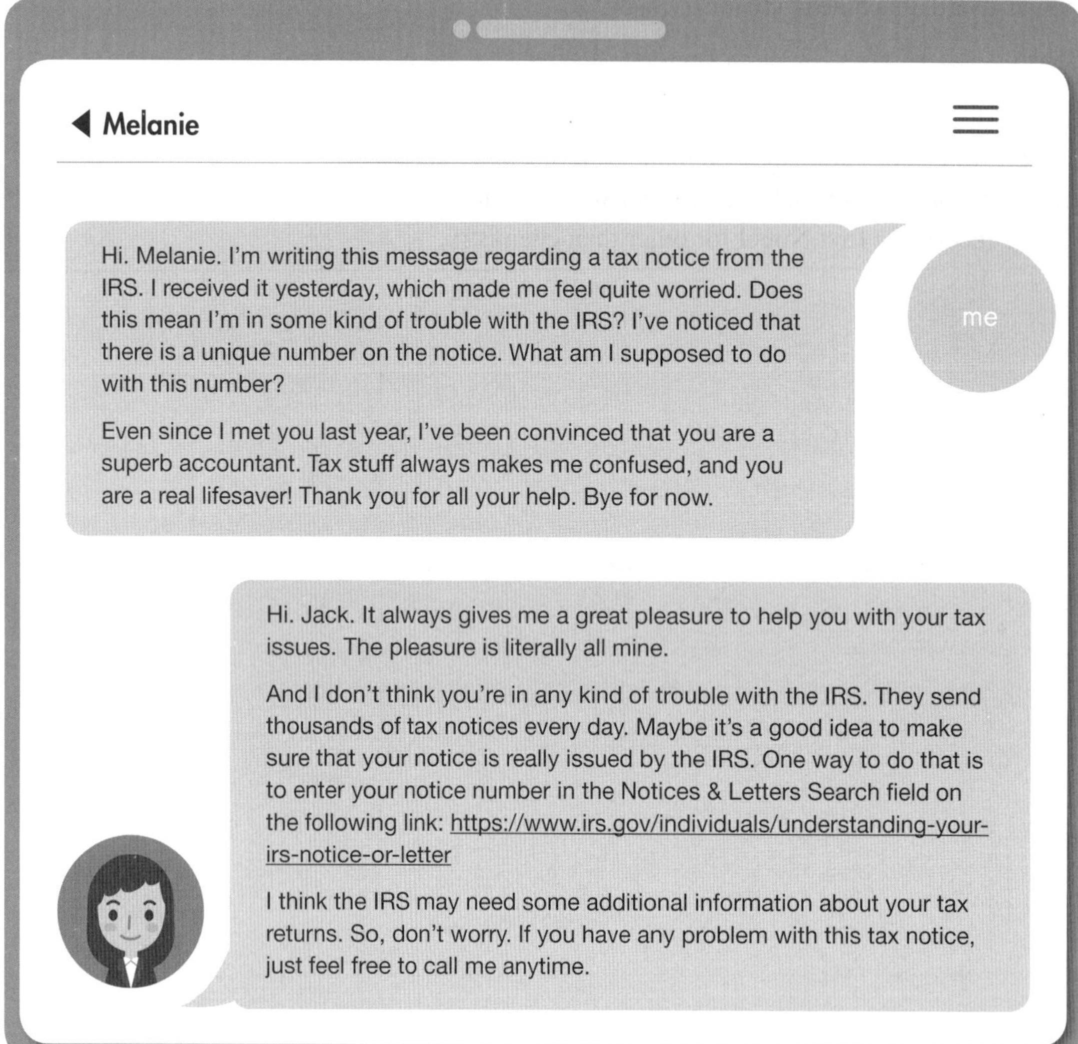

26. Q: Why did Jack send the message?

(a) To recognize Melanie's professionalism as a legal practitioner
(b) To ask for advice about how to handle a notice from a government agency
(c) To persuade the recipient to sue the IRS for a tax refund
(d) To complain about the complexity of the tax system

27. Q: What can be inferred from the conversation?

(a) Jack is a disgruntled customer of Melanie's accounting office.
(b) The tax notice that Jack received yesterday had not been issued by the IRS.
(c) The IRS has found some anomalies in Jack's tax returns.
(d) Jack is highly likely to visit the IRS's website.

Questions 28-29

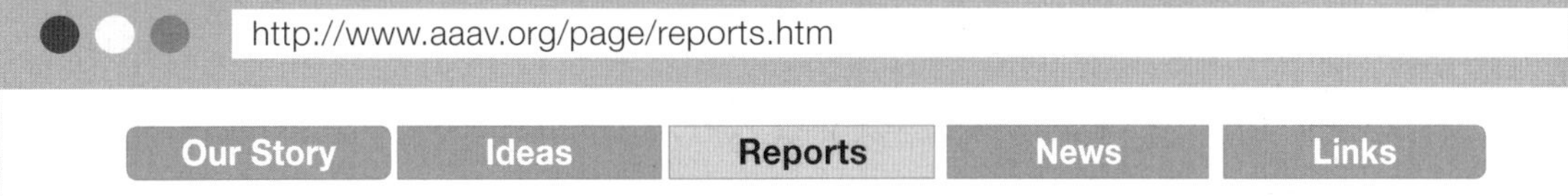

Why Ostriches Cannot Fly

The term ratite may not be familiar to most of the general public. It refers to any of a group of large flightless birds. There are a few extant members of ratites, and the ostrich is one of them.

Just like other ratites, ostriches cannot fly. Of course, they are too heavy to fly. But what about their ancestors? Did ostriches evolve from flightless ancestors? For a long time, biologists had believed that ratites, including the ostrich, evolved from a common flightless ancestor. Few scientists had thought that the ratites originated from an airborne ancestor.

In 2008, however, a research team led by Matthew Phillips, a biologist at the Australian National University in Canberra, suggested that all ratites might have shared a common flying ancestor. According to them, the ancestors of ostriches might have lost the ability to fly approximately 65 million years ago, when dinosaurs became extinct.

Phillips and his colleagues speculated that the extinction of the dinosaurs led the ancestors of ostriches to become flightless. According to Phillips, this might have been because they could have been given more opportunities to hunt their prey on land without worrying about being hunted by the dinosaurs. However, this "theory" requires more evidence, which means that we currently do not know precisely why the ancestors of ostriches became flightless.

28. Q: According to Phillips and his colleagues, which of the following might have been the ancestors of ostriches?

(a) Flightless dinosaurs
(b) Airborne birds
(c) Flying reptiles
(d) Ratites incapable of flying

29. Q: What can be inferred from the passage?

(a) Phillips and his colleagues succeeded in popularizing the term ratite in 2008.
(b) Ratites did not originate from a common progenitor.
(c) 65 million years ago, some ratites preyed on dinosaurs.
(d) Phillips's theory about the ancestors of ratites is not substantiated yet.

R

Questions 30-31

How to Foster Creativity in the Workplace

These days, more and more people are realizing that creativity is crucial to the success of any business. Unfortunately, however, there are too many myths surrounding how to promote creativity in the workplace. In order to survive and thrive in this increasingly competitive environment, business leaders need to debunk those myths. This article tries to dispel two such myths.

One myth is that homogeneity can contribute to creativity. This myth is reinforced by business leaders' tendency to create homogeneous teams. In such an environment, however, different perspectives cannot be respected or promoted, which is not conducive to the development of creativity. Therefore, in order to foster creativity in the workplace, it is essential that diversity be valued.

The other myth is that the suppression of failure can lead to greater creativity. Nothing could be further from the truth. Genuine creativity requires experimentation, and it necessarily involves many instances of "failure." In this sense, failure is a necessary step toward developing creativity.

Although there are many other myths surrounding creativity, debunking those two myths can act as a catalyst for promoting creativity in the workplace, thus ensuring a brighter future for your business.

30. Q: What is the main idea of the second paragraph?

(a) Homogeneous teams are far more prevalent in the workplace than teams consisting of diverse members.
(b) Heterogeneity can be a contributing factor in promoting innovative ideas in the workplace.
(c) Business leaders tend to reinforce misconceptions in the workplace.
(d) Diversity does not necessarily lead to the development of creativity.

31. Q: Which of the following is correct according to the article?

(a) The concept of creativity is elusive for most entrepreneurs.
(b) Nowadays, the importance of success is not valued by business communities.
(c) Creativity is unlikely to be achieved without trial and error.
(d) Experts agree that creative people tend to succeed at their first try.

Questions 32-33

POLITICS > LOCAL *The Scottdale Post*

Can Liberals Be Justified in Suppressing Freedom of Expression?

On Tuesday evening, conservative writer Laura Smith was greeted by angry protesters at Scott University, which is well-known for its "liberal" attitude. Many of those protesters accused Smith of being a white supremacist, adding that her hate speech should never be tolerated. Interestingly, however, some students suggested that they criticize her views instead of suppressing them.

Some professors, including Professor Patricia Nicholas, at the Department of Political Science, point out that this incident reminds liberals that they are faced with the dilemma of supporting freedom of expression while respecting moral values. Should people be allowed to express anything they want? Should freedom of expression be limited in certain circumstances?

According to Nicholas, freedom of expression does not imply that you can express anything you want to say, emphasizing that none of our freedoms is unlimited. When someone tries to deliver hate speech, liberals have every right to suppress his or her freedom of speech. That is why Nicholas believes that Smith should not have been allowed to speak at the campus in the first place.

32. Q: Why were the protesters hostile to Smith?

(a) Because her speech was rife with words intended to stir strong emotions
(b) Because her intolerant attitude toward white supremacists angered them
(c) Because they blamed her for suppressing freedom of speech
(d) Because they believed that she supported an unacceptable belief system

33. Q: Which statement would Nicholas most likely agree with?

(a) Liberals are hypocrites in that they pretend to respect everyone's right to free speech while trying to suppress certain ideas.
(b) Society should be allowed to infringe on some individuals' rights to free speech when necessary.
(c) Liberals should have given Smith the benefit of doubt.
(d) Freedom of speech should not be curtailed in any circumstances.

R

Questions 34-35

Why the Romans' Rule of Great Britain Ended

From 43 to 410 A.D., the Roman Empire ruled most parts of Great Britain, which were subsequently called Roman Britain. By the early 5th century, the Romans almost lost control of Roman Britain. According to Procopius of Caesarea, the Romans' rule of Great Britain ended completely by the mid-6th century.

Some historians, including Michael Rostovtzeff, have suggested that as the empire's economic strength weakened, the Romans had no choice but to retreat from Great Britain. Other historians disagree. They point out that during the early 5th century, the Romans living in Great Britain were still economically powerful. However, they had been militarily weakened.

During that period, the Roman Empire suffered militarily from the attacks from Germanic tribes. At the same time, the empire was internally unstable. This was largely because from the late 4th century onward, the so-called "usurpers" continuously tried to attack the ruling dynasties of the empire. These unstable situations forced the Romans to relinquish their control over Great Britain.

34. Q: What is the passage mainly about?

(a) Why the Romans lost their economic strength during the 5th century
(b) Rising tensions between Great Britain and the Roman Empire during the late 4th century
(c) Why the usurpers were eager to aid Great Britain's efforts to become independent of the Roman Empire
(d) What made the era of Roman Britain come to a close

35. Q: Which of the following is correct according to the article?

(a) Procopius of Caesarea was a Roman ruler well-known for his vast knowledge of history.
(b) Rostovtzeff understands that military power dictates the fate of a nation.
(c) During the early 5th century, there existed internal and external instabilities in the Roman Empire.
(d) The usurpers strove to obliterate the Roman empire.

You have reached the end of the Reading Comprehension section. Please remain seated until you are dismissed by the proctor. You are NOT allowed to turn to any other section of the test.

앞면(Side1)

TEPS

Test of English Proficiency
developed by
Seoul National University

수험번호 Registration No.	
성명 Name 한글	
한자	

문 제 지 번 호 Test Booklet No.

감독관확인란

청 해 Listening Comprehension

1–40 (ⓐ ⓑ ⓒ ⓓ)

어 휘 Vocabulary

1–30 (ⓐ ⓑ ⓒ ⓓ)

문 법 Grammar

1–30 (ⓐ ⓑ ⓒ ⓓ)

독 해 Reading Comprehension

1–35 (ⓐ ⓑ ⓒ ⓓ)

주 민 등 록 번 호 National ID No.

고사실란 Room No.

수 험 번 호 Registration No.

비밀번호 Password

좌석번호 Seat No.

서 약	본인은 필기구 및 기재오류와 답안지 훼손으로 인한 책임을 지고, 부정행위 처리규정을 준수할 것을 서약합니다.

답안작성시 유 의 사 항

1. 답안 작성은 반드시 **컴퓨터용 싸인펜**을 사용해야 합니다.
2. 답안을 정정할 경우 수정테이프(수정액 불가)를 사용해야 합니다.
3. 본 답안지는 컴퓨터로 처리되므로 훼손해서는 안되며, 답안지 하단의 타이밍마크(|||)를 찢거나, 낙서 등으로 인한 훼손시 불이익이 발생할 수 있습니다.
4. 답안은 문항당 정답을 1개만 골라 ▮와 같이 정확히 기재해야 하며, 필기구 오류나 본인의 부주의로 잘못 표기한 경우에는 당 관리위원회의 OMR판독기의 판독결과에 따르며, 그 결과는 본인이 책임집니다.

   Good ▮ Bad

5. 감독관의 확인이 없는 답안지는 무효처리됩니다.

뒷면(Side2)

TEPS

Test of English Proficiency
developed by
Seoul National University

성명	영문	
	서명	

응시일자 : 20 년 월 일

<부정행위 및 규정위반 처리규정>

1. 모든 부정행위 및 규정위반 적발 및 이에 대한 조치는 TEPS관리위원회의 처리규정에 따라 이루어집니다.
2. 부정행위 및 규정위반 행위는 현장 적발 뿐만 아니라 사후에도 적발될 수 있으며 모두 동일한 조치가 취해집니다.
3. 부정행위 적발 시 당해 성적은 무효화되며 사안에 따라 최대 5년까지 TEPS관리위원회에서 주관하는 모든 시험의 응시자격이 제한됩니다.
4. 문제지 이외에 메모를 하는 행위와 시험 문제의 일부 또는 전부를 유출하거나 공개하는 경우 부정행위로 처리됩니다.
5. 각 파트별 시간을 준수하지 않거나, 시험 종료 후 답안 작성을 계속할 경우 규정위반으로 처리됩니다.

성 명 (성 · 이름순으로 기재)

EX	H	O	N	G		G	I	L		D	O	N	G							
A	A	A	A	A	A	A	A	A	A	A	A	A	A	A	A	A	A	A	A	A
B	B	B	B	B	B	B	B	B	B	B	B	B	B	B	B	B	B	B	B	B
C	C	C	C	C	C	C	C	C	C	C	C	C	C	C	C	C	C	C	C	C
D	D	D	D	D	D	D	D	D	D	D	D	D	D	D	D	D	D	D	D	D
E	E	E	E	E	E	E	E	E	E	E	E	E	E	E	E	E	E	E	E	E
F	F	F	F	F	F	F	F	F	F	F	F	F	F	F	F	F	F	F	F	F
G	G	G	G	G	G	G	G	G	G	G	G	G	G	G	G	G	G	G	G	G
H	H	H	H	H	H	H	H	H	H	H	H	H	H	H	H	H	H	H	H	H
I	I	I	I	I	I	I	I	I	I	I	I	I	I	I	I	I	I	I	I	I
J	J	J	J	J	J	J	J	J	J	J	J	J	J	J	J	J	J	J	J	J
K	K	K	K	K	K	K	K	K	K	K	K	K	K	K	K	K	K	K	K	K
L	L	L	L	L	L	L	L	L	L	L	L	L	L	L	L	L	L	L	L	L
M	M	M	M	M	M	M	M	M	M	M	M	M	M	M	M	M	M	M	M	M
N	N	N	N	N	N	N	N	N	N	N	N	N	N	N	N	N	N	N	N	N
O	O	O	O	O	O	O	O	O	O	O	O	O	O	O	O	O	O	O	O	O
P	P	P	P	P	P	P	P	P	P	P	P	P	P	P	P	P	P	P	P	P
Q	Q	Q	Q	Q	Q	Q	Q	Q	Q	Q	Q	Q	Q	Q	Q	Q	Q	Q	Q	Q
R	R	R	R	R	R	R	R	R	R	R	R	R	R	R	R	R	R	R	R	R
S	S	S	S	S	S	S	S	S	S	S	S	S	S	S	S	S	S	S	S	S
T	T	T	T	T	T	T	T	T	T	T	T	T	T	T	T	T	T	T	T	T
U	U	U	U	U	U	U	U	U	U	U	U	U	U	U	U	U	U	U	U	U
V	V	V	V	V	V	V	V	V	V	V	V	V	V	V	V	V	V	V	V	V
W	W	W	W	W	W	W	W	W	W	W	W	W	W	W	W	W	W	W	W	W
X	X	X	X	X	X	X	X	X	X	X	X	X	X	X	X	X	X	X	X	X
Y	Y	Y	Y	Y	Y	Y	Y	Y	Y	Y	Y	Y	Y	Y	Y	Y	Y	Y	Y	Y
Z	Z	Z	Z	Z	Z	Z	Z	Z	Z	Z	Z	Z	Z	Z	Z	Z	Z	Z	Z	Z

단체구분

학생	일반
⬭	⬭

질 문 란

1. 귀하의 TEPS 응시목적은?
   - ⓐ 입사지원 ⓑ 인사정책
   - ⓒ 개인실력측정 ⓓ 입시
   - ⓔ 국가고시 지원 ⓕ 기타
2. 귀하의 영어권 체류 경험은?
   - ⓐ 없다 ⓑ 6개월 미만
   - ⓒ 6개월 이상 1년 미만 ⓓ 1년 이상 3년 미만
   - ⓔ 3년 이상 5년 미만 ⓕ 5년 이상
3. 귀하께서 응시하고 계신 고사장에 대한 만족도는?
   - ⓐ 0점 ⓑ 1점
   - ⓒ 2점 ⓓ 3점
   - ⓔ 4점 ⓕ 5점
4. 최근 2년내 TEPS 응시횟수는?
   - ⓐ 없다 ⓑ 1회
   - ⓒ 2회 ⓓ 3회
   - ⓔ 4회 ⓕ 5회 이상

학력	재학	졸업	전공	직업
초등학교	⬭	⬭	인문학 ⬭	공무원 ⬭
중학교	⬭	⬭	사회과학 · 법학 ⬭	고시준비 ⬭
고등학교	⬭	⬭	경제학 · 경영학 ⬭	교사 ⬭
전문대학	⬭	⬭	자연과학 ⬭	군인 ⬭
대학교	⬭	⬭	의학 · 약학 · 간호학 ⬭	의료인 ⬭
대학원	⬭	⬭	공학 ⬭	자영업 ⬭
			교육학 ⬭	학생 ⬭
			음악 · 미술 · 체육 ⬭	회사원 ⬭
			기타 ⬭	무직 ⬭
				기타 ⬭

직종		직책
고위임직원 ⬭	무역 ⬭	임원 ⬭
전문직(과학.공학) ⬭	외환 ⬭	부장 ⬭
전문직(교육) ⬭	자금 ⬭	차장 ⬭
전문직(법률.회계.금융) ⬭	공무 ⬭	과장 ⬭
기술직 ⬭	업무 ⬭	대리 ⬭
영업 ⬭	품질관리 ⬭	계장 ⬭
홍보 ⬭	전산 ⬭	사원 ⬭
총무 ⬭	행정직 ⬭	인턴 ⬭
인사 ⬭	생산관리 ⬭	기타 ⬭
경리 ⬭	서비스 ⬭	
기획 ⬭	기타 ⬭	
구매 ⬭		

NEW TEPS 실전 모의고사 3회분 VOL.2

지은이 김무룡, 넥서스 TEPS연구소
펴낸이 임상진
펴낸곳 (주)넥서스

출판신고 1992년 4월 3일 제311-2002-2호
10880 경기도 파주시 지목로 5
Tel (02)330-5500 Fax (02)330-5555

ISBN 979-11-6683-052-5 13740

가격은 뒤표지에 있습니다.
잘못 만들어진 책은 구입처에서 바꾸어 드립니다.

www.nexusbook.com

서울대텝스관리위원회 뉴텝스 경향 반영

NEW TEPS 실전 모의고사 3회분 VOL. 2

- ★ 서울대텝스관리위원회 NEW TEPS 경향 완벽 반영
- ★ 실제 NEW TEPS 시험지 그대로 구성한 실전 모의고사 3회분 수록
- ★ 청해 스크립트 및 쉽고 자세한 해석/해설 수록
- ★ NEW TEPS 실전용 · 복습용 버전의 2종 MP3 무료 다운로드
- ★ 정답 자동 채점 & 모바일 단어장 및 보카테스트 제공

] QR코드 / www.nexusbook.com

MP3 · 단어장
정답 자동 채점
VOCA TEST

TEST 3

TEPS

Test of English Proficiency
developed by
Seoul National University

넥서스

NEW TEPS 시험 구성

영역	문제 유형	문항수	제한 시간	점수 범위
청해 Listening Comprehension	Part I : 한 문장을 듣고 이어질 대화로 가장 적절한 답 고르기 (문장 1회 청취 후 선택지 1회 청취)	10	40분	0~240점
	Part II : 짧은 대화를 듣고 이어질 대화로 가장 적절한 답 고르기 (대화 1회 청취 후 선택지 1회 청취)	10		
	Part III : 긴 대화를 듣고 질문에 가장 적절한 답 고르기 (대화 및 질문 **1회 청취** 후 선택지 1회 청취)	10		
	Part IV : 담화를 듣고 질문에 가장 적절한 답 고르기(**1지문 1문항**) (담화 및 질문 2회 청취 후 선택지 1회 청취)	6		
	신유형 Part V : 담화를 듣고 질문에 가장 적절한 답 고르기(**1지문 2문항**) (담화 및 질문 2회 청취 후 선택지 1회 청취)	4		
어휘 Vocabulary	Part I : 대화문의 빈칸에 가장 적절한 어휘 고르기	10	통합 25분	0~60점
	Part II : 단문의 빈칸에 가장 적절한 어휘 고르기	20		
문법 Grammar	Part I : 대화문의 빈칸에 가장 적절한 답 고르기	10		0~60점
	Part II : 단문의 빈칸에 가장 적절한 답 고르기	15		
	Part III : 대화 및 문단에서 문법상 틀리거나 어색한 부분 고르기	5		
독해 Reading Comprehension	Part I : 지문을 읽고 빈칸에 가장 적절한 답 고르기	10	40분	0~240점
	Part II : 지문을 읽고 문맥상 어색한 내용 고르기	2		
	Part III : 지문을 읽고 질문에 가장 적절한 답 고르기(**1지문 1문항**)	13		
	신유형 Part IV : 지문을 읽고 질문에 가장 적절한 답 고르기(**1지문 2문항**)	10		
총계	14개 Parts	135문항	105분	0~600점

LISTENING COMPREHENSION

DIRECTIONS

1. In the Listening Comprehension section, all content will be presented orally rather than in written form.
2. This section contains five parts. For each part, you will receive separate instructions. Listen to the instructions carefully, and choose the best answer from the options for each item.

L

Part I **Questions 1~10**

You will now hear ten individual spoken questions or statements, each followed by four spoken responses. Choose the most appropriate response for each item.

Part II **Questions 11~20**

You will now hear ten short conversation fragments, each followed by four spoken responses. Choose the most appropriate response to complete each conversation.

L

Part III Questions 21~30

You will now hear ten complete conversations. For each conversation, you will be asked to answer a question. Before each conversation, you will hear a short description of the situation. After listening to the description and conversation once, you will hear a question and four options. Based on the given information, choose the option that best answers the question.

L

Part IV Questions 31~36

You will now hear six short talks. After each talk, you will be asked to answer a question. Each talk and its corresponding question will be read twice. Then you will hear four options which will be read only once. Based on the given information, choose the option that best answers the question.

Part V **Questions 37~40**

You will now hear two longer talks. After each talk, you will be asked to answer two questions. Each talk and its corresponding questions will be read twice. However, the four options for each question will be read only once. Based on the given information, choose the option that best answers each question.

L

VOCABULARY & GRAMMAR

DIRECTIONS

These two sections test your vocabulary and grammar knowledge. You will have 25 minutes to complete a total of 60 questions: 30 from the Vocabulary section and 30 from the Grammar section. Be sure to follow the directions given by the proctor.

V

Part I **Questions 1~10**

Choose the option that best completes each dialogue.

1. A: The sound of the ocean waves is so __________.

B: Yes, it's a relaxing background noise.

(a) soothing
(b) composing
(c) quelling
(d) cleansing

2. A: Have they caught the man that planned the bank robbery?

B: No, but they arrested one of his __________.

(a) affidavits
(b) accomplices
(c) festers
(d) priorities

3. A: I can't believe you've never gotten a cold!

B: I know, it's like I'm __________ or something.

(a) impatient
(b) immune
(c) symptomatic
(d) defensive

4. A: Did you convince Ed to go to the doctor?

B: Yes. It took a lot of __________, but he finally gave in.

(a) steeping
(b) bridling
(c) harboring
(d) coaxing

5. A: I can't read this handwritten note. What do you think it says?

B: I'm afraid I can't __________ either.

(a) set it off
(b) pull it off
(c) make it out
(d) carry it out

6. A: How did you like the show?

B: Well, it didn't deserve the standing __________ it got.

(a) ovation
(b) succession
(c) equivocation
(d) subscription

7. A: Would you like one of these mint drops?

B: No thanks. They don't do anything to __________ my sore throat.

(a) relieve
(b) capture
(c) digress
(d) impede

8. A: Does Maggie know I lost my job last week?

B: Yes. She told me to pass along her __________.

(a) entitlements
(b) condolences
(c) suppositions
(d) aberrations

9. A: How does a nice, cold milkshake sound?

B: Wow, I think that would __________.

(a) bury the hatchet
(b) sing the praises
(c) turn the tables
(d) hit the spot

10. A: Peter is the funniest guy I know.

B: Yeah, whenever he tells a joke, I can't help but __________.

(a) crack up
(b) fall out
(c) shut up
(d) pass out

Part II **Questions 11~30**

Choose the option that best completes each sentence.

11. Police have initiated a campaign to cut down on the __________ of stolen goods in neighborhoods on the outskirts of the city.

(a) enumerating
(b) distancing
(c) trafficking
(d) fomenting

12. The store's inventory and financial records were in complete __________ following several months of mismanagement.

(a) disarray
(b) provision
(c) arrangement
(d) intricacy

13. Brokers typically recommend multiple investments to create a __________ portfolio.

(a) hemmed
(b) token
(c) diverse
(d) cursory

14. Politicians from the minority party __________ against the President's proposal to slash taxes for the wealthy, but to no avail.

(a) rebuked
(b) railed
(c) deluded
(d) scorched

15. Getterman Services has succeeded as an online startup by identifying a very specific __________ in the market and targeting it relentlessly.

(a) root
(b) hovel
(c) flinch
(d) niche

16. Customers as a whole report doubts about the quality of the power saw, as the looseness of the plastic handle makes it feel __________.

(a) flimsy
(b) supple
(c) brusque
(d) lenient

17. European nations stand in __________ with the US against the threat of global terrorism.

(a) hackles
(b) solidarity
(c) repentance
(d) commiseration

18. Caffrey Motors is offering a cheaper alternative to its flagship Amenta SUV for its more __________ minded patrons.

(a) gainfully
(b) frugally
(c) bashfully
(d) ably

19. __________ to big cities by the promise of higher wages, young people are scarce in rural China.

(a) Lured
(b) Rescinded
(c) Hooked
(d) Issued

20. The judge reprimanded the witness for continuing to __________ the questions asked of him by the prosecuting attorney.

(a) remit
(b) discern
(c) buff
(d) evade

21. A lower court ruled that burning the flag was illegal, but the Supreme Court later __________ that decision.

(a) undertook
(b) overturned
(c) overwhelmed
(d) underestimated

22. Early climbers were taken aback by the __________ scale of the Himalayan mountain range, including Mt. Everest, the world's highest peak.

(a) colossal
(b) mordant
(c) sanguine
(d) decorous

23. During World War II, Native Americans were employed as communications officers, for their native languages proved __________ to enemy code breakers.

(a) deleterious
(b) subconscious
(c) assimilatory
(d) indecipherable

24. The dream of every executive in the company is to be pulling in a six-__________ salary by the time he or she is 45.

(a) measure
(b) numeric
(c) score
(d) figure

25. The unexpected service outage in the city subway system __________ mass confusion among commuters this morning.

(a) spawned
(b) cavorted
(c) dissolved
(d) angled

26. One of the principal symptoms of rabies is __________ accompanied by a strong fear of liquids.

(a) obesity
(b) burlesque
(c) nausea
(d) penchant

27. Earth's animal kingdom comprises millions of __________ species, each with its distinguishing characteristics.

(a) disparate
(b) desperate
(c) derelict
(d) dissonant

28. While __________ through boxes of heirlooms, the chaplain came across a Civil War-era musket ball.

(a) tracking
(b) nudging
(c) supplanting
(d) rummaging

29. Many of the humorous __________ in the play's dialogue were lost on the classroom full of high school freshmen.

(a) stigmas
(b) subtleties
(c) salutations
(d) staples

30. The US military dropped 20 million gallons of Agent Orange over Vietnam to __________ its forest cover.

(a) lament
(b) inter
(c) eviscerate
(d) denude

You have finished the Vocabulary questions. Please continue on to the Grammar questions.

Part I Questions 1~10

Choose the option that best completes each dialogue.

G

1. A: Sales are down by almost 4% this month.

B: Well, we __________ a drop.

(a) are anticipating
(b) having anticipated
(c) are being anticipated
(d) have been anticipating

2. A: I can't believe the hotel lost our reservation.

B: Not only that, __________ they blamed it on us.

(a) but
(b) yet
(c) so
(d) and

3. A: Everyone knows the politician is guilty.

B: Yes, but he hasn't been formally __________ with any crime.

(a) to be charged
(b) to charge
(c) charging
(d) charged

4. A: Will Charles share his class notes with us?

B: I __________.

(a) expect him
(b) expect he'll do
(c) expect him to
(d) expect he does it

5. A: I really appreciate __________ me around town this weekend.

B: I had a lot of fun, too.

(a) you show
(b) you showed
(c) your showing
(d) yours to show

6. A: Are all of your classes difficult this semester?

B: No, only __________ of them is really challenging.

(a) some
(b) one
(c) each
(d) most

7. A: Should I add the sugar before or after the eggs?

B: __________ you want to do it is fine.

(a) Wherever
(b) Whatever
(c) However
(d) Whoever

8. A: The software the company shipped us is defective.

B: Yes, __________.

(a) that I had thought it is
(b) what I thought was that
(c) I'm thinking that it had
(d) that's what I thought

9. A: Is James at the library with Mona?

B: He didn't tell me __________ he'd be studying.

(a) who
(b) what
(c) at whose
(d) with whom

10. A: Emma is so much more confident than she used to be.

B: She seems to grow bolder with __________.

(a) the passing of each year
(b) each passing the year
(c) a year and each passing
(d) each year of a passing

G

Part II **Questions 11~25**

Choose the option that best completes each sentence.

11. Mr. Pitt was determined to bring his invention to life, __________ his critics said.

(a) what regardless of
(b) of what to regard
(c) what of regarding
(d) regardless of what

12. By the mid-1960s, Frank Sinatra __________ an empire of industrial, entertainment, and real estate interests.

(a) will have amassed
(b) had amassed
(c) has been amassed
(d) amassed

13. Recent findings suggest that genetics has less of an influence on disease contraction __________ some environmental factors do.

(a) even
(b) or
(c) than
(d) rather

14. Experts are forewarning that this year __________ stronger than average hurricane activity in the western Atlantic.

(a) could bring
(b) had brought
(c) will be brought
(d) brought

15. After __________, CalTron Industries rallied to regain its dominant market position in the fourth quarter.

(a) disappointing most of a third quarter
(b) most of a disappointing third quarter
(c) a third quarter most disappointing
(d) a most disappointing third quarter

16. The state legislature stipulates fines on those who text while __________ along with the possibility of jail time.

(a) driving
(b) drive
(c) driven
(d) drove

17. Emerging technology firms face a number of challenges, __________ a lack of investment capital to launch their products.

(a) which the least is not
(b) not the least of which is
(c) least of all which are not
(d) are not which the least of

18. __________ so near a hospital when he suffered the stroke, Mr. Willis could have fallen into a coma.

(a) Had he not been
(b) He was not
(c) Not being
(d) Was he

19. Not wanting to volunteer __________ for more responsibility, Janice nominated Ms. Reynolds for the position of HR director.

(a) she
(b) hers
(c) her
(d) herself

20. __________ is most troubling about the findings of the Environmental Protection Agency is that water pollution levels are actually increasing.

(a) What
(b) That
(c) Which
(d) This

21. In the opinion of voters, politicians from both parties __________ work harder to find a solution to the energy crisis.

(a) dare
(b) have
(c) must
(d) would

22. Prosecutors must prove __________ that the defendant is guilty if they expect the members of the jury to agree with them.

(a) doubting any reason beyond
(b) beyond a reasonable doubt
(c) with reason beyond doubt
(d) a reasonable doubt beyond

23. Opponents of immigration reform behave __________ there were no threat to national security posed by illegal immigrants.

(a) whether or not
(b) regardless of
(c) even if
(d) as if

24. Some on the right argue that cutting tax breaks for corporations would __________ a second recession.

(a) the economy be made susceptible to
(b) make it susceptible for the economy
(c) be made susceptible the economy
(d) make the economy susceptible to

25. Within three years of the start of the French Revolution, commoners came to realize the societal changes __________.

(a) were not everything they had hoped
(b) they had hoped were not everything
(c) had hoped everything they were not
(d) were everything they had not hoped

G

Part III **Questions 26~30**

Read each dialogue or passage carefully and identify the option that contains a grammatical error.

26. (a) A: I can't believe Sarah and Dave are getting a divorce.

(b) B: Yes, the news as some surprise came to me, too.

(c) A: I suggested they go to counseling first, but they refused.

(d) B: It seems they both were certain they couldn't work out their differences.

27. (a) A: Do you prefer relaxing or sightseeing on your vacations?

(b) B: Either are fine, as long as I don't have to work.

(c) A: Really? I can't stand lazing around on the beach.

(d) B: But we all need some relaxation sometimes.

28. (a) As a society, we believe that each citizen is guaranteed certain rights in their personal and professional lives. (b) But when someone is denied employment based on racial, gender, or other forms of discrimination, these rights violate. (c) To prevent this from happening, we must constantly remain vigilant and report any injustices to the proper authorities. (d) Only by helping each other can we ensure our rights are upheld.

29. (a) Many people see English as the lingua franca of the world. (b) Yet, this notion belies the complexity inherent in any language, especially one as widespread and fast-growing as English. (c) There are dozens of English accents utilized worldwide, some so divergent that they may be considered distinct dialects. (d) Those hoping to learn English should take this fact into consideration when to select a school or private instructor.

30. (a) This flu season, over a million people will contract the illness and as many as 20,000 will die as a result of it. (b) Sadly, a large portion of this suffering could be prevented with the free influenza vaccinations provided by the government. (c) Each year, public service announcements attempt to impress on people just how important is it to take advantage of the free service. (d) Still, millions refuse out of ignorance, distrust, or simple laziness.

You have reached the end of the Vocabulary & Grammar sections. Do NOT move on to the Reading Comprehension section until instructed to do so. You are NOT allowed to turn to any other section of the test.

Reading Comprehension

Directions

This section tests your ability to comprehend reading passages. You will have 40 minutes to complete 35 questions. Be sure to follow the directions given by the proctor.

R

Part I **Questions 1~10**

Read the passage and choose the option that best completes the passage.

1. ________________ first surfaced in the fifth century AD. It likely arose from an even more ancient form of writing, the Pahlavi alphabet, which originated in Persia during the second century BC. The linguist monk Mesrop Mashtots, local legend has it, devised the writing system in 405 AD with the assistance of a handful of other scholars, deeming the cuneiform script that had formerly been used in transcription inadequate for Armenian religious works. Subsequently, the makers of the new script founded a school of translation and commissioned a rendering of the Bible into the freshly minted Armenian writing system.

(a) The Armenian translation of the Bible
(b) The earliest poem of Armenia's literary tradition
(c) The religious texts that define Armenian culture
(d) The script used to represent the Armenian language

2. When researchers in southern China published findings about their discovery of the 100,000-year-old remains of modern humans, the implications rocked the foundations of current anthropological thought. Importuning experts to scrutinize their assumptions, the newly unearthed fossils contradicted prevailing beliefs about the arrival of modern humans in eastern Asia. The age of the new remains is around 60,000 years older than those previously found. Formerly, it had been thought that colonization of China and Australia by modern humans began 50,000 to 60,000 years ago. The dispersal of human ancestors across southern Asia thus likely occurred ________________.

(a) in smaller population groups than anthropologists expected
(b) at a time when humans employed stone-age technology
(c) before the speciation of modern humans in Africa
(d) earlier than scholars ever had reason to suspect

3. The twentieth-century art collector Ima Hogg, whose family stumbled into sudden affluence after the discovery of oil on their estate, ________________. A native of Texas, she channeled much of her philanthropy into causes that served others in her state, establishing a counseling center for children and families as well as a mental health foundation at the University of Texas. With her appointment to the Houston school board, Hogg positioned herself to impact the education in her state, advocating on behalf of educators and calling for equality regardless of race or gender.

(a) played a prodigious role in politics
(b) was generous with her inherited wealth
(c) invested her assets in the burgeoning oil industry
(d) apportioned her fortune solely toward higher education

R

4.

> Dear Simon Knowles,
>
> On behalf of Bill's Burgers, I would like to acknowledge your email of June 12 and convey our sincere appreciation for your feedback concerning our company. In response to your request for an ingredient list for the Double Melt Burger, I regret to inform you that nutritional data for our menu items is unavailable. But your query ____________________________. So, Bill's Burgers has commissioned a detailed nutritional assessment of our menu. While the process of nutritional testing may take some time, in the future we plan to make nutritional data readily available to the public.
>
> Sincerely,
> Mica Tappert

(a) accused Bill's Burgers of withholding facts
(b) reflected growing disinterest in fast-food chains
(c) reminded us of the need to keep priced down
(d) showed customer demand for nutritional information

5. Coastal Egypt has experienced a succession of aberrant shark attacks of late. A German tourist, attacked while snorkeling in the Red Sea twenty meters from shore, was the most recent victim in a string of four incidents occurring within the span of a week. It has been suggested that all the attacks were perpetrated by a single shark exhibiting anomalous behavior. Egyptian authorities responded by hunting down and destroying two sharks, hoping to alleviate visitors' apprehension about Red Sea beaches and resorts. Yet, photographic evidence indicates neither of the sharks ____________________________.

(a) belonged to a species that is harmless
(b) frequented the deepest regions of the Red Sea
(c) had been spotted in Egyptian waters last year
(d) was the same individual responsible for the attacks

R

6. Art historians ______________________. *The Procuress* follows certain conventions that were adhered to by seventeenth-century Dutch artists like Johannes Vermeer and contains what scholars refer to as the "merry company" motif. This is where an artist depicts himself amid a merry company in his own composition. By focusing on this particular tradition, art historians are able to say that the figure in *The Procuress* can be presumed, with a measure of certainty, to be Vermeer himself.

(a) identify Vermeer's *The Procuress* as a self-portrait
(b) hope to recover a lost self-portrait by Vermeer
(c) struggle to name individuals in Vermeer's *The Procuress*
(d) refer to Johannes Vermeer as a Dutch da Vinci

7. This year, Georgetown District Schools rolled out new immunization requirements, mandating that all registrants from sixth through twelfth grade obtain vaccinations against whooping cough, chickenpox, and meningitis. Yet, in spite of several months of campaigning to raise parents' awareness of the new code, student noncompliance is reportedly quite prevalent. Next Friday, a deadline put in place last January will expire, occluding an estimated 350 students who will not yet have received the requisite immunizations. According to a spokesperson for the school district, "We know that this can be challenging for some families, but ______________________."

(a) not every student has to receive the vaccinations
(b) overcoming such challenges is central to learning
(c) we care about our students and don't want them ill
(d) students in this age group are resilient and tenacious

8. Whether the birth of a mouse occurs ______________________ is not entirely without consequence, according to a recent Vanderbilt University study whose findings were published in the journal *Nature Neuroscience* this week. Investigating differences between winter-born and summer-born mice, the researchers concluded that the season of an individual's birth impacts both behavior and biological clock activity. Mice raised under winter light conditions evinced heightened sensitivity to changing seasons. Significantly, this parallels symptoms manifested by human sufferers of seasonal affective disorder and may direct future research on human personality and brain development.

(a) in mid-summer or in the heart of winter
(b) with or without intervention by researchers
(c) in a naturally or artificially lit environment
(d) before or after the mammal's full gestation period

9. Endowed with abundant deposits of clay, a naturally occurring asset in this region of Cuba, the village of El Cano is a center of pottery production. Here, family-owned businesses and backyard ceramic studios churn out roofing tiles and flowerpots by the kiln-ful. ________________________________, such small-scale businesses make up only a tiny fraction of the Cuban economy at large. That may soon change, if President Raul Castro follows through with his proposed plan to promote private enterprise and self-employment in Cuba, where historically such activities have been stigmatized.

(a) Yet
(b) Instead
(c) Furthermore
(d) Regardless

10. Fortune, they say, favors the bold. So, it came as no surprise last night when the Angels, displaying a thorough deficit of bravery during their game against the Mavericks, finished the match spectacularly devoid of fortune. Early evidence of the Angels' faintheartedness loomed during the first quarter, when players dismissed opportunity after opportunity to charge the Mavericks' defense and catch them off guard. ________________________________, the coaching staff exhibited a particularly dismal incompetence, putting in place what I do not hesitate to characterize as the most cautious and craven offense ever run during a college game.

(a) What's more
(b) For instance
(c) On the contrary
(d) Because of this

R

Part II Questions 11~12

Read the passage and identify the option that does NOT belong.

11. Protected as the patrimony of humankind, the Tasmanian wilderness is like no other on Earth. (a) Ranging across more than a million hectares of rugged terrain, the expanse represents one of the world's few remaining temperate rainforests. (b) Dramatic sculpting by glacial erosion carved out the landscape with monumental valleys and mountainous terrain. (c) Manifold ecosystems, nurtured by rich topological and geological variation, host a multitude of habitats supporting throngs of different species. (d) For tens of thousands of years, the island of Tasmania sustained multifarious and distinct human cultures.

12. Word of the world's tenderest beef has wafted around the globe. (a) It's in Argentina that opportunities for organ-gorging, gristle-grinding, and sausage-noshing abound. (b) Superlative wine, passionate tangos, and flawless tenderloins are just a small sampling of the nation's defining charms. (c) Truly, there can be no more heavenly destination for the meat lover than Argentina, where roastmasters work their magic on the exalted parrilla, the nation's quintessential grill. (d) Come, pilgrim, and render homage to the beef capital of the world.

Part III **Questions 13~25**

Read the passage, question, and options. Then, based on the given information, choose the option that best answers each question.

R

13. Hanoi hosted the 3rd International Rice Congress early this November, where Indian scientist Pravat K. Mohapatra from Sambalpur University was honored for his career-spanning contributions in rice physiology. Specific foci of Dr. Mohapatra's research encompass apical dominance, panicle architecture, spikelet development, and source-sink relationship. Dr. Mohapatra received the 2010 Yoshida Award in recognition of his commendable and sustained scholarship pertaining to the yield potential of irrigated rice. Steering physiologists toward ever-higher yield potential, the value of his work is no small endowment, with ramifications for one of the world's most important staples.

Q: What is the best title for the news article?

(a) Hanoi's International Rice Congress Gives Excellence Awards
(b) Rice Researcher Dr. Mohapatra Honored with Yoshida Award
(c) Breakthrough in Rice Yield Potential Made by Dr. Mohapatra
(d) Dr. Mohapatra's Research Raises Rice Crop Yields in 2010

14. To begin shaping your animal, divide a tubular balloon into two separate halves by twisting it twice at the center, a joint we will refer to as point B. Form another joint, point A, an inch and a half from the knotted end of the balloon. Halfway between A and B, form another node and fold your balloon at that articulation so that A and B meet and can be twisted together. Gently push the as-yet-untouched half of the balloon through the aperture formed by joining A and B to make a small crescent. The knotted end of the balloon should now resemble the hood of a cobra, the rest forming the body of the snake.

Q: What are the instructions mainly about?

(a) Handling a cobra by grasping it behind its hood
(b) Making an animal shape by twisting a balloon
(c) Different animals to make with balloons
(d) Tying a knot referred to as a cobra twist

R

15. Along with the unabated advance of digital media has come the "cell phone novel." This is a work of literature composed chapter by chapter in text messages, reaching readers through their mobile devices in brief, downloaded installments. *Deep Love*, the first novel to be authored this way, debuted in Japan in 2003, its viral popularity fueling a bestselling paper-based novel, a television show, a graphic novel, even a movie. Since its advent in Japan, the cell phone novel has propagated globally to establish legitimacy as a vital literature of our digital age.

Q: What is the main idea of the passage?

(a) The popularity of cell phone novels is increasing.
(b) The cell phone novel is a big phenomenon in Japan.
(c) Cell phone literature has emerged as a new literary genre.
(d) Japanese culture is predisposed to embrace technology trends.

16. There is historical precedent for employing games as instructional materials: Roman emperor Charlemagne condoned the use of puzzles to hone problem-solving skills. Similarly, modern game design might be used to test and sharpen skills with real-world applications. Considering the many millions of hours consumed by players poring over their computers and consoles, there is staggering potential for productivity in games that could harness and transmogrify gamers' focus and energy. Video games, as a form of large-scale collaboration, might one day help researchers solve scientific dilemmas, predict economic peaks and troughs, and test out strategies for dealing with natural disasters.

Q: What is the main idea of the passage?

(a) Contemporary games could be designed to solve problems.
(b) Games have been used to teach strategy throughout history.
(c) Modern game design requires an aptitude for solving puzzles.
(d) Games help people improve productivity in computer tasks.

R

17. For the preceding month, United Continental Holdings, Inc. has reported that consolidated traffic for the two airline companies in which it holds controlling shares, United and Continental, rose by 4.8%. Combined statistics for the two airlines, still being administered as separate companies, show an increase in the number of miles flown this November compared to the same time last year. Last November's figure topped out at 15.4 billion miles, whereas 16.15 billion miles were clocked this November. In addition, the two airlines' passenger capacity climbed by 4.1%, and occupancy increased by 2.1%.

Q: Which of the following is correct according to the passage?

(a) United Continental Holdings profits grew by 4.8%.
(b) Miles flown since November last year dipped slightly.
(c) This year the airlines extended their mileage total.
(d) Last year the airlines flew farther than this year.

18. Almost entirely smothered in an impervious shield of polar ice, Antarctica is a covert continent with a mysterious geology. Rock exposure in the Transantarctic Mountains and along the coastline yields a small amount of highland material, but accessing the secret geology of Antarctica's heartland, entombed in 2,400 meters of ice, requires some shrewdness. Researchers glimpse the hidden Antarctica by analyzing whatever bits of rock and rubble have been dislodged by ice flow, churned to the surface, and made accessible in the wake of a passing glacier. Such samples contain geochemical hints of what is under Antarctica's ice.

Q: Which of the following is correct according to the passage?

(a) Transantarctic Mountains show what is under Antarctica's ice.
(b) Geology of Antarctica's heartland is known by scientists.
(c) Researchers can only get sample materials by drilling.
(d) Rock samples exist at the coast and in the mountains.

R

19. The accomplished Athenian statesman Pericles left a lasting impression on the culture of his native city, prompting his contemporary Thucydides to declare him "the first citizen of Athens." In 461 BC Pericles joined with reformist politician Ephialtes and he helped promote the city's radical democratic movement. Shortly thereafter, Ephialtes was assassinated for his part in engineering the new Athenian democracy, and Pericles shouldered the leadership of the incipient government. Throughout the rest of his life, he would define his legacy through public office, cementing a reputation for honesty and scrupulousness.

Q: Which of the following is correct about Pericles?

(a) He entered politics by joining up with Thucydides.
(b) He had an ally in the revolutionary politician Ephialtes.
(c) He worked with Ephialtes to run a fledgling government.
(d) He grew disillusioned with democracy after gaining power.

20.

To the passengers on Northern Plains Railways' Train 422 on May 9,

I want to take this opportunity to apologize to you, on behalf of Northern Plains Railways, for the inconvenience and apprehension you suffered when Train 422 was delayed upon arrival at Montreal on May 9. Rest assured, Northern Plains Railways is cooperating with the National Transit Safety Authority (NTSA) to inquire into the cause of the incident. Concern for our passengers and crew is our utmost priority, and as a token of Northern Plains Railways' conciliation, I would like to offer you a voucher in the amount of $150.00, redeemable online or at any of our nationwide offices.

Q: Which of the following is correct according to the announcement?

(a) A delay in the train's schedule caused alarm.
(b) Train 422 was stopped from arriving in Montreal.
(c) Northern Plains Railways concluded its investigation.
(d) Passengers will be compensated with a free train ticket.

R

21. At the border of the Democratic Republic of the Congo, Rwanda, and Uganda, on the slopes of the Virunga Massif, Central Africa's mountain gorillas are staging a resurgence. In the few short years since a 2003 census, the gorilla population has swelled by 25%, a very heartening revival for a species regarded as highly endangered. In fact, only a matter of decades ago their extinction seemed inescapable, the total population having plummeted to just 250 individuals. Now, thirty years later, some 480 mountain gorillas inhabit the forested heights of the Virungas, a success attributed to the steadfast and sustained efforts of local organizations.

Q: Which of the following is correct about the mountain gorillas of the Virungas?

(a) They no longer exist outside the Democratic Republic of the Congo.
(b) Their population has grown by a quarter since a 2003 count.
(c) They are at greater risk for extinction now than in the past.
(d) Their population has nearly doubled in three years.

22. The intricacies of gravitational lensing are complex, but the basic principle is readily explainable. It hinges on Einstein's conception of gravity: picture the universe as a trampoline, with heavy objects—planets, stars, and so on—creating depressions in its surface. These bodies' depressions create a gravitational force that can even attract light. In the case of supermassive objects, like black holes, light is bent by gravity in such a way that it is magnified, as if by a giant lens. So, from an observer's perspective, light from an object far behind the black hole is magnified and can be seen more clearly.

Q: Which of the following is correct according to the passage?

(a) Einstein hypothesized about gravitational lensing.
(b) Massive objects reduce the magnification of light.
(c) Black holes can function as lenses for distant objects.
(d) Gravity effects light differently than it does other objects.

R

23.

> Dear Parents,
>
> Friendly competition is integral to the appeal of sports like hockey, but in a culture where competition is all too often scurrilous, mean-spirited, and detrimental, its benefits may be negligible. To foster a nurturing environment in which competition and cooperation coexist, my assistants and I are asking that parents model positive attitudes and promote sportsmanship. Ways to do this include: encouraging and applauding your child's efforts, acknowledging the importance of all the roles on a team, and cheering your team without maligning the other team or referees. I look forward to seeing you in the stands at our first game!
>
> Kristine Vitols

Q: What can be inferred about the writer from the letter?

(a) She serves as a youth hockey referee.
(b) She is a parent of a young hockey player.
(c) She is part of youth hockey coaching staff.
(d) She believes in rewarding only the best players.

24. No longer will the American Anthropological Association (AAA) proffer anthropology as a scientific discipline. Rather, with the decision to expel the word "science" from its self-definition, the organization has begun to emphasize its mission of public understanding and cultural studies advocacy. Members of anthropological disciplines that have always seen themselves as part of humanities—for example, those studying race, ethnicity, and gender—rather than a science discipline, welcome the decision. However, it has divided some anthropologists from their science-based colleagues in archaeology and physical anthropology. These areas of expertise have been excluded from the new definition of anthropology.

Q: What can be inferred from the report?

(a) Most anthropologists still consider themselves scientists.
(b) The AAA historically promoted anthropology as a science.
(c) Archaeologists see cultural studies as less valid than science.
(d) Physical anthropologists lobbied hardest for the AAA change.

R

25. *The Patience of Speech* is a weekly radio show highlighting the work of amateur storytellers from all over the country. As a not-for-profit organization, we rely on the generosity of our donors to continue promoting storytelling as both a living art and a cornerstone of our cultural heritage. If you would like to support *The Patience of Speech*, consider making a tax-deductible donation. Please visit our online store for print editions of our featured stories. We wish you a very happy holiday season. As our gift to you, we are offering free shipping on all purchases, with guaranteed arrival by December 23.

Q: What can be inferred from the advertisement?

(a) Funding for the program comes from government grants.
(b) The perk of free shipping is a limited-time offer.
(c) Free shipping is contingent upon a donation.
(d) There is a danger that print editions may run out.

R

Part IV **Questions 26~35**

Read the passage, question, and options. Then, based on the given information, choose the option that best answers each question.

Questions 26-27

World-Renowned Physicist Speaks at Newton University

Newton University is pleased to announce that Rachel Cross will deliver a special lecture at Robbins Hall next Wednesday, October 17th, at 6:00 p.m. She will discuss the latest developments in the field of astrophysics, focusing on wormholes.

Ms. Cross's genius was widely recognized when she clearly understood and explained Einstein's theory of relativity at the age of five. We're convinced that her genius will show itself through her special lecture.

Following her address, Ms. Cross will have a 30-minute Q&A session, and she would be willing to answer any questions asked. However, given the time constraints, only ten questions will be asked of her.

Any student at Newton can submit his or her question for Ms. Cross's Q&A session. When doing so, keep in mind the following guidelines.

· Your question should be concerned with wormholes.
· Your question should be one short, clear sentence.
· Your question should not contain any words intended to denigrate the guest speaker.

For further details, contact Peter Anderson at 555-7234-9225.

26. Q: Which of the following is correct according to the announcement?

(a) Ms. Cross has been delivering special lectures at many prestigious universities in the country.
(b) Large numbers of people thought of Ms. Cross as a child prodigy.
(c) The theory of wormholes was first proposed by Ms. Cross when she was five.
(d) Only full-time students at Newton are allowed to ask Ms. Cross questions.

27. Q: Which of the following questions is likely to be asked during the Q&A session?

(a) Why do you pretend to know everything about wormholes?
(b) Is there any scientific evidence that wormholes actually exist?
(c) Do you feel comfortable with discussing your academic background with reputable scientists?
(d) How many astrophysicists really understand Einstein's theory of relativity?

Questions 28-29

R

Were the Levellers Pioneers of Modern Democracy?

Before the English Civil War, the common people in England were largely at the mercy of kings and the gentry, often suffering abject poverty. As the war unfolded, they wanted to have a say in how the country was governed, in an effort to assert their political rights. Some of them proposed radical ideas and were referred to as the Levellers.

Those radical ideas included promoting natural rights and expanding suffrage, which compels some historians to regard the opposition group as pioneers of modern democracy. These historians understand that An Agreement of the People, which summarized the Levellers' ideas, was an attempt to propose a "constitution" for a democratic Britain.

Other historians point out that the opposition group was not democratic enough. This is primarily because those radical people insisted that women not be allowed to exercise voting rights. The Levellers believed that since women in those days were financially dependent upon their husbands, they could not vote responsibly. Likewise, the opposition group was also opposed to allowing poor men to have voting rights.

Although it is highly debatable whether the Levellers pioneered genuinely democratic ideas, their contributions to the growth of democracy in England should never be overlooked.

28. Q: What is the main idea of the article?

(a) The Levellers aspired to eradicate the class divide in England.
(b) The Levellers believed that voting rights should be universally granted.
(c) The Levellers' deeply misogynist attitudes have long been overlooked by historians.
(d) Although not fully democratic, the Levellers promoted the ideals of democracy.

29. Q: Which of the following is correct about the Levellers according to the article?

(a) They were ambivalent about upholding natural rights.
(b) They believed that one's economic status affected one's voting choices.
(c) They strove to bring a constitutional monarchy to England.
(d) They supported socialist causes such as a universal welfare system.

R

Questions 30-31

To the Editor:

Your editorial dated September 25th, basically argues that lowering the speed limit will automatically reduce traffic accidents. You need to realize that things are not that simple.

For starters, motorists do not automatically lower their speed simply because the speed limit is reduced. Numerous studies have also found that lowering the speed limit does not lead to a significant decrease in car accidents. On the contrary, such a measure tends to increase traffic accidents.

In addition, experts generally agree that raising the speed limit does not result in a significant increase in automobile accidents. A large number of studies have shown that such a measure is likely to lead to fewer traffic accidents. It is also noteworthy that motorists are more willing to comply when the speed limit is raised.

You may feel that these findings are perplexing. However, in order to reduce automobile accidents, we need to understand what really makes drivers tick. They are essentially rational decision makers. The majority of them feel that the current speed limit does not reflect the speeds reasonable for prevalent road conditions. That is why lowering the speed limit is not the answer.

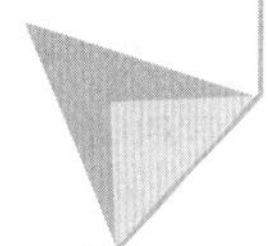

30. Q: What is the main purpose of the letter?

(a) To explain to the editor why the number of automobile accidents is rising
(b) To express the writer's contempt for the editor
(c) To assert that motorists are far more rational than are generally thought
(d) To refute a claim made by the editorial

31. Q: Which statement is the writer most likely to agree with?

(a) Experts are not worthy of trust when it comes to reducing automobile accidents.
(b) Raising speed limits always reduces traffic accidents.
(c) A sound traffic policy should be based on an understanding of motorists' behavior.
(d) In general, road conditions require decreased speed limits.

Questions 32-33

Bathers at Asnières: A Once Unappreciated Masterpiece

In 1884, then 24-year-old Georges-Pierre Seurat finished painting *Bathers at Asnières*, which is now recognized as one of his large-scale masterpieces. However, in that year, the painting went unappreciated. Unfortunately for Seurat, the *Bathers* remained unrecognized in his lifetime.

Right after completing the monumental work, Seurat requested that it exhibited in the Salon of 1884. His request was rejected by the jury of the Salon, which was part of the reason why he founded the *Groupe des Artistes Indépendants* with other artists. The institution organized its own exhibition titled the *Salon des Artistes Indépendants*, and *Bathers at Asnières* was one of the works on display.

At that exhibition, the *Bathers* failed to attract admirers, although Félix Fénéon recognized its worth. Nine years after Seurat passed away at the age of 31, Fénéon purchased the painting, which marked the beginning of a renewed interest in it. In fact, it was during the twentieth century that more and more critics appreciated the merits of *Bathers at Asnières*.

As Seurat's case shows, some masterpieces take time to be fully recognized, especially when the creators are ahead of their time.

32. Q: Which of the following helped to prompt Seurat to form the *Groupe des Artistes Indépendants* according to the passage?

(a) The art establishment's rejection of him as a painter
(b) A missed opportunity to display his work in a prestigious art exhibition
(c) His tense relationship with the jury of the *Salon* due to his Impressionist practice
(d) His spirit of exploration into uncharted territory in art

33. Q: What can be inferred about the *Bathers* from the passage?

(a) Seurat believed that it would become his most influential artwork.
(b) It was the second most-viewed work of art at the *Salon des Artistes Indépendants*.
(c) Few of Seurat's contemporaries appreciated its artistic strengths.
(d) It was aimed at conveying a revolutionary message about the role of working classes in France.

R

Questions 34-35

Arctic Amplification Threatens the Global Environment

Almost everybody understands that the Earth's temperature needs to be regulated. However, not many people are aware that the Arctic plays a vital role in that process. According to meteorologists, the land and sea surfaces of the Arctic reflect tremendous amounts of solar energy, which helps regulate the Earth's temperature.

With global warming affecting more and more parts of the planet, those surfaces tend to absorb far more solar radiation than they reflect. As a consequence, the Arctic becomes warmer and warmer, which is known as Arctic amplification. This is an extremely serious problem in that it can jeopardize the global environment.

Arctic amplification can lead to the prevalence of extreme weather events, largely because climate change in the Arctic regions affects weather conditions in the mid-latitudes. Many meteorologists predict that Arctic amplification will lead to long-lasting heat waves and cold spells.

As is widely known, climate change is a pressing issue for the global community to address, and Arctic amplification serves as a potent reminder of that necessity.

34. Q: What is the second paragraph mainly about?

(a) Why the global environment is being threatened by solar radiation
(b) How Arctic amplification occurs
(c) Why the Arctic reflects enormous amounts of solar energy
(d) How global warming affects the Earth's ecosystems

35. Q: Which of the following is correct about Arctic amplification according to the article?

(a) It plays a key role in regulating the Earth's temperature.
(b) It can contribute to prolonged heat waves in the mid-latitudes.
(c) It does not have any impact on wildlife populations in the Arctic.
(d) It is a natural occurrence that does not merit human intervention.

You have reached the end of the Reading Comprehension section. Please remain seated until you are dismissed by the proctor. You are NOT allowed to turn to any other section of the test.

앞면(Side1)

TEPS

Test of English Proficiency
developed by
Seoul National University

수험번호 Registration No.	
성명 Name 한글	
한자	

문제지번호 Test Booklet No.

감독관확인란

청해 Listening Comprehension

1–40: ⓐ ⓑ ⓒ ⓓ

어휘 Vocabulary

1–30: ⓐ ⓑ ⓒ ⓓ

문법 Grammar

1–30: ⓐ ⓑ ⓒ ⓓ

독해 Reading Comprehension

1–35: ⓐ ⓑ ⓒ ⓓ

주민등록번호 National ID No.

0 1 2 3 4 5 6 7 8 9

고사실란 Room No.

0 1 2 3 4 5 / 0 1 2 3 4 5 6 7 8 9

수험번호 Registration No.

0 1 2 3 4 5 6 7 8 9

비밀번호 Password

0 1 2 3 4 5 6 7 8 9

좌석번호 Seat No.

A B C D E / 1 2 3 4 5 6 7

서 약	본인은 필기구 및 기재오류와 답안지 훼손으로 인한 책임을 지고, 부정행위 처리규정을 준수할 것을 서약합니다.	

답안작성시 유의사항

1. 답안 작성은 반드시 **컴퓨터용 싸인펜**을 사용해야 합니다.
2. 답안을 정정할 경우 수정테이프(수정액 불가)를 사용해야 합니다.
3. 본 답안지는 컴퓨터로 처리되므로 훼손해서는 안되며, 답안지 하단의 타이밍마크(▌▌▌)를 찢거나, 낙서 등으로 인한 훼손시 불이익이 발생할 수 있습니다.
4. 답안은 문항당 정답을 1개만 골라 ▌와 같이 정확히 기재해야 하며, 필기구 오류나 본인의 부주의로 잘못 표기한 경우에는 당 관리위원회의 OMR판독기의 판독결과에 따르며, 그 결과는 본인이 책임집니다.
   Good ▌ Bad
5. 감독관의 확인이 없는 답안지는 무효처리됩니다.

뒷면(Side2)

TEPS

Test of English Proficiency
developed by
Seoul National University

성명	영문	
	서명	

응시일자 : 20 년 월 일

<부정행위 및 규정위반 처리규정>

1. 모든 부정행위 및 규정위반 적발 및 이에 대한 조치는 TEPS관리위원회의 처리규정에 따라 이루어집니다.

2. 부정행위 및 규정위반 행위는 현장 적발 뿐만 아니라 사후에도 적발될 수 있으며 모두 동일한 조치가 취해 집니다.

3. 부정행위 적발 시 당해 성적은 무효화되며 사안에 따라 최대 5년까지 TEPS관리위원회에서 주관하는 모든 시험의 응시자격이 제한됩니다.

4. 문제지 이외에 메모를 하는 행위와 시험 문제의 일부 또는 전부를 유출하거나 공개하는 경우 부정행위로 처리됩니다.

5. 각 파트별 시간을 준수하지 않거나, 시험 종료 후 답안 작성을 계속할 경우 규정위반으로 처리됩니다.

성 명 (성·이름순으로 기재)

EX H O N G G I L D O N G

A B C D E F G H I J K L M N O P Q R S T U V W X Y Z

단체구분

학생 / 일반

질문란

1. 귀하의 TEPS 응시목적은?
ⓐ 입사지원 ⓑ 인사정책 ⓒ 개인실력측정 ⓓ 입시 ⓔ 국가고시 지원 ⓕ 기타

2. 귀하의 영어권 체류 경험은?
ⓐ 없다 ⓑ 6개월 미만 ⓒ 6개월 이상 1년 미만 ⓓ 1년 이상 3년 미만 ⓔ 3년 이상 5년 미만 ⓕ 5년 이상

3. 귀하께서 응시하고 계신 고사장에 대한 만족도는?
ⓐ 0점 ⓑ 1점 ⓒ 2점 ⓓ 3점 ⓔ 4점 ⓕ 5점

4. 최근 2년내 TEPS 응시횟수는?
ⓐ 없다 ⓑ 1회 ⓒ 2회 ⓓ 3회 ⓔ 4회 ⓕ 5회 이상

학력	재학	졸업	전공	직업
초등학교			인문학	공무원
중학교			사회과학·법학	고시준비
고등학교			경제학·경영학	교사
전문대학			자연과학	군인
대학교			의학·약학·간호학	의료인
대학원			공학	자영업
			교육학	학생
			음악·미술·체육	회사원
			기타	무직
				기타

직종		직책
고위임직원	무역	임원
전문직(과학·공학)	외환	부장
전문직(교육)	자금	차장
전문직(법률,회계,금융)	공무	과장
기술직	업무	대리
영업	품질관리	계장
홍보	전산	사원
총무	행정직	인턴
인사	생산관리	기타
경리	서비스	
기획	기타	
구매		

NEW TEPS 실전 모의고사 3회분 VOL.2

지은이 김무룡, 넥서스 TEPS연구소
펴낸이 임상진
펴낸곳 (주)넥서스

출판신고 1992년 4월 3일 제311-2002-2호
10880 경기도 파주시 지목로 5
Tel (02)330-5500 Fax (02)330-5555

ISBN 979-11-6683-052-5 13740

가격은 뒤표지에 있습니다.
잘못 만들어진 책은 구입처에서 바꾸어 드립니다.

www.nexusbook.com

서울대텝스관리위원회 뉴텝스 경향 반영

NEW TEPS 실전 모의고사 VOL. 2

3회분

★ 서울대텝스관리위원회 NEW TEPS 경향 완벽 반영
★ 실제 NEW TEPS 시험지 그대로 구성한 실전 모의고사 3회분 수록
★ 청해 스크립트 및 쉽고 자세한 해석/해설 수록
★ NEW TEPS 실전용 · 복습용 버전의 2종 MP3 무료 다운로드
★ 정답 자동 채점 & 모바일 단어장 및 보카테스트 제공

QR코드 / www.nexusbook.com

MP3 · 단어장
정답 자동 채점
VOCA TEST

서울대텝스관리위원회 뉴텝스 경향 반영

NEW TEPS 실전 모의고사 3회분 VOL. 2

- ★ 서울대텝스관리위원회 NEW TEPS 경향 완벽 반영
- ★ 실제 NEW TEPS 시험지 그대로 구성한 실전 모의고사 3회분 수록
- ★ 청해 스크립트 및 쉽고 자세한 해석/해설 수록
- ★ NEW TEPS 실전용 · 복습용 버전의 2종 MP3 무료 다운로드
- ★ 정답 자동 채점 & 모바일 단어장 및 보카테스트 제공

] QR코드 / www.nexusbook.com

MP3 · 단어장
정답 자동 채점
VOCA TEST

서울대텝스관리위원회 뉴텝스 경향 반영

NEW TEPS 실전 모의고사 3회분 VOL. 2

정답 및 해설

넥서스

Actual Test 1

청해 Listening Comprehension

1 (c)	2 (c)	3 (b)	4 (b)	5 (c)	6 (a)	7 (d)	8 (c)	9 (b)	10 (d)
11 (d)	12 (d)	13 (d)	14 (d)	15 (c)	16 (c)	17 (c)	18 (b)	19 (c)	20 (d)
21 (a)	22 (b)	23 (b)	24 (c)	25 (c)	26 (d)	27 (c)	28 (b)	29 (c)	30 (b)
31 (c)	32 (a)	33 (a)	34 (d)	35 (d)	36 (d)	37 (d)	38 (b)	39 (d)	40 (a)

어휘 Vocabulary

1 (a)	2 (c)	3 (c)	4 (c)	5 (d)	6 (d)	7 (b)	8 (d)	9 (b)	10 (c)
11 (c)	12 (d)	13 (d)	14 (d)	15 (c)	16 (d)	17 (d)	18 (b)	19 (d)	20 (c)
21 (c)	22 (c)	23 (b)	24 (b)	25 (c)	26 (b)	27 (b)	28 (d)	29 (c)	30 (b)

문법 Grammar

1 (c)	2 (c)	3 (a)	4 (b)	5 (b)	6 (b)	7 (a)	8 (b)	9 (a)	10 (d)
11 (d)	12 (b)	13 (a)	14 (d)	15 (d)	16 (b)	17 (d)	18 (b)	19 (c)	20 (b)
21 (c)	22 (b)	23 (b)	24 (b)	25 (c)	26 (c)	27 (d)	28 (a)	29 (a)	30 (c)

독해 Reading Comprehension

1 (c)	2 (b)	3 (d)	4 (b)	5 (b)	6 (d)	7 (d)	8 (b)	9 (d)	10 (b)
11 (b)	12 (d)	13 (b)	14 (c)	15 (c)	16 (c)	17 (c)	18 (b)	19 (c)	20 (c)
21 (b)	22 (d)	23 (b)	24 (b)	25 (a)	26 (c)	27 (b)	28 (d)	29 (d)	30 (d)
31 (b)	32 (c)	33 (b)	34 (d)	35 (b)					

청해 Listening Comprehension

Part I

1

M What do you think about dealing with customers in your new job?
W ______________________

(a) Handle the next one, please.
(b) Deal with each customer's concerns.
(c) It's not a prospect I look forward to.
(d) You deserve congratulating for the job.

M 새 직장에서 고객 상대하는 게 어때요?
W ______________________

(a) 다음 분을 처리해 주세요.
(b) 모든 고객들의 관심사를 다루세요.
(c) 그건 제가 기대하던 바가 아니에요.
(d) 일자리를 구한 것은 축하받을 만해요.

해설 새로운 직장에서의 업무가 어떠냐고 소감을 묻고 있으므로 기대하던 바와 다르다고 답하는 (c)가 가장 적절하다. 새로 일자리를 구한 사람은 여자이므로 오히려 상대방의 구직을 축하하는 (d)는 알맞지 않다.

deal with ~을 다루다 **handle** 처리하다 **prospect** 예상, 전망

2

W I'm not sure what to do about my relationship with Mark.
M ______________________

(a) It's more than enough if he says so.
(b) That's something you can aim for.
(c) You don't want to get in too deep.
(d) I envy your contentment over it.

W 마크와의 관계를 어떻게 해야 할지 모르겠어.
M ______________________

(a) 만약 그가 그렇게 말한다면 너무 지나친 거야.
(b) 그건 네가 목표로 삼을 만한 거야.
(c) 너무 깊은 관계가 되지 않는 게 좋을 거야.
(d) 네가 그것에 만족하는 게 부럽다.

해설 질문의 relationship에서 '깊이 빠지다, 깊은 관계가 되다'는 (c)의 get in deep을 연상할 수 있다. 여자는 확신이 없어 상대방의 조언을 구하는 듯한 입장이므로 너무 깊은 관계가 되지 않도록 하라는 (c)가 가장 알맞다.

relationship 관계 **aim for** ~을 목표 삼다 **contentment** 만족

3

M They passed me over again for a promotion!
W ______________________

(a) You deserved that even more.
(b) Try not to let it get you down.
(c) Easy come easy go, as they say.
(d) Just get a better source elsewhere.

M 또 승진에서 제외됐어!
W ______________________

(a) 넌 더한 처분을 당해도 싸.
(b) 그 때문에 낙담하지 마.
(c) 쉽게 얻은 것은 쉽게 잃는 법이라고 하잖아.
(d) 다른 데서 더 나은 출처를 찾아봐.

해설 승진에서 또 누락되었다고 말하는 사람에게는 위로나 격려의 응답이 어울린다. 따라서 낙담하지 말라는 (b)가 가장 알맞다. (c)의 Easy come easy go는 '쉽게 얻은 것은 쉽게 잃는다'는 뜻의 속담으로 이 상황에는 어울리지 않는다.

pass over ~를 제외시키다 **promotion** 승진 **get down** ~를 실망시키다

4

W What was that excellent piece you played?
M ______________________

(a) I really appreciate your concern.
(b) It's a little something I composed.
(c) I put the pieces together.
(d) Glad it sounded like it was to you.

W 당신이 연주했던 그 멋진 곡이 뭐였어요?
M ______________________

(a) 관심을 가져 주셔서 정말 감사합니다.
(b) 제가 작곡한 건데 별거 아니에요.
(c) 제가 조각들을 조립했어요.
(d) 그렇게 들으셨다니 기쁘네요.

해설 여자의 질문은 What이라는 의문사를 이용해 구체적인 것을 묻고 있으므로, 고맙다는 인사말에만 그치는 (a)와 (d)는 어색하고, 자신이 작곡한 곡이라고 답하는 (b)가 알맞다. (c)의 piece는 질문에 쓰인 '작품'이라는 뜻과 전혀 다른 '조각'이라는 뜻으로 상황과 전혀 상관없는 내용이다.

piece (예술) 작품, 조각 **compose** 작곡하다 **put together** 조립하다

5

M How did the party's substitute candidate manage to win?
W ______________________

(a) Wow. I wouldn't have counted it.
(b) It was enough to prevail this time.
(c) I doubt anyone knows at this stage.
(d) Really? I'd aim for another candidate.

M 그 정당의 대리 후보는 어떻게 승리할 수 있었어요?
W ______________________________

(a) 와. 난 그건 생각지도 못했을 거예요.
(b) 이번에는 승리하기에 충분했어요.
(c) 지금 단계에서는 누구도 모를 거예요.
(d) 정말이에요? 난 다른 후보를 찍으려고 하는데요.

해설 당선된 정치인이 어떻게 그런 결과를 얻을 수 있었냐는 물음에 지금으로서는 그 누구도 알 수 없다는 (c)가 응답으로 가장 적절하다.

substitute 대리(의) **candidate** 후보, 지원자 **prevail** 우세하다

6

W I heard Rod Law was busted for possession of drugs.
M ______________________________

(a) I'm surprised it wasn't sooner.
(b) He's bound to get away with it.
(c) It's true he's been a lot more careful.
(d) Don't know why he'd want to either.

W 로드 로가 마약 소지 혐의로 체포되었대.
M ______________________________

(a) 이제야 그랬다는 게 놀라울 뿐이야.
(b) 그는 분명히 처벌받지 않고 넘어갈 거야.
(c) 사실 그는 훨씬 더 신중했었어.
(d) 그가 왜 그러려고 했는지 나도 모르겠어.

해설 누군가 체포되었다는 소식에 대해 당연하다는 반응으로 진작 그렇게 됐어야 했다는 뜻의 (a)가 가장 자연스럽게 연결된다. (b)는 체포된 사람에 대한 말로는 알맞지 않다.

busted 적발된, 체포된 **be bound to** 반드시 ~하게 되어 있다
get away with ~에 대해 처벌을 모면하다

7

M I really need to get a cyst lanced today.
W ______________________________

(a) Sure, I don't mind if I join you.
(b) OK, call me if you need any help.
(c) You don't need to do anything foolish.
(d) I can slot you in for a 2 p.m. appointment.

M 오늘 낭종을 제거해야 돼요.
W ______________________________

(a) 물론이죠, 당신과 함께 해도 상관없어요.
(b) 알았어요, 도움이 필요하면 전화해요.
(c) 어리석은 짓을 할 필요가 없어요.
(d) 오후 2시로 예약을 잡을게요.

해설 남자는 낭종 제거 수술이 필요한 환자로, 여자에게 오늘 수술을 해야 함을 알리고 있다. 따라서 간호사인 여자가 수술 시간을 예약해 주는 (d)가 알맞은 응답이다.

cyst 낭포, 낭종 **lance** (종양 등을) 절개하다 **slot in** 스케줄에 끼워 넣다

8

W Waiter, there's something off about this meat.
M ______________________________

(a) Your table will be cleared in a moment.
(b) It was certainly cooked to perfection.
(c) I'll have the chef check it out without delay.
(d) Allow me to return it for reheating.

W 웨이터, 이 고기가 뭔가 이상해요.
M ______________________________

(a) 곧바로 테이블을 치워드리겠습니다.
(b) 그건 확실히 완벽하게 요리된 것입니다.
(c) 바로 요리사에게 확인하라고 하겠습니다.
(d) 다시 데워서 가져다 드리겠습니다.

해설 손님이 음식에 이상이 있다고 했으므로, 바로 확인해 보겠다고 말하는 (c)가 가장 알맞은 응답이다. (b)나 (d)는 음식에 무슨 문제가 있는지 모르는 상태에서 할 수 있는 응답으로 알맞지 않다.

off 이상한, 잘못된 **to perfection** 완전히, 완벽하게 **chef** 요리사
without delay 지체 없이 **reheat** 다시 데우다

9

W Erroneous cultural assumptions spoil this book.
M ______________________________

(a) Let me see if I can balance it out.
(b) Its author was no doubt ethnocentric.
(c) It was sensitive to other cultural issues.
(d) Various cultural matters are dealt with.

W 잘못된 문화적 가설이 이 책을 망치고 있어요.
M ______________________________

(a) 내가 균형을 잡을 수 있는지 볼게요.
(b) 작가가 틀림없이 자민족 중심적인 사람이었을 거예요.
(c) 다른 문화적 쟁점들에 민감했어요.
(d) 여러 가지 문화적 사안들을 다루고 있어요.

해설 여자가 책의 단점으로 문화적 가설이 틀렸음을 지적하고 있으므로, 작가는 자민족 중심적인 시각으로 다른 문화를 바라보는 사람일 거라는 (b)가 가장 어울리는 응답이다. (c)나 (d)는 작가의 관점이 틀렸다는 여자의 말과 상관없는 내용이므로 알맞지 않다.

erroneous 잘못된 **assumption** 가설 **spoil** 망치다
ethnocentric 자민족 중심주의의 **sensitive** 민감한

10

M These clients have been tough to handle in past dealings.
W ______________________________

(a) And this business deal should be lucrative.
(b) It is indeed tough but we'll manage.
(c) I'm pleased we could be of assistance.
(d) You'd best let me negotiate this one.

M 예전 거래들에서 이 고객들은 다루기가 까다로웠어요.

W ______________________________

(a) 그리고 이 사업 거래는 수지가 맞아야 합니다.

(b) 그건 사실 어렵긴 하지만 우리는 해낼 수 있을 거예요.

(c) 우리가 도움이 될 수 있어서 기쁩니다.

(d) 이번 건은 제가 협상하도록 해 주시는 게 최선일 것 같아요.

해설 남자가 거래 고객들이 까다롭다고 어려움을 호소하고 있으므로, 이번 거래는 자기가 맡겠다고 하는 (d)가 알맞은 응답이다. 여자는 고객들에 대한 정보가 없는 상태라고 생각되므로, 다 안다는 듯이 말하는 (b)는 알맞지 않다.

tough 다루기 힘든 **lucrative** 수지가 맞는 **be of assistance** 도움이 되다 **negotiate** 협상하다

Part II

11

W Why did you pick this marketing strategy?

M We're adopting it based on its success overseas.

W And what prompted you to use it now?

M ______________________________

(a) We decided either now or later.

(b) It was put on the overseas market.

(c) That was probably the main cause.

(d) We've got to boost sales this quarter.

W 왜 이 마케팅 전략을 선택했나요?

M 해외에서의 성공에 기반하여 그것을 채택했습니다.

W 그런데 지금 그것을 사용하려는 동기는요?

M ______________________________

(a) 우리는 지금 하거나 나중에 하기로 결정했습니다.

(b) 그걸 해외 시장에 적용했습니다.

(c) 그게 주된 이유였을 겁니다.

(d) 이번 분기에 판매를 늘려야 하기 때문입니다.

해설 여자의 질문인 what prompted you…?는 '무엇이 당신을 ~하도록 이끌었느냐, 즉 무엇 때문에 ~하려고 하느냐?'는 뜻으로 이유나 동기를 묻는 표현이다. 따라서 앞에서 언급한 마케팅 전략을 선택한 이유나 목적을 밝히는 (d)가 알맞은 응답이다.

adopt 채택하다 **overseas** 해외에서 **prompt** 촉구하다 **boost** 증대시키다

12

M I was wondering if you're free Tuesday.

W Sorry, I have hockey practice that night.

M But your practice was on Wednesdays, wasn't it?

W ______________________________

(a) Then, we could make a date later.

(b) Yes, I might be free on Wednesday.

(c) No, I actually went to it on Tuesday.

(d) Well, it's been changed this season.

M 당신이 화요일에 시간이 있는지 궁금해요.

W 미안하지만, 저는 그날 밤에 하키 연습이 있어요.

M 그런데 연습은 수요일에 있지 않나요?

W ______________________________

(a) 그럼 우리 데이트는 나중에 하죠.

(b) 네, 수요일에는 시간이 날 수도 있어요.

(c) 아뇨, 실은 화요일에 갔어요.

(d) 음, 이번 시즌에 바뀌었어요.

해설 화요일에 하키 연습이 있다는 여자의 말에 대해 남자가 연습은 수요일이지 않냐고 묻고 있으므로, 일정이 바뀌었다는 (d)가 가장 자연스러운 응답이다. (b)는 화요일 대신 수요일에는 시간이 있느냐는 질문에 어울릴 만한 응답이다.

practice 연습 **make a date** 데이트하다

13

M We shouldn't have come to this party. It's so dull.

W It's too late now. We might as well mingle a bit.

M OK, for a little while. When shall we leave?

W ______________________________

(a) We'll run out of time shortly.

(b) I don't mind if we go in for a while.

(c) Just until we say hello to everyone.

(d) We can call it quits in an hour or so.

M 우리는 이 파티에 오지 말았어야 했어. 정말 재미없다.

W 이젠 너무 늦었어. 우리도 좀 어울리는 게 좋겠어.

M 알았어, 잠시만 그러자. 언제 나갈까?

W ______________________________

(a) 곧 시간이 다 될 거야.

(b) 잠시만 들어간다면 상관없어.

(c) 모두에게 인사할 때까지만.

(d) 한 시간 정도 후에 떠나자.

해설 남자는 파티가 지루하다며 언제 떠날 것인가를 묻고 있다. 따라서 한 시간 정도만 있다 가자는 (d)가 가장 알맞은 응답이다. (a)는 주어진 시간이 얼마 남지 않았다는 뜻이므로, 자신들이 시간을 정할 수 있는 이런 상황에는 어울리지 않는다.

dull 지루한 **might as well** ~하는 편이 낫다 **mingle** 어울리다 **run out of** ~이 다 떨어지다 **shortly** 곧 **call it quits** 그만두다

14

W Look, I'm sorry about forgetting to pick you up.

M I was waiting over an hour and it was raining.

W Sorry, is there any way I can make it up to you?

M ______________________________

(a) Like I said, just please don't forget.

(b) Then pick me up whenever you can.

(c) You could admit to keeping me waiting.

(d) I'll settle for you buying me an ice cream.

W 있잖아, 태우러 가는 걸 깜박 잊어서 미안해.
M 비도 내리는데 한 시간 넘게 기다리고 있었단 말이야.
W 미안해, 내가 보상해 줄 방법이 뭐 없을까?
M ________________________________

(a) 내가 말한 대로, 잊지나 마.
(b) 그럼, 네가 시간이 날 때 아무 때나 태우러 와.
(c) 나를 기다리게 한 걸 인정하면 돼.
(d) 아이스크림을 사 주는 걸로 해결 보자.

해설 여자는 남자와의 약속을 깜박 잊은 것에 대해서 사과하며 남자의 화를 풀어 주기 위해 뭔가 해줄 만한 일이 없는지 묻고 있으므로 아이스크림을 사달라는 (d)가 가장 어울리는 응답이다. 여자가 이미 자신의 잘못을 인정하고 사과했으므로 (c)는 알맞지 않다.

make up to ~에게 보상하다

15

M I'm done with tolerating Marcia at work.
W What is it this time, the same gossiping issue?
M That and even worse—spreading lies around.
W ________________________________

(a) It's best to ignore the evidence.
(b) Marcia has often been lying too.
(c) She's just going from bad to worse.
(d) It's inseparable from workplace harmony.

M 회사에서 마샤를 더 이상 봐줄 수가 없어.
W 이번에는 무슨 일이야, 전처럼 험담하는 문제야?
M 그보다 훨씬 심해, 거짓말을 사방에 퍼뜨리고 다니잖아.
W ________________________________

(a) 증거를 무시하는 게 최선이야.
(b) 마샤도 종종 거짓말을 해왔어.
(c) 그녀는 갈수록 태산이구나.
(d) 그건 직장의 조화와 불가분의 관계지.

해설 남자는 직장 동료에 대한 불평을 털어놓고 있는데, 여자의 반응으로 보아 전에도 같은 문제가 있었음을 알 수 있다. 남자가 That and even worse라고 했으므로, 갈수록 태산이라는 (c)가 가장 알맞은 응답이다.

be done with ~을 끝장내다 **tolerate** 참다 **spread around** 주위에 퍼뜨리다 **inseparable** 불가분의

16

W I'd anticipated a hotel that's a little more upmarket.
M Don't worry. We're only here for a few days.
W Right, but it differs considerably from the brochure.
M ________________________________

(a) I reserved us another suite at the hotel.
(b) I'm not really despondent over leaving.
(c) It's certainly guilty of false advertising.
(d) We still have enough time to get changed.

W 난 좀 더 고급 호텔을 기대했는데.
M 걱정 마. 여기서는 며칠만 묵을 거니까.
W 맞아, 하지만 안내 책자와는 엄청 다르다.
M ________________________________

(a) 호텔에 다른 스위트룸을 예약했어.
(b) 난 떠나도 정말 실망하지 않아.
(c) 완전 허위 광고죄잖아.
(d) 우리는 아직 변경할 시간이 충분해.

해설 두 사람은 예약한 호텔이 예상에 훨씬 못 미치자 실망하고 있는데, 안내 책자와 딴판이라는 여자의 말에 대해 확실히 허위 광고라며 동의하고 있는 (c)가 가장 어울리는 응답이다.

anticipate 기대하다 **upmarket** 고급의 **considerably** 상당히 **brochure** 안내 책자 **despondent** 낙담한 **guilty of** ~의 과실을 범한

17

W Brad! What a shock to bump into you.
M Wow, Margo. I had no idea you'd be in Paris!
W We've been vacationing here for three weeks.
M ________________________________

(a) It's been great to see you around.
(b) It's been an interesting three weeks.
(c) We were but are heading off soon to Berlin.
(d) Paris is great for sightseeing as well.

W 브래드! 이렇게 너를 만나다니 정말 뜻밖이다.
M 와, 마고. 네가 파리에 있을 줄은 정말 몰랐어!
W 우리는 3주간 여기서 휴가를 보내고 있어.
M ________________________________

(a) 다시 보게 되어 정말 반가웠어.
(b) 정말 흥미진진한 3주였어.
(c) 우리도 그랬는데 곧 베를린으로 떠날 거야.
(d) 파리는 관광하기에도 정말 멋진 곳이야.

해설 두 사람은 뜻밖의 장소에서 우연히 마주쳐 놀라는 상황이며, 휴가차 왔다는 여자의 말에 대해 자신도 그렇다며 다음 행선지를 말하는 (c)가 가장 알맞은 응답이다. (a)는 헤어질 때 할 수 있는 말이고, (b)는 여자가 할 만한 말이다.

bump into ~를 우연히 마주치다 **vacation** 휴가를 보내다 **head off** 출발하다, 향하다

18

M That outfit is a little too revealing, isn't it?
W I don't think so. It's the trend nowadays.
M Maybe so, but not for 30-year-olds like you.
W ________________________________

(a) It's a fashion meant for younger girls.
(b) You know how to make me feel bad.
(c) That's why I think it rather suits me.
(d) I'm old enough to be wearing them.

M 저 옷은 노출이 좀 심하지 않아?
W 난 그렇게 생각하지 않는데. 그게 요즘 유행이야.
M 그럴지도 모르지만, 너 같은 30대한테는 아니지.
W ______________________

(a) 그건 더 어린 아가씨들을 위한 옷이야.
(b) 넌 사람 기분 나쁘게 하는 데는 도사야.
(c) 그래서 오히려 나한테 어울리는 것 같은데.
(d) 난 그렇게 입을 만한 나이가 됐어.

해설 남자는 여자가 요즘 유행하는 옷을 입기에는 나이가 들었다고 말하고 있으므로, 기분이 상했다고 말하는 (b)가 가장 어울리는 응답이다. (a)는 여자가 아닌 남자의 시각에 어울리는 말이다.

outfit 옷 **revealing** 노출이 심한 **nowadays** 요즘에 **suit** 어울리다

19

W Is it true the company is streamlining its operations?
M Yes, first thing will be to consolidate software.
W Do you expect that will happen any time soon?
M ______________________

(a) We'll get an integrated software platform.
(b) I guarantee it will be better streamlined.
(c) The system overhaul starts next month.
(d) Just install it first and let me know.

W 회사가 작업을 간소화할 거라는 게 사실이에요?
M 네, 우선 소프트웨어를 통합할 거예요.
W 그 일이 조만간 일어날 거라고 예상하세요?
M ______________________

(a) 우리는 소프트웨어 플랫폼을 통합할 거예요.
(b) 더 간소해질 거라고 장담해요.
(c) 다음 달에 시스템 점검을 시작해요.
(d) 먼저 그것을 설치한 후에 저한테 알려 주세요.

해설 여자는 소프트웨어 통합이 곧 시작될 것인지를 묻고 있으므로, 다음 달이라고 시기를 말해주는 (c)가 알맞은 응답이다. (a)나 (b)는 앞에서 말한 내용을 다시 반복할 뿐이므로 알맞지 않다.

streamline 간소화하다 **operation** 작업 **consolidate** 통합하다 **integrated** 통합된 **overhaul** 점검 **install** 설치하다

20

W You look totally exhausted from your run.
M I went an extra mile more than usual.
W You don't want to be overdoing things.
M ______________________

(a) I didn't expect to get such a sprain.
(b) Just a mile was enough for me.
(c) All right, I'll calm down about that.
(d) I suppose I should've worked up to it.

W 달리기 때문에 완전히 지쳐 보이네요.
M 평소보다 더 많이 달렸거든요.
W 무리하지 않는 게 좋을 거예요.
M ______________________

(a) 그렇게 접질릴 줄은 예상하지 못했어요.
(b) 딱 1마일이 제게는 충분했어요.
(c) 알았어요. 그것에 대해 마음을 가라앉히도록 할게요.
(d) 내 생각에 그 정도까지는 운동을 했어야 됐어요.

해설 평소보다 과한 운동으로 지쳐 보이는 남자에게 여자가 무리하지 말라고 충고하고 있다. 무리한 것은 아니라며 그 정도까지는 운동을 했어야 했다고 응답하는 (d)가 가장 자연스럽게 이어진다. 남자가 발을 삐었다는 언급은 없으므로 (a)는 알맞지 않다.

exhausted 기진맥진한 **overdo** 무리하다, ~을 지나치게 하다 **sprain** 접질림

Part III

21

Listen to a conversation between a couple.

M This apartment wasn't a sound buy.
W Especially since the market suddenly slumped.
M We shouldn't have rushed into it as an investment.
W Yes, but at the time, it seemed like good value for the money.
M We should have bought south of the river.
W We'll have to just sit on it until prices rise.

Q What is the conversation mainly about?
(a) Regret for purchasing an investment property
(b) How the couple's apartment was hard to buy
(c) Despondency about having a lack of money
(d) How prices for apartments are now falling

부부의 대화를 들으시오.

M 이 아파트는 좋은 매물이 아니었어.
W 시장이 갑자기 침체되었기 때문에 특히 더 그래.
M 우리는 투자처로 그것에 성급하게 달려들지 말았어야 했어.
W 응, 하지만 그때는 가격에 비해 가치가 좋아 보였잖아.
M 우리는 강남에 샀어야 했어.
W 가격이 오를 때까지 두고 볼 수밖에.

Q 대화의 주된 내용은?
(a) 투자용 자산 구입에 대한 후회
(b) 부부가 아파트를 구입하는 데 어떤 어려움이 있었는지
(c) 자금 부족으로 인한 낙담
(d) 아파트 가격이 현재 얼마나 하락하고 있는지

해설 두 사람은 아파트 가격이 떨어지고 있어서 구입한 것을 후회하고 있다. shouldn't have rushed into it에서 과거의 일에 대한 후회 및 유감이 드러나고 있으므로 (a)가 정답이다.

sound 견실한 **slump** 침체하다 **rush into** ~에 달려들다 **investment** 투자 (대상) **property** 자산, 소유지 **despondency** 낙담

22

Listen to a conversation in a restaurant.

M Excuse me, miss, we're waiting for our scallops.
W Oh, dear, they were your entrée, right?
M Yes, and we've been waiting for about half an hour.
W I'll go and check on how they're doing.
M Perhaps our order got forgotten in all the rush.
W I'm sure they'll be ready soon. I'll be back shortly.

Q What is the man mainly doing in the conversation?
(a) Asking about why it took so long to order
(b) Inquiring about the late arrival of an entrée
(c) Checking with a waitress about a main dish
(d) Questioning whether a food order was made

식당에서 이뤄지는 대화를 들으시오.

M 저기요, 우리는 가리비 요리를 기다리고 있는데요.
W 아, 저런, 그게 주요리가 맞으시죠?
M 네, 그리고 기다린 지 30분 정도 됐어요.
W 가서 어떻게 돼 가고 있는지 확인해 보겠습니다.
M 주문이 밀려 우리 주문을 깜박했나 봐요.
W 곧 준비될 겁니다. 바로 돌아오겠습니다.

Q 남자가 주로 하고 있는 것은?
(a) 주문하는 데 왜 그렇게 오래 걸리는지 물어보기
(b) 주요리가 늦게 나오는 것에 대해서 문의하기
(c) 주요리에 대해서 종업원과 의논하기
(d) 음식 주문을 했는지 물어보기

해설 남자는 주문한 요리가 나오지 않자 종업원에게 어떻게 된 것인지 묻고 있으므로 (b)가 정답이다. 주문은 이미 한 상태이므로 (a)나 (c)는 맞지 않다.

scallop 가리비 **entrée** 주요리 **inquire** 문의하다 **check with** ~와 의논하다

23

Listen to a conversation between two friends.

M I can't believe you wrote a magazine article!
W Pretty good, huh? Here's the magazine. Have a look.
M This is amazing. It's the month's main article.
W Right. I researched it for a couple of weeks.
M To feature in such a magazine is really something.
W And I hope my next article will be too.

Q What is the conversation mainly about?
(a) The woman's success at finally being published
(b) The man's astonishment over the woman's article
(c) The man's admiration for the woman's magazine
(d) The woman's deserving publication in a magazine

두 친구의 대화를 들으시오.

M 네가 잡지 기사를 썼다니 믿기지가 않아!
W 꽤 대단하지, 응? 여기 잡지 있어. 한번 봐.
M 정말 놀랍다. 이번 달 주요 기사잖아.
W 맞아. 2주 동안 조사한 거야.
M 그런 잡지에 실리는 것은 정말 대단한 일이야.
W 그리고 내 다음 기사도 그렇게 되길 바라.

Q 대화의 주된 내용은?
(a) 여자가 마침내 출간에 성공한 것
(b) 여자의 기사에 대한 남자의 놀라움
(c) 여자의 잡지에 대한 남자의 칭찬
(d) 여자의 글이 잡지에 실릴 만한 자격이 있는 것

해설 남자는 여자가 쓴 기사가 잡지에 실린 것에 놀라워하고 있으므로 (b)가 정답이다. 기사가 잡지에 실린 것이지 책을 출간한 것이 아니므로 (a)는 알맞지 않고, 잡지는 여자의 것이 아니므로 (c) 역시 옳지 않다. 여자의 기사가 잡지에 실릴 만한 자격이 있는지에 대해서는 구체적으로 언급되지 않았으므로 (d) 역시 오답이다.

article 기사 **feature** 등장하다, 크게 실리다 **astonishment** 놀람 **admiration** 감탄 **publication** 간행, 출판

24

Listen to a conversation in a workplace.

M Hi Brenda, I didn't expect to see you at work.
W They released me from the hospital earlier than expected.
M But shouldn't you rest for a few days?
W The doctor said it wasn't necessary. I'm fine now.
M Must be because you were so healthy to start with.
W I think it certainly helped in my recovery.

Q Which is correct according to the conversation?
(a) The man thought Brenda had returned to work.
(b) The man hopes Brenda will visit a hospital.
(c) Brenda was told her recovery is officially over.
(d) Brenda's health was bad before going to the hospital.

직장에서 이뤄지는 대화를 들으시오.

M 안녕, 브렌다, 회사에서 너를 볼 거라고는 예상 못했어.
W 병원에서 예상보다 일찍 내보내 줬어.
M 하지만 며칠 쉬어야 하지 않아?
W 의사 말이 그럴 필요는 없대. 이젠 괜찮아.
M 네가 워낙 건강했기 때문인가 보다.
W 확실히 그 점이 내가 회복하는 데 도움이 된 것 같아.

Q 대화 내용과 일치하는 것은?
(a) 남자는 브렌다가 이미 회사로 복귀했다고 생각했다.
(b) 남자는 브렌다가 병원에 가 보기를 바란다.
(c) 브렌다는 자신의 회복기가 공식적으로 끝났다는 말을 들었다.
(d) 브렌다는 병원에 가기 전에 건강이 안 좋았다.

해설 의사가 더 이상 쉴 필요가 없다고 말한 것은 브렌다가 완전히 회복했다는 뜻이므로 (c)가 정답이다. 남자는 브렌다가 예상보다 일찍 회사로 복귀한 것에 대해 놀라고 있으므로 (a)는 맞지 않다.

release 풀어 주다 **to start with** 우선, 첫째로 **recovery** 회복 **officially** 공식적으로

25
Listen to a conversation between two acquaintances.

W I'm going to give that Justin a piece of my mind.
M You really have it in for that guy.
W Right. He's continually making bad remarks.
M Is he just doing it to you or to everyone?
W It appears to be his manner with everyone.
M Well, I'll be interested in what his reaction is.

Q Why does the woman want to confront Justin?
(a) Because she wants to insult him by ignoring his remarks
(b) Because she feels superior to him
(c) Because she wants to stop him from offending everyone
(d) Because she feels uncomfortable talking with him

두 지인의 대화를 들으시오.

W 저스틴에게 한소리 해 줄 참이야.
M 너 정말 그 애에게 쌓인 감정이 많구나.
W 맞아. 계속 안 좋은 말을 해대잖아.
M 그가 너한테만 그러는 거야, 아니면 모두에게 그러는 거야?
W 모두를 대하는 태도인 것 같아.
M 흠, 그의 반응이 어떨지 흥미로운데.

Q 여자는 왜 저스틴에게 맞서려고 하는가?
(a) 저스틴의 말을 무시함으로써 모욕을 주고 싶어 하기 때문에
(b) 저스틴보다 우월하다고 생각하기 때문에
(c) 저스틴이 모든 사람의 감정을 상하게 하는 것을 막고 싶기 때문에
(d) 저스틴과 대화하는 것이 불편하다고 느끼기 때문에

해설 청해 영역 Part 3에서는 이처럼 특정한 세부 사항에 대한 이해를 측정하는 문제가 반드시 출제된다. 한 번만 들려주기 때문에 대화를 들으면서 어떤 사항이 출제될 것인지를 예상하는 습관을 들여야 한다. (a)와 (d)는 여자가 저스틴에게 심하게 따질 것이라는 내용에 어긋나기 때문에 오답이다. (b)는 그렇게 판단할 수 있는 근거가 없다. 따라서 주어진 내용으로부터 정확하게 알 수 있는 (c)가 정답이다.

give A a piece of one's mind A에게 잔소리하다 **have it in for** ~에게 원한을 품다 **continually** 계속 **manner** 태도 **confront** 맞서다 **offend** 감정을 상하게 하다

26
Listen to two employees discuss layoffs.

M Word is that layoffs are imminent.
W You're kidding me. Where'd you get wind of that?
M I heard it from someone I know in Human Resources.
W Was there any indication of why cuts are being made?
M Because the company's finances are in dire straits.
W You're probably safe as team leader, but not sure I am.

Q Which aspect of the company is troubling the man?
(a) Its high turnover rate
(b) Its corporate culture
(c) Low morale among its employees
(d) Its decreasing profits

해고에 대한 두 직원의 대화를 들으시오.

M 정리 해고가 곧 있을 거라는 말이 있던데요.
W 그럴 리가요. 어디서 그런 소문을 들었어요?
M 인사부 아는 사람한테서요.
W 인원 감축을 해야 하는 이유를 보여 주는 징후가 있었어요?
M 회사 재정이 몹시 어렵기 때문이에요.
W 당신은 팀장이라 안전하겠지만, 전 확실하지 않아요.

Q 남자는 회사의 어떤 측면에 대해 고민하고 있는가?
(a) 높은 이직률
(b) 기업 문화
(c) 직원들 사이의 낮은 의욕
(d) 감소하는 수익

해설 남자의 고민거리를 알아내야 한다. 회사의 재정이 어렵다는 것은 회사가 적정한 이윤을 창출하지 못한다는 뜻이다. 따라서 정답은 (d)이다. 회사의 재정이 어려워서 (c)처럼 직원들의 사기가 낮거나 (a)처럼 이직률이 높아질 수도 있지만, 그와 같은 추론은 이 대화의 내용만으로는 올바르지 않음에 유의해야 한다. 절대로 비약해서 생각해서는 안 된다.

layoff 정리해고 **imminent** 임박한 **get wind of** ~에 대한 풍문을 듣다 **indication** 징후 **dire** 매우 심각한 **straits** 경제적 궁핍 **turnover rate** 이직률 **morale** 의욕, 사기(士氣)

27
Listen to a conversation between a customer and a company representative.

M Hello, this is Jack Brewster from Telesystems.
W Hello, are you calling about our computer network?
M Yes, my secretary said you called regarding software problems.
W That was probably from one of our tech guys.
M They indicated a problem needed sorting out ASAP.
W OK, I'll put you through to our tech department.

Q Which is correct about Mr. Brewster according to the conversation?
(a) He is procuring some advice on software.
(b) He is getting glitches in software explained.
(c) His response is pertaining to a call for support.
(d) His secretary got a call about an overdue problem.

고객과 회사 직원의 대화를 들으시오.

M 안녕하세요, 저는 텔레시스템즈의 잭 브루스터입니다.
W 안녕하세요, 저희 컴퓨터 네트워크 때문에 전화하셨나요?
M 네, 비서 말이 소프트웨어 문제와 관련해서 전화를 하셨다고 하던데요.
W 아마 저희 기술부 직원 중 한 명이 했을 거예요.
M 그들이 조속히 해결이 필요한 문제가 있다고 해서요.
W 알겠습니다, 기술부서를 연결해 드릴게요.

Q 브루스터 씨에 대해서 대화 내용과 일치하는 것은?
(a) 소프트웨어에 관한 조언을 구하고 있다.
(b) 소프트웨어의 문제점을 설명하게 하고 있다.
(c) 지원 요청에 대해 응답하고 있다.
(d) 그의 비서는 벌써 해결됐어야 할 문제에 대한 전화를 받았다.

해설 Mr. Brewster는 비서에게 남긴 메시지를 받고 회신 전화를 한 것으로, 소프트웨어와 관련된 문제 해결이 용건이므로 (c)가 정답이다. (a)와 (b)는 기술부 직원이 해야 할 일에 해당한다.

regarding ~에 관해서 **indicate** 가리키다 **sort out** 해결하다 **ASAP** 가능한 한 빨리(as soon as possible) **put through** (전화로) 연결해 주다 **procure** 획득하다 **glitch** 결함 **pertaining to** ~에 관한 **overdue** 기한이 지난, 벌써 했어야 할

28

Listen to two people discuss how to get to a museum.

W Excuse me, I'm looking for the Picasso Museum.
M That's a fair hike from here, I'm afraid.
W Oh, I must have been walking in the wrong direction.
M Head back the way you came. Do you have a map?
W I have this tourist map, but it's not very detailed.
M No, so I'll draw on it where you need to go.

Q Which is correct about the woman according to the conversation?
(a) She does not know her way around a museum.
(b) She was heading farther from her destination.
(c) She became lost because she did not have a map.
(d) She will follow the man toward the museum.

미술관에 가는 방법에 대한 두 사람의 대화를 들으시오.

W 실례합니다. 피카소 미술관을 찾고 있는데요.
M 유감이지만, 거긴 여기서 꽤 걸어가야 해요.
W 아, 제가 엉뚱한 방향으로 걷고 있었나 봐요.
M 왔던 방향으로 다시 돌아가세요. 지도를 가지고 있어요?
W 여기 여행자용 지도가 있긴 한데 그다지 자세하지 않아요.
M 그렇군요. 그럼 어디로 가야 할지를 그 위에 그려드릴게요.

Q 여자에 대해서 대화 내용과 일치하는 것은?
(a) 미술관 근처의 지리를 잘 모른다.
(b) 목적지에서 멀어져 가고 있었다.
(c) 지도가 없어서 길을 잃었다.
(d) 미술관 쪽으로 남자를 따라갈 것이다.

해설 길을 묻는 여자에게 남자는 왔던 방향으로 다시 돌아가라고 했으므로, 여자는 목적지와 반대 방향으로 걷고 있었음을 알 수 있다. 따라서 (b)가 정답이다.

fair 상당한 **hike** 걷기, 도보 여행 **know one's way around** ~의 지리를 잘 모르다 **destination** 목적지

29

Listen to a conversation between a couple.

M I can't wait to get to the ski area.
W Me, neither. Let's hope your asthma doesn't act up.
M Hopefully, I'll be OK. I'll need to buy an inhaler, though.
W Don't tell me you forgot to pack one.
M I remember you saying to but in the rush I forgot.
W You should take more care of your health.

Q What can be inferred from the conversation?
(a) The couple regularly visits the ski area.
(b) The man failed to heed his doctor's instructions.
(c) The couple was running late to leave on a trip.
(d) The woman was not responsible for any packing.

부부의 대화를 들으시오.

M 어서 빨리 스키장에 도착했으면 좋겠어.
W 나도 그래. 네 천식이 도지지 않기를 바라자.
M 아마 괜찮을 거야. 그래도 흡입기를 하나 사야겠어.
W 하나 챙기는 걸 깜박했다는 말은 아니겠지.
M 네가 챙기라고 말한 건 기억하는데 서두르다가 깜박했어.
W 넌 건강에 좀 더 신경을 써야 해.

Q 대화로부터 추론할 수 있는 것은?
(a) 두 사람은 정기적으로 스키장에 다닌다.
(b) 남자는 의사의 지시를 지키지 않았다.
(c) 두 사람은 여행을 출발하는 데 시간에 쫓겼다.
(d) 여자는 짐 싸는 것에 대해 전혀 책임지지 않았다.

해설 남자가 서두르다가 흡입기 챙기는 것을 깜박했다는 것으로 보아, 두 사람은 급하게 출발했음을 알 수 있으므로 (c)가 정답이다. 여자가 흡입기를 챙기라고 주의를 줬으므로 (d)는 알맞지 않다.

asthma 천식 **act up** 병이 재발하다 **hopefully** 바라건대 **inhaler** 흡입기 **pack** 짐을 싸다 **heed** 주의하다 **be running late** 시간에 쫓기다

30

Listen to two friends discuss their vacation.

M So much for a glorious island paradise.
W Well, we took a gamble vacationing in the off-season.
M Who'd have thought it'd be overcast every day, though?
W Yes, I didn't expect it, since we're near the equator.
M Still, there's a chance it could change suddenly.
W I'd just be happy with less humidity.

Q What can be inferred from the conversation?
(a) The couple's island accommodation is cheap.
(b) Weather conditions have disappointed the man.
(c) Islands on the equator are infrequently overcast.
(d) The man selected where the couple would holiday.

휴가에 대한 두 친구의 대화를 들으시오.

M 낙원 같은 멋진 섬은 무슨!
W 그러게, 비수기에 휴가를 오는 건 모험이었어.
M 하지만 매일 흐릴 거라고 누가 생각이나 했겠어?
W 맞아, 우리는 적도 근처여서 생각지도 못했어.
M 하지만 갑자기 바뀔 가능성도 있어.
W 습도만 좀 낮아도 좋겠다.

Q 대화로부터 추론할 수 있는 것은?
(a) 두 사람이 묵는 섬 숙박시설은 저렴하다.
(b) 날씨 상태가 남자를 실망시켰다.
(c) 적도에 있는 섬들은 흐린 경우가 드물다.
(d) 두 사람이 휴가를 보낼 장소는 남자가 골랐다.

해설 두 사람은 적도 부근의 섬으로 휴가를 왔는데 흐린 날씨 때문에 실내에만 머무르고 있다. 첫 문장부터 남자가 실망감을 표현하고 있으므로 (b)가 정답이다. 여자의 두 번째 말은 적도 부근은 맑은 날씨도 많다는 뜻이지 흐린 경우가 드물다는 뜻은 아니므로 (c)는 맞지 않다.

so much for ~란 게 참, ~은 이제 그만 **glorious** 멋진, 훌륭한 **off-season** 비수기 **overcast** 흐린 **equator** 적도 **humidity** 습도 **accommodation** 숙박시설 **infrequently** 드물게 **holiday** 휴가를 보내다

Part IV

31

I've said before that Neanderthals mastered many skills, including tool and fire use. Now a new study extends this perception by pointing out that not only did they utilize fire up to 400,000 years ago, but its use was continuous. Evidence comes from numerous archaeological research sites in Europe showing the presence of charcoal, heated stone artifacts, burned bones, and so on. The evidence points to fire use as not intermittent or restricted to specific eras, which is what distinguishes it from previous studies.

Q What is the main idea about Neanderthals in the talk?
(a) They first used fire approximately 400,000 years ago.
(b) Their tool and fire use is now backed by solid evidence.
(c) They exhibited a sustained fire use in a controlled manner.
(d) Their skills were more substantial than previously thought.

네안데르탈인은 도구와 불의 사용을 포함해서 여러 가지 기술에 숙달했다는 것을 말한 바 있습니다. 이제 새로운 연구에서는 그들이 최고 40만 년 전에 불을 사용했을 뿐만 아니라 그러한 사용이 지속적이었다는 점을 들며 이러한 인식을 확장하고 있습니다. 유럽에 있는 수많은 고고학 연구 유적지로부터 숯과 가열한 돌 공예품, 연소된 뼈 등이 존재했음을 보여 주는 증거들이 나오고 있습니다. 이 증거들은 불의 사용이 간헐적이거나 특정 연대에 한정된 것이 아니라는 것을 보여주고 있는데, 이것은 이전의 연구들과 구별되는 것입니다.

Q 담화에 나타난 네안데르탈인에 대한 요지는?
(a) 그들은 약 40만 년 전에 처음으로 불을 사용했다.
(b) 그들의 도구와 불 사용은 현재 탄탄한 증거가 뒷받침하고 있다.
(c) 그들은 통제된 방식으로 지속적으로 불을 사용했다는 것이 드러났다.
(d) 그들의 기술은 이전에 생각했던 것보다 더 중대한 것이었다.

해설 새로운 연구에서 네안데르탈인의 불의 사용이 지속적이었음이 증명되었다는 점을 강조하고 있으므로 (c)가 정답이다. (a)와 (b)는 이미 알려진 사실들로서, 이 담화문의 요지라고 볼 수는 없다.

master 숙달하다 **perception** 인식 **utilize** 활용하다 **continuous** 계속적인 **archaeological** 고고학의 **charcoal** 숯 **artifact** 공예품 **intermittent** 간헐적인 **restricted** 제한된 **distinguish A from B** A와 B를 구별하다 **back** 지지하다 **solid** 견고한 **sustained** 지속된 **substantial** 중요한, 가치 있는

32

Next we will look at interstellar dust samples collected from Earth's uppermost atmosphere. They can tell us a lot about the ancient universe since they contain minute grains of material that originated in stars and gathered in molecular clouds before our sun's formation. Of course, every year tons of interplanetary dust enters Earth's atmosphere, but these samples are special with their higher abundances of more primitive material older than the Solar System. The dust originates from a comet dust tail that the Earth passed through in 2003.

Q What is the main idea about the dust samples in the talk?
(a) Their grains' components predate the Solar System.
(b) Their composition can unlock secrets of the universe.
(c) They came from a comet that had passed by Earth in 2003.
(d) They have grains older than others in Earth's atmosphere.

다음으로 지구 대기권의 최상층부에서 수집된 항성 간 먼지 샘플을 살펴보겠습니다. 그것들은 별에서 생겨나서 우리 태양이 형성되기 전에 분자 구름으로 모인 물질들의 미세한 입자를 포함하고 있기 때문에 고대 우주에 대해 많은 것을 알려 줄 수 있습니다. 물론 해마다 엄청나게 많은 행성 간 먼지가 지구 대기권으로 유입되지만, 이 샘플은 태양계보다 더 오래된 원시 물질이 매우 풍부하다는 점에서 특별합니다. 이 먼지는 2003년에 지구가 스쳐갔던 혜성의 먼지 꼬리로부터 유입된 것입니다.

Q 담화에 나타난 먼지 샘플에 대한 요지는?
(a) 그것들의 입자 구성 요소들은 태양계보다 오래 된 것들이다.
(b) 그것들의 성분이 우주의 신비를 풀 수 있다.
(c) 그것들은 2003년에 지구를 스쳐갔던 혜성으로부터 왔다.
(d) 그것들의 입자는 지구 대기권에 있는 다른 것들보다 더 오래된 것들이다.

해설 강의에서 다루고 있는 먼지 샘플은 고대 우주에 대해서 알려 줄 수 있고 태양계보다 더 오래된 원시 물질이라고 했으므로 (a)가 정답이다. (c)는 부분적으로 언급된 내용이며, (d)도 유추 가능한 내용이지만 요지라고 볼 수는 없다.

interstellar 항성 간의 **uppermost** 최상위의 **minute** 미세한

grain 입자 originate 비롯하다 molecular 분자의 formation 형성 interplanetary 행성 간의 abundance 풍부함 primitive 원시의 comet dust tail 혜성의 먼지 꼬리 component 구성 요소 predate ~에 앞서다

33

The latest statistics indicate that the highest rates of corporate tax out of anywhere in the world are in Japan and the U.S. These are the third-largest and largest economies in the world, respectively, with corporate tax in the former at 39.5 percent while in the latter it stands at 39.25 percent. In the UK, corporate tax has been around 28 percent, after having been reduced by successive governments since the '70s. Ireland's corporate tax rate is the most envied in OECD nations, however, at 12.5 percent.

Q According to the news report, what is the corporate tax rate in America?

(a) 39.25%

(b) 39.5%

(c) 28%

(d) 12.5%

최근 통계를 보면 세계 어느 곳보다 법인세율이 높은 곳은 일본과 미국이다. 이들은 각각 세계 3위와 1위의 경제 규모를 갖고 있는데, 전자의 법인세는 39.5%이며, 후자는 39.25%이다. 영국의 법인세는 70년대 이후로 정부가 계속 줄여온 끝에 28% 내외에 머물러 왔다. 하지만 아일랜드의 법인세율은 12.5%로, OECD 국가들 중에서 가장 부러움의 대상이 되고 있다.

Q 뉴스 보도에 따르면, 미국에서 법인세율은 얼마인가?

(a) 39.25%

(b) 39.5%

(c) 28%

(d) 12.5%

해설 이 문항의 경우에는 일본과 미국에 대해 전자(前者)와 후자(後者)라는 말을 쓰기 때문에 난이도가 높게 느껴질 수 있다. 뉴스 보도에서 후자인 미국의 법인세율이 39.25%라고 했으므로 정답은 (a)이다.

statistics 통계 corporate tax 법인세 respectively 각각 the former (둘 중) 전자 the latter (둘 중) 후자 successive 잇따른 envy 부러워하다

34

As we have seen in recent history, the London School of Economics, or LSE, has been greatly embarrassed by accepting donations from the dictatorial regime in Libya. Its reputation damaged and its director now resigned. This famous institution was once linked with famed intellectuals the likes of its founders Sidney Webb and George Bernard Shaw. A pall is now cast, and unfortunately it must also extend to the University of Oxford and School of Oriental and African Studies, who also number among beneficiaries of money from morally dubious regimes in the Middle East.

Q Which is correct according to the talk?

(a) Funds from Libya's regime were misused by LSE.

(b) LSE's director, Sidney Webb, was forced to resign.

(c) No wrong was imputed to the University of Oxford.

(d) LSE is not alone in enjoying questionable donations.

최근의 역사에서 보아 왔듯이, 런던 정경대, 즉 LSE는 리비아의 독재 정권으로부터 기부를 받아들임으로써 매우 곤란한 처지에 놓였다. 런던 정경대의 명성은 훼손되었고 그곳의 학장은 현재 사임했다. 이 유명 기관은 한때 설립자인 시드니 웹이나 조지 버나드 쇼 같은 유명 지식인들과 연관되어 있었다. 지금은 먹구름이 드리워져 있는데, 안타깝게도 이 먹구름은 옥스퍼드 대학과 동양 및 아프리카 연구 대학에까지도 확대되고 있음이 분명하다. 즉, 이들 대학 역시 도덕성이 의심스러운 중동 지역의 정권으로부터 돈을 받은 것으로 간주되고 있다.

Q 담화 내용과 일치하는 것은?

(a) 리비아 정권으로부터 받은 기금을 LSE가 남용했다.

(b) LSE의 학장인 시드니 웹은 어쩔 수 없이 사임했다.

(c) 옥스퍼드 대학에는 어떤 잘못도 지우지 않았다.

(d) LSE만 의심스러운 기부를 받은 것은 아니다.

해설 LSE가 독재 정권의 돈을 받은 것으로 곤혹을 겪고 있는데, 옥스퍼드 대학과 다른 연구 기관도 같은 비난을 받고 있다고 했으므로 (d)가 정답이다. 리비아 정권으로부터 받은 돈을 어떻게 사용했는지에 대해서는 언급하지 않았으므로 (a)는 옳지 않다.

embarrassed 난처한 dictatorial 독재자의 regime 정권 reputation 평판 resign 사임하다 famed 유명한 intellectual 지식인 the likes of ~와 같은 사람[것] founder 설립자 cast a pall 먹구름을 드리우다 number among ~에 포함되다 beneficiary 수혜자 morally 도덕적으로 dubious 의심스러운 impute ~의 탓으로 돌리다

35

Studies on aging indicate that longevity is hard to predict after 70, when unexpected genetic changes kick in. So, it is harder to survive into one's 80s or 90s. Genes, however, do not dictate longevity as much as assumed, nor do health foods that slow aging. In fact, conscientiousness is a better predictor of long life; that is, people that are dependable, persistent, and well-organized live longer—quite the contrary to what was commonly held. Thriving, it has been found, is less likely for the overly zealous and carefree.

Q Which is correct according to the latest longevity studies?

(a) Longevity can be gained with enthusiastic behavior.
(b) Life spans are unaffected by health food options.
(c) People adverse to conscientiousness reduce longevity.
(d) One condition associated with longevity is persistence.

노화에 관한 연구에서 예상치 못한 유전적 변이가 돌발하는 70세 이후에는 장수를 예상하기 어려운 것으로 나타났다. 그래서 80대나 90대까지 생존하는 것은 더 힘들어진다. 하지만 예상했던 것만큼 유전자가 장수를 결정짓는 것은 아니며, 노화를 늦추는 건강에 좋은 음식들이 그러는 것도 아니다. 실제로 성실함이 장수를 예상하게 하는 데 더 적합하다. 다시 말하면, 신뢰할 수 있고, 한결같으며, 준비성이 강한 사람들이 더 오래 산다는 것으로, 이는 일반적인 생각과는 정반대이다. 지나치게 열정적이거나 태평한 사람들은 장수에 성공할 가능성이 더 낮은 것으로 나타났다.

Q 최근의 장수 연구 내용과 일치하는 것은?
(a) 열정적인 행동으로 장수를 얻을 수 있다.
(b) 수명은 건강에 좋은 음식 선택의 영향을 받지 않는다.
(c) 성실함에 반하는 사람들은 수명이 줄어든다.
(d) 장수와 관련된 한 가지 조건은 일관성이다.

해설 장수하는 사람들의 특성으로 dependable, persistent, and well-organized를 언급했으므로 (d)가 정답이다. 지나치게 열정적인 사람들은 장수 가능성이 낮다고 했으므로 (a)는 맞지 않다.

longevity 장수 **genetic** 유전의 **kick in** 효과가 나타나다 **dictate** ~을 좌우하다 **conscientiousness** 성실함 **predictor** 예측 변수 **dependable** 신뢰할 수 있는 **persistent** 지속되는 **well-organized** 정돈된 **thrive** 번창하다 **zealous** 열심인 **carefree** 근심 없는 **enthusiastic** 열정적인 **adverse to** ~에 거스르는

36

Memories of the Miami Heat's worst loss of the season were banished Monday with the thrashing of the Denver Nuggets, 115 to 75. After suffering a crushing defeat last week to the Orlando Magic 125 to 95, the Heat finally turned the tables on a six-game losing streak. Only a week ago, they were feeling low, struggling to find their feet as the playoffs approach. Their comeback can be credited to an intense defense and a fast-break assault. The home crowd cheering them on was surely an advantage, too.

Q What can be inferred from the sports report?
(a) The Magic usually beats the Heat.
(b) The Heat have been in a slump all season.
(c) The Heat are now guaranteed a spot in the playoffs.
(d) The Nuggets lost on the Heat's home court.

마이애미 히트의 시즌 최악의 패배에 대한 기억은 월요일, 히트가 덴버 너겟을 115대 75로 완파하면서 사라졌다. 지난주 올랜도 매직에게 125대 95로 압도적인 패배를 당한 후에, 히트는 6연패 끝에 마침내 형세를 뒤집었다. 불과 일주일 전만 해도, 그들은 무기력한 가운데 다가오는 플레이오프에서 자리를 잡기 위해 고군분투하고 있었다. 그들이 재기할 수 있었던 원동력은 집중적인 수비와 속공이라고 할 수 있다. 그들을 응원하는 홈 관중 역시 확실히 도움이 되었다.

Q 스포츠 보도로부터 추론할 수 있는 것은?
(a) 대개 매직 팀이 히트 팀을 이긴다.
(b) 히트 팀은 시즌 내내 슬럼프에 빠져 있다.
(c) 히트 팀은 현재 플레이오프에 자리를 보장받았다.
(d) 너겟 팀은 히트 팀의 홈구장에서 패배했다.

해설 연속 패배를 이어가던 마이애미 히트 팀이 월요일에 대승을 거두었다는 내용이다. 패한 상대팀은 덴버 너겟이며, 마지막 문장에서 홈 관중이 도움이 되었다는 말에서 경기가 히트의 홈구장에서 열렸음을 알 수 있다. 따라서 (d)가 정답이다.

banish 떨쳐버리다 **thrashing** 완패 **crushing** 압도적인 **defeat** 패배 **turn the tables** 형세를 역전시키다 **streak** 연속 **feel low** 무기력하다 **find one's feet** 자신이 생기다, 능력을 발휘하다 **comeback** 재기 **fast-break** 속공 **assault** 맹공격 **advantage** 장점

Part V

37-38

Sportswear company ASP has been under pressure to withdraw its advertisement on Sporty Talk since Julia Smith, the show's host, made a controversial comment about Hispanic immigrants last Thursday. While some viewers demanded that the Advertising Regulatory Committee intervene in this matter, others took matters into their own hands. Several Twitter users, including Melanie Black, urged sportswear consumers to boycott ASP and buy Snap's products. As is widely known, Snap is a long-time rival of ASP. Timothy Roberts, an activist for immigrant rights, posted a video that showed him burning ASP's jackets in protest of the company's inaction despite universal condemnation of Smith's remark. However, political commentators, such as Nicole Davidson, said that ASP's jackets might be better used to help the homeless. Meanwhile, ASP's stocks have continued to plummet since last Friday, which may force the sportswear company to give in to consumers' pressure.

스포츠웨어 회사인 ASP는 '스포티 토크' 쇼의 진행자인 줄리아 스미스가 지난 목요일에 히스패닉 계(系) 이민자들에 대해 논란을 불러일으키는 언급을 한 이래로 이 토크 쇼에서의 광고를 중단하라는 압박을 받아왔습니다. 광고 규제 위원회가 이 문제에 개입할 것을 강력히 요구하는 시청자가 있는 반면에, 다른 시청자들은 스스로 문제를 해결했습니다. 멜라니 블랙을 포함한, 여러 트위터 사용자들은 스포츠웨어 소비자들에게 ASP를 보이콧하고 스냅의 제품을 살 것을 촉구했습니다. 널리 알려져 있듯이, 스냅은 ASP의 오랜 경쟁업체입니다. 이민자들의 권리 운동가인 티모시 로버츠는 스미스의 말에 대해 모든 이들이 비난함에도 불구하고 ASP가 어떤 조치도 취하지 않은 데 대한 항의의 표시로 ASP의 재킷을 불태우는 장면이 찍힌 동영상을 게시했습니다. 그렇지만 니콜 데이비드슨과 같은 정치 평론가들은 ASP의 재킷들이 노숙자를 돕는 데 더 유용하게 쓰일 수 있다고 말했습니다. 한편 지난 금요일 이후 ASP의 주가는 급락을 거듭하고 있는데요, 이것은 스포츠웨어 회사인 ASP가 소비자들의 압박에 굴복할 것을 강요할지도 모릅니다.

37 Q What is the main topic of the news report?

(a) Sporty Talk viewers' indignation over the host's insensitive remarks

(b) Why sportswear company ASP succumbed to consumers' skepticism about its advertisement

(c) A sportswear company's hostile stance against immigrant rights

(d) A company faced with mounting pressure to stop running its commercial on a TV show

Q 뉴스 보도의 주제는 무엇인가?

(a) '스포티 토크' 쇼 시청자들이 진행자의 무신경한 말에 대해 느끼는 의분

(b) 스포츠웨어 회사인 ASP가 광고에 대한 소비자들의 회의적 태도에 굴복한 이유

(c) 스포츠웨어 회사가 이민자들의 권리에 대해 갖는 적대적인 태도

(d) TV 쇼에서의 광고를 중단하라는 점증하는 압박에 직면한 회사

해설 전반적인 정보에 대한 이해를 측정하는 문항이다. 특히 이와 같은 유형에 paraphrase가 널리 활용됨에 특히 유의해야 한다. (a)는 보도의 일부 내용이지만 전반적인 주제가 아니다. (b)는 사실 관계가 맞지 않으므로 오답이다. (c)는 주어진 뉴스 보도에서 알 수 있는 내용이 아니다. 따라서 정답은 전반적인 내용을 정확히 포착한 (d)이다.

38 Q What can be inferred from the news report?

(a) More and more sportswear consumers are likely to purchase products from Snap.

(b) Investors may be concerned about a backlash from consumers over ASP's inaction.

(c) Snap is sympathetic toward the rights of Hispanic immigrants.

(d) Roberts has been harboring a grudge against ASP for years.

Q 뉴스 보도로부터 추론할 수 있는 바는 무엇인가?

(a) 점점 더 많은 스포츠웨어 소비자들이 스냅에서 제품을 구매할 가능성이 높다.

(b) 투자자들은 ASP가 조치를 취하지 않은 데 대한, 소비자들의 반발에 대해 우려할지도 모른다.

(c) 스냅은 히스패닉 계 이민자들의 권리에 대해 동정적이다.

(d) 로버츠는 ASP에 대해 수년 동안 원한을 품어왔다.

해설 (a)는 반드시 그렇게 될 것이라고 추론할 수 없으므로 오답이다. (c)는 주어진 내용만으로는 정확히 추론할 수 없다. 중립적일 수도 있기 때문이다. (d)는 '수년 동안'이라고 판단할 수 있는 근거가 없기 때문이 정답이 아니다. 따라서 정답은 (b)이다. 그렇기 때문에 주가가 급락을 거듭할 것이 때문이다.

withdraw 중단하다, 취소하다 **controversial** 논란이 많은 **demand** (강력히) 요구하다 **regulatory** 규제력을 지닌 **take matters into one's own hands** 스스로 문제를 해결하다 **boycott** 구매를 거부하다, 보이콧하다 **inaction** 활동하지 않음 **condemnation** 비난 **meanwhile** 한편; 그동안 **plummet** 급락하다 **give in to** ~에 굴복하다 **indignation** 분개, 의분

39-40

As you can guess easily, running the International Space Station (ISS) program involves honoring a variety of legal agreements between the fifteen different countries participating in the project. These agreements are mainly concerned with how those different nations should interact with each other to efficiently utilize the space station. One of the most important agreements is the Space Station Intergovernmental Agreement (IGA), which was signed on January 28, 1998. According to Article 1 of the IGA, the ISS program is aimed at forming a "genuine partnership" between the fifteen nations in an effort to develop and operate a space station "permanently inhabited" by qualified crew members. In order to achieve the purpose of the IGA, NASA, as the manager of the ISS, has entered into memoranda of understanding with four different space agencies, including ESA and Roscosmos. These memoranda give detailed descriptions of the right and responsibilities of each space agency involved in the ISS project. All these legal agreements, together with the ISS Code of Conduct, help the ISS operate smoothly in space.

쉽게 짐작할 수 있듯이, 국제 우주 정거장(ISS) 프로그램을 운영하는 것은 이 프로젝트에 참가하고 있는 15개 국가들 사이의 다양한 법적인 협정을 이행하는 것을 수반합니다. 이 협정들은 주로 어떻게 이 국가들이 우주 정거장을 효율적으로 이용하기 위해서 상호작용해야 하는가에 관한 것입니다. 가장 중요한 협정 가운데 하나는 "우주 정거장 정부간 협정(IGA)"인데요, 이 협정은 1998년 1월 28일에 서명되었습니다. IGA의 제1조에 따르면, ISS 프로그램은 자격을 갖춘 승무원이 "영구적으로 거주하는" 우주 정거장을 개발하여 운용하기 위해 15개 국가들 사이에 "진정한 동반자 관계"를 형성하는 것을 목적으로 합니다. IGA의 목적을 이루기 위해 NASA는 ISS의 관리자로서 ESA와 러시아 연방 우주국을 포함한, 4개의 항공 우주국과 양해 각서를 체결했습니다. 이 양해 각서들은 ISS 프로젝트에 관여하는 각 항공 우주국의 권리와 의무를 상세히 기술(記述)합니다. ISS 행동 강령과 함께, 이 모든 법적인 협정들은 ISS가 우주에서 순조롭게 운용되는 데 도움을 줍니다.

39 Q Which of the following does NOT facilitate the effective running of the ISS?

(a) The Space Station Intergovernmental Agreement

(b) NASA's memoranda of understanding with the four space agencies

(c) The ISS Code of Conduct

(d) Technological agreements between ESA and Roscosmos

Q 다음 중 어느 것이 ISS의 효과적인 운용을 촉진하지 않는가?

(a) 우주 정거장 정부 간 협정

(b) NASA가 4개 항공 우주국들과 맺은 양해 각서

(c) ISS 행동 강령

(d) ESA와 러시아연방우주국 사이의 과학 기술 협정

해설 이 유형은 두 번 들려준다는 점을 최대한 활용해야 한다. 처음 읽을 때 선택지를 제외한, 문제 부분까지 읽어 주므로 그때에 어떤 사항에 주의해야 하는가를 정확히 판단해야 한다. (a), (b), (c)는 모두 언급되어 있지만, (d)는 그런 협정이 있는지조차 알 수 없으므로 정답은 (d)이다.

40 Q Which is correct according to the talk?

(a) Five different space agencies are participating in the ISS project.

(b) Only astronauts selected by NASA can reside in the International Space Station.

(c) Article 1 of the IGA is concerned with how to recruit qualified crew members.

(d) In January 1998, NASA approved the permanent operation of the ISS.

Q 담화에 따르면 올바른 진술은 무엇인가?

(a) 5개 항공 우주국이 ISS 프로젝트에 참가하고 있다.

(b) NASA가 선정한 우주 비행사들만이 국제 우주 정거장에 거주할 수 있다.

(c) IGA 제1조는 자격을 갖춘 승무원을 채용하는 방법에 관한 것이다.

(d) 1998년 1월 NASA는 ISS의 영구적인 운용을 승인했다.

해설 세부 사항 유형이다. NASA를 포함해서 5개 항공 우주국이 맞으므로 (a)가 정답이다. (b)는 주어진 담화에 그와 같은 내용이 전혀 제시되어 있지 않다. (c)는 그와 같은 세부적인 사항이 아니라 협정의 목적에 관한 내용이므로 오답이다. (d)는 설령 이 내용이 사실로는 올바르다고 하더라도, 주어진 담화에 그 내용이 없다면 반드시 오답으로 처리해야 한다. '담화에 따르면'이라는 단서가 있기 때문이다.

honor 이행하다; 명예 **agreement** 협정, 합의 **form** 형성하다; 형태 **genuine** 진실한, 진정한 **permanently** 영구적으로 **memorandum of understanding** 양해 각서 **detailed** 상세한, 자세한 **code of conduct** 행동 강령

어휘 Vocabulary

Part I

1 정답 (a)

A 우리 노래를 녹음하는 데 관심이 있으세요?

B 물론이죠, 전 그 생각에 반대하지 않아요.

(a) 싫어하는 (b) 노출되는

(c) 하찮게 보는 (d) 어리벙벙한

해설 관심이 있느냐는 질문에 Sure라고 답하고 있으므로, 찬성이나 동의를 뜻하는 말이 이어져야 자연스럽다. 빈칸 앞 not과 어울려 이런 뜻을 나타내는 것은 (a)이다. averse는 주로 be averse to의 형태로 '~을 싫어하다'는 뜻으로 쓰인다.

be interested in ~에 관심이 있다

2 정답 (c)

A 회사 경비를 줄이는 데 모두 동의했다니 잘됐네요.

B 네, 정말로 사려 깊은 대처인 것 같아요.

(a) 재미없는 (b) 익살스러운

(c) 사려 깊은 (d) 유해한

해설 회사 경비 절감에 모두가 동의한 상황을 두고 할 만한 평가는 '신중한, 사려 깊은'이라는 뜻의 (c)가 적절하다.

cut down on ~을 줄이다 **move** 행동, 조처

3 정답 (c)

A 우리 아파트는 너무 오래되고 낡아 보여.
B 아마도 전체를 새로 꾸며야 할 것 같아요.

(a) 당황하게 하다 (b) 살균하다
(c) 새로 꾸미다 (d) 해체하다

해설 아파트가 낡아 보인다는 말에 대해 뭔가를 해야겠다고 말하고 있다. refurbish가 건물이나 방을 '새로 꾸미다, 재단장하다(repair and improve a building)'라는 뜻이므로 (c)가 정답이다.

run down 낡은

4 정답 (c)

A 안녕하세요, 몰리, 테드가 또 말썽을 일으켜서 전화했어요.
B 아, 저런. 지금은 어떤 나쁜 짓을 하고 있나요?

(a) 불쾌함 (b) 솜씨 좋음
(c) 나쁜 짓 (d) 유령

해설 be in trouble이라는 말에서 뭔가 안 좋은 일에 연루되었음을 짐작할 수 있다. mischief는 대개 아이들이 저지르는 심각하지 않은 나쁜 짓(bad behavior)을 뜻하므로 (c)가 정답이다.

be in trouble 말썽을 일으키다 **be mixed up** 말려들다, 관계되다

5 정답 (d)

A 더글라스가 어디 갔는지 알아?
B 방금 육교를 건너 정류장으로 가는 걸 봤어.

(a) 그만두다 (b) 밖으로 나가다
(c) 폐지하다 (d) 가로지르다

해설 빈칸 뒤에 overpass를 목적어로 취해 의미가 통하는 동사가 들어가야 한다. '육교를 건너다, 넘다'라고 해야 어울리므로 (d)가 정답이다.

overpass 육교, 고가도로

6 정답 (d)

A 차고 청소하는 걸 언제 도와줄 수 있니?
B 지금 바로 할 수 있어.

(a) 몹시 위태로운 (b) 최후 순간까지
(c) 무일푼에서 벼락부자로 (d) 즉시

해설 언제 도와줄 것인지 묻고 있으므로 때를 나타내는 응답이 와야 한다. at the drop of a hat은 모자를 떨어뜨림으로써 시작 신호를 알린 것에서 유래한 관용 표현으로, 말과 동시에 바로 하겠다는 뜻이다. 따라서 (d)가 정답이다.

clean out 청소하다

7 정답 (b)

A 이 일은 정말 지겨워, 그렇지 않니?
B 아, 그래, 너무 지루해.

(a) 비방하는 (b) 지루한
(c) 방심하지 않는 (d) 순종하는

해설 지겹다는 말에 yes라고 동의하고 있으므로 A가 말한 boring과 가장 유사한 어구를 고르면 된다. (b) tedious가 '지루한, 싫증나는'이라는 뜻으로 가장 알맞다.

boring 지루한

8 정답 (d)

A 직장에서의 새 직책에 만족해요?
B 유감스럽게도 해야 할 업무가 더 많아졌어요.

(a) 뭉근히 끓이다 (b) 숙소를 지정하다
(c) 아낌없이 주다 (d) 짐을 지우다

해설 문맥상 '더 많은 책임을 지고 있다'라는 뜻으로 (d)가 들어가야 알맞다. be encumbered with는 '(빚이나 책임 등을) 지다'라는 뜻이다.

position 직책 **responsibility** 책임

9 정답 (b)

A 기자들이 너를 그렇게 빨리 발견해 내서 놀랐어.
B 내가 식당을 떠나려고 할 때 나를 가로막았어.

(a) 흠뻑 젖게 하다 (b) 가로막다
(c) 굶주리게 하다 (d) 복사하다

해설 문맥상 못 가게 막았다는 의미가 되어야 알맞다. waylay는 이야기를 하거나 갑자기 공격을 하기 위해 '불러 세우다, 가로막다(stop someone)'라는 뜻이므로 (b)가 알맞다.

journalist 기자

10 정답 (c)

A 회사에서 새로운 광고 전략을 필요로 해요.
B 우리도 벌써 그 생각을 잠깐 해 봤어요.

(a) 대폭 인상하다 (b) 완화하다
(c) 잠깐 생각해 보다 (d) 굽이돌다

해설 빈칸 뒤의 that idea를 목적어로 취해 의미가 통하는 동사가 들어가야 한다. toy with가 '잠깐 가볍게 생각해 보다(think about an idea for a short time and not very seriously)'라는 뜻이므로 (c)가 정답이다.

advertising 광고

Part II

11 정답 (c)

일부 사람들은 명성 있는 신문사의 일류 기자들까지도 대중을 호도하기 위해 기사를 날조해 왔다고 주장했다.

(a) 선회하다 (b) 회유하다
(c) 날조하다 (d) 힘을 약화시키다

해설 빈칸 뒤의 stories를 목적어로 취하여 의미가 통하는 동사가 와야 한다. 대중을 호도하려는 목적으로 '기사를 날조하다'라고 하는 것이 알맞으므로 (c)가 정답이다. fabricate는 거짓말로 이야기를 꾸며대는 것을 뜻한다.

allege 주장하다 **prestigious** 명성 있는 **mislead** 호도하다

12 정답 (d)

그 유명 인사는 절대적인 불신을 나타내며, 보도되고 있던 스캔들에 대해서 어찌할 바를 모르는 것처럼 보였다.

(a) 멋없는 (b) 불안정한
(c) 구식의 (d) 어찌할 바를 모르는

해설 유명 인사가 스캔들을 접하고 보일 수 있는 태도라면 '당황해서 어찌할 바를 모르는(so surprised that you do not know what to say or do)'이라는 뜻의 (d)가 가장 알맞다.

celebrity 유명 인사 **utter** 완전한, 절대적인 **disbelief** 불신

13 정답 (d)

줄풀은 호수나 강의 진흙에 뿌리를 내리고 있기 때문에, 광업이나 기타 산업으로 인한 오염의 해로운 영향에 더 민감하다.

(a) 우스꽝스러운 (b) 풍부한
(c) 공격적인 (d) 민감한

해설 빈칸 뒤에 전치사 to가 나오는 것에서 힌트를 얻을 수 있다. susceptible은 '~에 민감한'이라는 뜻으로 주로 전치사 to를 수반한다. 따라서 (d)가 정답이다.

wild rice 줄풀, 야생벼 **rooted** 뿌리를 박은 **harmful** 해로운 **mining** 광업

14 정답 (d)

퀸즈 중심가에 위치한 딥 힐 스파에 잠깐 들러 원기를 회복시키고 상쾌하게 만들어 드리는 편안한 스파를 해 보세요.

(a) 신성시되는 (b) 유독한
(c) 시행되는 (d) 원기가 회복되는

해설 빈칸 뒤에 fresh와 어울리는 것은 '원기를 회복시키다, 활기를 되찾게 하다'라는 뜻의 rejuvenate이다. 따라서 (d)가 정답이다.

be located in ~에 위치하다 **drop in** 잠깐 들르다

15 정답 (c)

가사 도우미들은 근육이나 뼈가 약화되는 질환의 발병률이 높은데, 그로 인해 실직하게 되거나 허약해지거나 통증이 생긴다.

(a) 독설에 찬 (b) 불필요한
(c) 약화시키는 (d) 난잡한

해설 빈칸 뒤에 muscular or skeletal disorders를 수식하기에 알맞은 것은 '약화시키는'이라는 뜻의 (c)이다.

domestic worker 가사 도우미 **muscular** 근육의 **skeletal** 골격의 **disorder** 질환, 장애 **out of work** 실직하는

16 정답 (d)

조사를 해보면, 대단히 부유한 사람들이 놀랍게도 고독감이나 사랑에 대한 염려, 자녀에 대한 두려움 같은 걱정거리들을 열거했다.

(a) 벗겨내다 (b) 연장하다
(c) 쇠약하게 하다 (d) 열거하다

해설 빈칸 뒤에 목적어가 a surprising list이므로 '목록을 열거하다'라는 표현의 (d) enumerated가 적절하다.

exceptionally 이례적으로, 대단히 **anxiety** 불안, 걱정거리 **isolation** 고립, 고독

17 정답 (d)

그 교수는 장황하게 늘어놓으면서 모두를 지루하게 만드는 긴 강의를 하는 것으로 유명했다.

(a) 나머지의 (b) 서투른
(c) 정상 참작할 만한 (d) 지루하게 긴

해설 빈칸 뒤에 장황하게 지껄이고 지루하게 하는(rambling on and boring)이라는 표현에 적절한 어휘가 interminable이다. '지루하게 긴 (very boring and taking a lot of time)'이라는 뜻이므로 (d)가 정답이다.

reputation 명성 **ramble on** 장황하게 지껄이다

18 정답 (b)

몇몇 인도 조종사들이 위조 서류로 비행했다는 것이 발각되자 그들의 면허는 항공 당국에 의해 취소되었다.

(a) 상쇄하다 (b) 취소하다
(c) 변화하다 (d) 충고하다

해설 빈칸에 들어갈 동사의 주어는 The licenses인데, 위조 서류가 발각되었다고 했으므로 '면허가 취소되다'라는 뜻이 되어야 알맞다. 따라서 '폐지하다, 취소하다'라는 뜻의 (b)가 정답이다.

aviation 항공 **authorities** 당국 **fake** 가짜의, 위조의

19 정답 (d)

1924년에 레닌이 사망한 후에, 스탈린은 경쟁자들을 제압하고 공산당을 장악했으며, 마침내 독재자가 되었다.

(a) 반동하다 (b) 승격시키다
(c) 연관시키다 (d) 술책으로 이기다

해설 문맥상 '경쟁자들을 물리치다' 정도의 의미가 되어야 알맞다. '책략을 쓰다'라는 동사 maneuver에 접두어 out이 붙은 outmaneuver는 '책략을 써서 이기다'라는 뜻으로 (d)가 정답이다.

gain control of ~를 지배하다, 장악하다 **eventually** 결국 **dictator** 독재자

20 정답 (c)

세입자는 주택을 고치는 데 돈을 썼다고 주장했지만 주택 소유주와의 합의에 따라 보상을 받지 못했다.

(a) 억제한 (b) 조작한
(c) 배상한 (d) 공정하지 않은

해설 spent money … but라고 되어 있으므로 돈을 썼는데 보상을 받지 못했다는 의미의 (c)가 들어가야 알맞다. recompense는 수고나 손해에 대해 '보상하다, 배상하다'는 뜻이다.

tenant 세입자 **agreement** 합의

21 정답 (c)

〈경영학 저널〉에 실린 한 새로운 연구에서는 조직적인 부정부패가 어떻게 많은 나라에서 엄연한 현실이자 고질적이게 되었는지를 보여 준다.

(a) 활발하지 못한 (b) 둔한
(c) 고질적인 (d) 멍청한

해설 corruption과 가장 어울리는 단어는 '고질적인'이라는 뜻의 (c)이다. endemic은 '특정 지역에 고유한'이라는 뜻으로도 쓰이며, an endemic disease는 '풍토병'을 뜻한다.

systematic 조직적인 **corruption** 부정부패 **a fact of life** 어쩔 수 없는 현실

22 정답 (c)

타고난 이야기꾼인 스토리텔링의 대가가 펼치는 이 재미있고 흥미진진한 쇼를 구경하러 오세요.

(a) 민간 무장선 (b) 세레나데를 부르는 사람
(c) 이야기꾼 (d) 정복자

해설 앞에서 master of storytelling이라고 한 것과 의미상 가장 잘 어울리는 것은 이야기를 재미있게 하는 사람을 뜻하는 natural raconteur이다. 따라서 (c)가 정답이다.

intriguing 흥미로운 **privateer** 민간 무장선

23 정답 (b)

호전되고 있는 주택 건설은 7~9월 분기에 가파르게 하락하고 난 후 현재 연 3.3%로 성장하고 있다.

(a) 놀리다 (b) 급락하다
(c) 상승하다 (d) 굽신거리다

해설 최근 들어 호전되고 있다는 말에서, 현재처럼 성장하기 전에는 하락했었음을 짐작할 수 있다. 따라서 '급락하다, 급감하다(suddenly decrease)'라는 뜻의 (b)가 들어가야 알맞다.

residential 주택의 **turn around** 호전되다 **annual** 연간의 **steeply** 가파르게

24 정답 (b)

바이킹들은 서기 795년에 아일랜드의 서부 해안에서 수도원들을 약탈하고 해안선을 따라 전진하면서 약탈품을 가지고 갔다.

(a) 권고하다 (b) 약탈하다
(c) 부추기다 (d) 샅샅이 찾다

해설 뒤에 나오는 booty에서 힌트를 얻을 수 있다. 의미상 수도원을 '약탈하다'라는 것이 자연스러우므로 (b)가 정답이다. pillage는 '약탈하다, 강탈하다'라는 뜻이다.

monastery 수도원 **booty** 전리품, 약탈물 **advance** 전진하다 **coastline** 해안선

25 정답 (c)

연구자들은 기대감을 높이는 것이 성적이 위태로운 학생들의 학업 수행 능력을 향상시킬 수 있는 열쇠가 될 수 있다고 주장한다.

(a) 질책하다 (b) 금주하다
(c) 향상시키다 (d) 두운 법칙을 사용하다

해설 빈칸 뒤에 목적어가 the academic performance이므로 '성적을 향상시키다'는 뜻이 되어야 알맞다. 따라서 '향상시키다, 높이다'는 뜻의 enhance를 쓴 (c)가 정답이다.

expectation 기대 **at-risk** 위태로운

26 정답 (b)

슈테판 츠바이크는 여러 장르의 작품을 가진 작가였지만, 그의 문학적 명성은 주로 일련의 소설과 단편 소설에 기초한 것이다.

(a) 음탕하게 (b) 주로
(c) 열의 없이 (d) 완고하게

해설 빈칸 뒤에 동사 rested on을 수식하기에 알맞은 부사가 필요하다. 다양한 장르의 작품을 썼지만 주로 소설류로 명성을 얻고 있다고 했으므로 '주로 ~에 기초하다'와 어울리는 (b)가 정답이다.

rest on ~에 의존하다, 기초하다 **novella** 단편소설

27 정답 (b)

전통적으로 의사들은 임신부에게 근력 운동을 권하려 하지 않음에도 불구하고, 새로운 연구에서는 이것이 유익할 수 있다고 밝혀졌다.

(a) 선견 (b) 꺼림
(c) 위법 행위 (d) 무관심

해설 문장 앞에 Despite가 있으므로 근력 운동이 유익할 수도 있다는 연구에 의사들은 동의하지 않음을 알 수 있다. 따라서 임신부에게 근력 운동을 추천하지 않는다는 말이 되어야 하므로 '싫음, 꺼려함'이라는 뜻의 (b)가 들어가야 알맞다.

pregnant 임신한 **beneficial** 유익한

28 정답 (d)

수면 아래의 해류를 이용하여 터빈을 돌리는 것은 많은 사람들이 매우 '친환경적인' 에너지 생산 방식으로 여기고 있다.

(a) 방해하다 (b) 응수하다
(c) 비방하다 (d) 이용하다

해설 에너지를 생산하기 위해 수면 아래의 해류를 '이용하다, 활용하다'라고 하는 것이 적절하므로 (d)가 정답이다. harness는 동력원으로 자연을 이용(use the natural force)하는 것을 가리킨다.

current 해류 **extremely** 매우, 극도로

29 정답 (c)

남북 전쟁에서 로버트 E. 리 장군은 마지막 공격에 실패하여, 그의 모든 군대는 피터스버그 주변의 주둔지에서 철수할 수밖에 없었다.

(a) 공공연히 위반하다 (b) 가치를 떨어뜨리다
(c) 철수하다 (d) 변형시키다

해설 공격에 실패했으므로 점령지를 내주고 철수했다는 말이 이어져야 자연스럽다. evacuate는 '철수하다, 대피시키다(move people from a dangerous place)'는 뜻이므로 (c)가 정답이다.

troop 군대

30 정답 (b)

이슬람교도와 관련된 부정적인 사건들에 초점을 맞추는 뉴스 기사들의 증가는 편향된 인식으로 이끄는 누적 효과를 조장하였다.

(a) 정신 이상인 (b) 누적하는
(c) 명쾌한 (d) 자제할 수 없는

해설 빈칸 뒤에 effect와 어울려 의미를 이루는 어휘가 들어가야 한다. (b) cumulative effect는 '누적 효과'라는 뜻으로 동일한 내용을 반복적으로 접함으로써 효과가 점점 커지는 것을 뜻한다.

negative 부정적인 **incident** 사건 **Muslim** 이슬람교도 **mount up** 증가하다 **biased** 편견을 가진 **perception** 인식

문법 Grammar

Part I

1 정답 (c)

A 분명히 모리스는 오늘 배 타러 나가지 않았어.
B 추운 날씨도 그를 막지는 못했을 것 같은데.

해설 문맥상 '날씨가 춥더라도'라는 뜻으로, 빈칸 앞의 주어인 the cold weather에 가정의 의미가 담겨 있다. A가 과거 시제로 말했고 빈칸 뒤에 have p.p.로 보아 가정법 과거완료가 됨을 알 수 있다. 따라서 조동사의 과거형인 (c) would가 알맞다. should have p.p.는 '~했어야 했는데'라는 뜻이므로 알맞지 않다.

deter 제지하다, 막다

2 정답 (c)

A 만약 그 나라가 6월까지 부정부패를 개혁하지 못하면 어떻게 되나요?
B 간단히 말해서 국제 원조를 받을 권리를 상실하게 되는 거죠.

해설 시제에 관한 문제이다. by June이라는 부사구로 보아 미래의 어느 한 시점까지 완료되는 일에 대해 말하고 있으므로 미래완료 시제가 되어야 알맞다. 따라서 will have p.p. 형태의 (c)가 정답이다.

reform 개혁하다 **corruption** 부정부패 **aid** 도움, 원조 **forfeit** 상실하다, 몰수되다

3 정답 (a)

A 학교 폭력 증가에 대해 뭔가 조치를 취해야 해요.
B 가해자가 자신의 행동에 대해 사과하도록 해야 합니다.

해설 빈칸은 사역동사 make의 목적보어가 들어갈 자리이다. '목적어가 ~하도록 시키다'라는 뜻일 때 make는 목적보어로 동사원형을 취하므로 (a)가 정답이다.

school bullying 교내 괴롭힘 **perpetrator** 범죄자, 가해자

4 정답 (b)

A 무슨 일이야, 브렛? 날 보자고 했다면서.
B 네가 만나보고 싶어 했던 그 유명 인사가 파티를 떠났어.

해설 관계대명사를 묻는 문제이다. 선행사가 That celebrity로 사람을 나타내고 뒤따르는 관계절에서 meet의 목적어 역할을 하기 때문에 목적격 관계대명사인 (b) whom이 들어가야 한다.

What's up? 무슨 일이야? **celebrity** 유명 인사

5 정답 (b)

A 브라우니 씨는 교사로서의 직무를 훌륭하게 수행하고 있어요.
B 네, 학생들이 최선을 다하도록 격려하며 그들이 뛰어난 실력을 보이도록 도움을 줘요.

해설 선택지로 보아, 빈칸이 접속사와 주어 없이 시작하므로 분사구문에 관한 문제임을 알 수 있다. 형태상 가능한 것은 (b)뿐이다. 생략된 주어가 주절의 주어(he)와 같고 시제도 주절과 일치하므로 의미상으로도 (b)가 정답임을 확인할 수 있다.

excel 뛰어나다, 탁월하다 **inspire** 격려하다

6 정답 (b)

A 카우아이에 도착해서 뭘 했어요?
B 그냥 섬을 둘러보며 지냈어요.

해설 '~하며 시간을 보내다'라는 뜻으로 〈spend+시간+(in) -ing〉의 형태를 쓰므로 (b)가 정답이다. 앞에 전치사 in이 생략되어 있다는 것을 떠올리면 바로 동명사를 고를 수 있다.

explore 탐험하다

7 정답 (a)

A 콘스탄틴 대제가 기독교 통치자가 아니었다는 게 사실인가요?
B 네. 일례로, 그는 자신을 신으로 떠받들 것을 요구했어요.

해설 빈칸 앞 동사 demanded에 주의해야 한다. demand, suggest, insist처럼 요구, 제안, 주장을 나타내는 동사가 이끄는 절에서는 〈(should+)동사원형〉을 쓰므로 (a)가 정답이다. 문맥상 '공경받다'라는 수동태가 되어야 하므로 (d)는 답이 될 수 없다.

ruler 통치자 **for one thing** 우선 한 가지는, 일례로 **venerate** 공경하다

8 정답 (b)

A 경기 침체가 중산층 가정에 정말 큰 타격을 주었어요.
B 네, 점점 더 많은 사람들이 현재 중산층 자리를 간신히 유지하고 있을 뿐이에요.

해설 tenuous hold는 보통명사이므로 앞에 관사를 비롯한 한정어가 필요한데, 단수 명사이므로 부정관사 a를 붙인 (b)가 정답이다. 특정한 것이나 고유한 것을 가리키는 것이 아니므로 정관사를 붙이거나, 의문문이나 부정문이 아니므로 any를 붙이는 것도 어색하다.

recession 경기 침체 **middle-income** 중산층의(middle-class) **but** 단지, 다만 **status** 상태, 지위 **tenuous** 극도로 허약한

9 정답 (a)

A 만약 당신이 해야 한다면 힘든 육체 노동을 견딜 수 있겠습니까?
B 네, 할 수 있을 것 같아요. 왜냐하면 전 부양해야 할 가족이 있으니까요.

해설 실제로 빈칸에 들어갈 완전한 어구는 could tolerate hard physical work이다. 앞에서 말한 것과 중복되는 tolerate 이하를 생략하고 조동사만 남긴 (a)가 정답이다.

tolerate 참다 **physical** 육체의 **support** 부양하다

10 정답 (d)

A 구급차가 그렇게 빨리 도착해서 다행이었어요.
B 그렇지 않았다면, 난 오늘 살아 있지 못할 거예요.

해설 문맥상 '그렇지 않았다면, 그것이 없었다면'이라는 뜻의 가정법 조건문이 필요하다. 선택지에 접속사 If가 없는 것으로 보아, 접속사를 생략하고 주어와 동사를 도치시킨 형태가 올 것임을 알 수 있으므로 (d)가 정답이다.

ambulance 구급차 **alive** 살아 있는

Part II

11 정답 (d)

그 지도자는 소련의 붕괴를 막으려고 노력했지만, 그를 구성하는 많은 공화국들은 중앙의 통제에 도전하고 있었다.

해설 관계대명사를 묻는 문제이므로 먼저 선행사를 파악해야 한다. Soviet Union이 선행사인데, 뒤따르는 관계절에서 주어나 목적어로 쓰이지 않는다. 따라서 주어인 constituent republics를 수식하는 어구가 되므로 관계형용사인 whose를 쓴 (d)가 정답이다.

breakup 붕괴, 와해 **constituent** 구성하는 **republic** 공화국 **defy** ~에 도전하다

12 정답 (b)

지금부터는 사립 대학이나 공개적으로 자금을 지원받는 단체는 무엇이 됐든 우리가 정한 매우 신뢰할 수 있는 후원자 기준을 충족시켜야 합니다.

해설 빈칸 앞의 동사 meet는 '충족시키다'라는 뜻으로 목적어로 criteria를 취하는 것이 가장 어울린다. criteria를 제외하고 나머지 어구들은 의미 단위를 이루지 못하므로, 목적어 criteria를 수식하는 어구를 이루는 (b)가 알맞다.

publicly 공개적으로 **institution** 기관, 단체 **criterion** 기준 (pl. criteria) **highly** 매우 **sponsor** 후원자

13 정답 (a)

장관은 법안의 마지막 조항을 수정해서 즉시 적용할 수 있도록 하라는 제안이 있었다.

해설 빈칸 앞에 '제안'을 뜻하는 동사 suggested가 있으므로, that절은 〈(should+)동사원형〉이 되어야 한다. 따라서 (a)가 정답이다.

minister 장관 **clause** 조항 **bill** 법안 **amend** 수정하다

14 정답 (d)

최근에, 한 사기단이 주택 소유자들에게 사기를 쳐서 주택을 빼기 위해 그들에게 가짜 소송을 제기해 오고 있다.

해설 우선 무엇에 동사의 수를 일치시킬지를 파악해야 한다. of로 연결되는 어구에서 핵심은 앞 명사이므로 a gang과 동사를 일치시켜야 한다. 따라서 단수형인 (b)나 (d)가 가능하다. 시제는 각각 과거와 현재완료 진행 둘 다 가능하지만 의미상 능동태가 되어야 하므로 (d)가 정답이다.

fraud 사기 **fake** 가짜의 **legal action** 소송 **homeowner** 주택 소유자 **scam** 사기를 치다 **property** 소유지 **instigate** 부추기다, 선동하다

15 정답 (d)

작은 마을에서 자랐기 때문에 우리는 아들 친구들의 부모를 잘 알고 있었고, 그들 대부분과 함께 학교에 가기도 했다.

해설 접속사 없이 두 문장이 이어지고 있으므로 분사구문이 들어가야 한다. 문맥상 분사구문의 시제가 주절의 시제보다 앞서기 때문에 완료분사(having p.p.)를 쓴 (d)가 정답이다.

16 정답 (b)

이 지역에서는 사람들이 지역에서 나는 자재로 작업하며 수백 년간의 경험에 기초하여 전통적으로 집을 지었다.

해설 built가 문장의 동사이므로 빈칸에는 준동사 형태가 들어가야 한다. 문맥상 '~하며'라는 뜻으로 동시 동작을 나타내는 분사구문이 들어가야 하므로 (b)가 정답이다.

traditionally 전통적으로 **based on** ~에 기반하여

17 정답 (d)

예방 접종의 장점이 알레르기 유발 위험을 훨씬 능가하므로, 부모들은 반드시 계속해서 자녀에게 접종을 해야 한다.

해설 by far는 '훨씬, 단연'이라는 뜻으로 주로 비교급이나 최상급을 수식한다. 동사 outweigh는 '~보다 중요하다, ~을 능가하다'는 뜻으로 자체에 비교의 의미가 있으므로 by far의 수식을 받을 수 있다. 따라서 (d)가 정답이다.

vaccine 예방 접종 **outweigh** ~보다 중요하다

18 정답 (b)

수상자가 만약 집을 원하지 않고 그에 상당하는 액수를 현금으로 받고자 한다면 집을 받지 않아도 된다.

해설 문맥상 원하지 않는다면 '하지 않아도 된다, 할 필요가 없다'는 뜻이 되어야 하므로 (b)가 알맞다. need not은 '~할 필요가 없다'는 뜻으로 don't have to와 바꿔 쓸 수 있다.

prizewinner 수상자 **equivalent** 동등한 것

19 정답 (c)

1908년 러시아에서 태어난 아이다 카르가 파리에 거주하던 1920년대는 굳센 의지를 가진 여성 사진작가들에게 가능성이 고조된 시기였다.

해설 possibility는 '~의 가능성'이란 뜻으로 주로 전치사 of를 수반하는 경우가 많지만, 여기서는 빈칸 이하가 '~에게'라는 대상을 나타내므로 (c) for가 알맞다.

heady 자극적인, 고조된 **strong-willed** 의지가 굳센

20 정답 (b)

그 학생은 팔찌를 찾다가 자신이 가방의 옆 주머니에 그것을 내내 넣어두고 있었다는 것을 알았다.

해설 시제를 묻는 문제이다. 팔찌가 가방 옆 주머니에 있다는 것을 알기까지 그 이전부터 계속 그곳에 두고 있었다는 말이다. discovered라는 과거 시점 이전부터 그때까지 계속된 일을 나타내므로 계속을 뜻하는 과거완료가 들어가야 알맞다. 따라서 had p.p. 형태의 (b)가 정답이다.

search for ~를 찾다 **bracelet** 팔찌 **all along** 내내

21 정답 (c)

과학자들은 제1세대 박테리아를 냉동시켰는데, 얼마 후에 진화한 박테리아의 다음 세대들과 비교하기 위해 해동시킬 것이다.

해설 빈칸 이하는 문장의 주성분이 아니라 수식어 역할을 하는 부사구이다. 문맥상 '비교하기 위해'라는 뜻으로 목적을 나타내는 것이 가장 적절하다. 따라서 (c)가 정답이다.

freeze 얼리다 **thaw** 녹이다 **evolve** 진화하다 **descendant** 후손

22 정답 (b)

그 오토바이 운전자는 운이 좋아 헬멧을 쓰지 않고도 사고에서 살아남았는데, 뇌진탕이나 더 심한 부상을 입을 수도 있었을 것이다.

해설 〈조동사+have p.p.〉의 의미를 구별하는 문제이다. 문맥상 과거의 일에 대한 반대를 나타내는 가정문으로 '~했었을 수도 있다'는 뜻이 되어야 하므로 (b)가 알맞다. may have p.p.는 '~했을지도 모른다'는 과거의 불확실한 추측을 나타낸다.

motorcyclist 오토바이를 타는 사람 **concussion** 뇌진탕 **sustain** (손상·피해를) 입다

23 정답 (b)

에린데일 출신의 용의자 피터 블레이크는 오늘 아침 일찍 여자친구 집에서 경찰 특수 기동팀에 의해 체포되었다.

해설 earlier this morning이라는 어구로 보아 시제는 과거이고 문맥상 용의자가 '체포되는' 것이므로 수동태가 되어야 한다. 따라서 수동태 과거 시제인 (b)가 정답이다.

suspect 용의자 **law enforcement** 법 집행 **task force** 기동부대, 전담팀 **apprehend** 체포하다

24 정답 (b)

여러 각도에서 비자 문제를 검토한 결과, 비자 제한을 완화하면 사우디아라비아와 국외 거주자 모두 이로울 것이라는 것이 분명해진다.

해설 동사 앞에 주어 부분이 길므로 동사를 일치시킬 주어를 찾는 것이 관건이다. Examining이 주어이고 동명사는 단수로 받기 때문에 (b)가 정답이다.

examine 조사하다 **angle** 각도, 관점 **benefit** 이롭게 하다 **expatriate** 국외 거주자 **restriction** 제한 **relax** 완화하다

25 정답 (c)

온라인 방식을 채택하는 것이 유리할 수도 있지만, 때로는 고객이나 파트너와 상호작용할 때는 구식 방법으로 처리하는 것이 더 낫다.

해설 문맥상 Embracing the online world와 대조되는 것이 더 낫다는 의미가 되어야 자연스럽다. 따라서 '구식 방법으로 일을 처리하다'는 do things the old-fashioned way가 동명사로 주어 역할을 하는 (c)가 알맞다.

embrace 채택하다, 받아들이다 **profitable** 유리한 **old-fashioned** 구식의

Part III

26 정답 (c) you should have to ⇨ you should

A 인터넷이 작동하지 않는 것 같아. 웹 페이지가 뜨지 않거든.
B 그럴 경우 나는 대개 모뎀과 라우터를 재시동해.
A 글쎄, 난 그건 잘 모르니까 네가 도와줘야 할 것 같아.
B 간단해. 전원을 껐다가 다시 켜면 자동으로 재시동돼.

해설 (c)에서 should와 have to는 모두 '~해야 한다'는 의무를 나타내는 조동사이므로 둘 중 하나만 쓰면 되는데, 여기서는 도와 달라는 의미이므로 강제적 의무를 나타내는 have to보다 should가 맞다.

load (프로그램을) 로딩하다 **reset** 재시동하다 **router** 라우터(네트워크 중계 장치) **lend … a hand** ~를 돕다 **unplug** 전류를 끊다 **automatically** 자동으로

27 정답 (d) to go sleeping ⇨ going to sleep

A 이 책을 읽어봐요. 내 생각에는 아주 훌륭한 책인 것 같거든요.
B 전에도 그런 말을 하셨지만 요즘은 너무 바빠서 소설을 읽을 시간이 없어요.
A 매일 몇 페이지 정도 읽을 만한 시간은 분명 낼 수 있을 거예요.
B 매일 밤 자기 전에 몇 페이지 읽을 수 있을 것 같긴 하네요.

해설 before는 접속사나 전치사 둘 다 쓰일 수 있는데, 접속사일 때는 뒤에 절이 나오고 전치사일 때는 명사 상당 어구가 뒤따른다. 따라서 (d)에서 before 뒤에는 부정사인 to go 대신 동명사 going이 나와야 한다. 또한 '잠자리에 들다'라고 할 때는 go to sleep이라고 한다.

brilliant 훌륭한, 재기 있는 **spare** (시간을) 할애하다

28 정답 (a) fewest ⇨ least

(a) 포르투갈은 서유럽에서 최고의 빈민국일 뿐만 아니라, 교육받은 인구가 가장 적은 나라이기도 하다. (b) 이 나라의 낮은 교육 수준은 경제 위기가 악화됨에 따라 훨씬 더 큰 골칫거리가 되고 있는 문제이다. (c) 포르투갈은 장기적인 경제 성장을 일으켜야 하지만 잘 교육받은 노동력이 없이는 그렇게 하는 것이 불가능하다. (d) 더 나은 교육 제도가 확립된다 할지라도, 경제 분야에서 그 혜택을 체감하기까지는 오랜 시간이 걸릴 것이다.

해설 (a)에서 fewest가 수식하는 population은 집합 명사로, 형태가 단수라도 관사를 붙이지 않으며, few가 아닌 little의 수식을 받는다. 따라서 fewest 대신 least를 써야 한다.

educated 교육받은 **liability** 골칫거리 **worsen** 악화되다 **generate** 발생시키다 **long-term** 장기적인 **workforce** 노동력 **establish** 확립하다

29 정답 (a) might have manufactured ⇨ might have been manufactured

(a) 여러분이 마지막으로 구입한 전자 장비는 석탄을 연료로 하는 중국 공장에서 제조된 것일지도 모른다. (b) 만약 그렇다면, 그 장비를 만드는 과정에서 공장은 11킬로그램 이상의 온실가스를 방출했을 가능성이 있다. (c) 그리고 나서 그 장비를 여러분 가까이 있는 상점까지 운반하는 데 추가로 5킬로그램의 온실가스가 방출되었을 것이다. (d) 따라서 여러분은 그 장비를 구입함으로써 사실상 지구 오염 수준을 높이고 지구 온난화를 증가시키는 데 일조한 것이다.

해설 (a)에서 The last electrical device는 의미상 '제조되는' 것이므로 수동태 문장이 되어야 한다. 따라서 might have manufactured를 수동태인 might have been manufactured로 고쳐야 맞다.

electrical device 전자 장치 **coal-powered** 석탄을 연료로 하는 **emit** 방출하다 **greenhouse gas** 온실가스 **transport** 운반하다 **contribute to** ~에 기여하다 **global warming** 지구 온난화

30 정답 (c) increase ⇨ increases

(a) 영국의 보건 당국자들은 지난 10년간 새로운 HIV 감염이 거의 두 배가 되었다는 사실에 경악하고 있다. (b) 이 문제의 일부 원인은 사람들이 더 이상 HIV를 두려워하지 않으며 요즘에는 그것을 치료가 간단한 질병으로 여기기 때문이다. (c) 이렇게 위험한 인식 때문에 사람들은 훨씬 뒤늦게 이 병을 진단받게 되고, 이로 인해 발병이나 사망의 위험이 증가하게 된다. (d) 이 문제로 인해 보건 당국자들은 환자를 일찍 파악하고 치료하기 위해서 검사 확대를 주장했다.

해설 (c)에서 관계대명사 which는 앞 문장 전체를 가리킨다. 구나 절이 주어로 올 때 단수 동사로 받으므로, 관계절의 동사인 increase는 단수형인 increases가 되어야 한다.

alarmed 놀란 **infection** 감염 **frightened** 두려워하는 **perception** 지각, 인식 **diagnose** 진단하다 **in turn** 결과적으로 **prompt** 촉구하다, 유발하다 **widening** 확장

독해 Reading Comprehension

Part I

1

로버트 페리스는 화려한 세상 밑에 도사리고 있는 악을 눈앞에 펼쳐 보이는 놀라운 능력을 가지고 있다. 그는 최근 소설인 〈셀룰로이드 왕들〉에서 다시 한 번 이를 시도하고 있는데, 이 작품에서 할리우드는 타락과 배반의 세계로 묘사된다. 하지만 타락한 할리우드라는 주제는 식상하고, 소설의 등장인물들은 전혀 흥미롭지 않다. 그것은 아름답지만 추한 사람들과 믿기 어려운 음모 및 구성으로 이루어진 식상한 이야기로서, 일종의 통속적인 연속극으로 변질된다. 페리스의 실수는 그렇게 진부한 영화 산업이라는 주제에 초점을 맞춘 것이다. 그래서 소설은 결국 별다른 결론에 이르지 못하게 되고 읽을수록 시시해진다.

(a) 조직범죄의 약육강식적인 삶
(b) 흥미로운 구성 및 액션을 지닌 이야기
(c) 화려한 세상 밑에 도사리고 있는 악
(d) 신선하고 흥미로운 방식의 할리우드

해설 빈칸은 작가가 묘사하는 소설 속 특징에 해당한다. the corrupt Hollywood theme에서 알 수 있듯이 화려한 세계의 숨겨진 이면을 다루는 것이 특징이라고 할 수 있으므로 (c)가 가장 알맞다.

conjure up 상기시키다 **corruption** 타락 **betrayal** 배반 **compelling** 매우 흥미로운 **conspiracy** 음모 **soap opera** 통속적인 연속극 **well-worn** 진부한 **amount to much** 상당한 것이 되다 **life in the fast lane** 약육강식의 삶 **intriguing** 흥미로운 **lurk** 잠복하다 **glamor** 화려함

2

현재 연구자들의 말에 따르면 지구 온난화가 전 세계 밀과 옥수수 생산에 큰 피해를 주고 있다고 한다. 하지만 그들이 놀란 점은 전 세계적으로 농업 분야에서 기후가 급격하게 변하고 있음에도 불구하고 미국과 캐나다,

멕시코는 상대적으로 피해를 입지 않았다는 것이다. 그들은 이에 대한 원인은 잘 모르지만 북미 지역의 밀과 옥수수 농가들이 그저 운이 좋았다는 점은 확신한다. 북미 지역은 심각한 영향을 겪지 않았기 때문에 기후 변화를 믿지 않거나 안심하고 있을지도 모른다. 연구자들에 따르면, 이는 잘못 이해하고 있는 것이며 상대적인 수확량 감소가 곧 닥칠 것이라고 한다.

(a) 작물이 밀이든 옥수수이든 마찬가지일 거라고
(b) 잘못 이해하고 있는 것이며 상대적인 수확량 감소가 곧 닥칠 것이라고
(c) 대부분 국가에서 수확량이 증가할 것이라고
(d) 미국이 계속 기후 변화를 모면할 것이기 때문이라고

해설 기후 변화가 세계적으로 농업 분야에 심각한 문제가 되고 있지만, 북미 지역은 아직 피해가 크지 않아 안심하고 있다는 내용이다. 이에 대해 연구자들이 북미 지역은 단순히 운이 좋았던 것이라고 지적한 것으로 볼 때, (b)가 알맞다. 첫 문장에서 지구 온난화가 전 세계 작물 수확량에 큰 피해를 주고 있다고 했으므로 (c)나 (d)는 알맞지 않다.

take a toll on ~에 큰 피해를 주다 **unscathed** 다치지 않은 **agricultural** 농업의 **significant** 중대한 **assume** 가정하다 **skeptical** 회의적인 **complacent** 만족한 **climatic** 기후의 **misguided** 잘못 이해한 **crop yields** 작물 수확량

3

아제르바이잔의 수도인 바쿠에서는 민주화를 지지하는 시위가 일어날 때면, 익숙한 양상이 있다. 사회 운동가들이 거리에서 시위를 하면 경찰이 사람들을 체포하고, 일부 사람들이 감옥에 갇힌다. 하지만 최근에 정부가 많은 아랍계 국가들에서 보여지는 민중 폭동을 필사적으로 저지하면서 상황은 점점 악화되었다. 이는 아제르바이잔 정부에게는 전혀 새로울 것이 없다. 사회 운동가들을 투옥하고 언론인들을 탄압하면서 민주화 지지 운동을 진압해 온 역사를 가지고 있기 때문이다. 몇 년 전, 이웃 국가에서 비폭력 시민 혁명이 정부를 퇴진시킨 일이 있었다. 우리는 정부가 아랍 세계 민주 국가들의 선례를 따르기를 바란다.

(a) 평화롭게 유지되기만 한다면 반대자들을 묵인하기를
(b) 다른 국가들이 참여하는 더 폭넓은 전략을 시행하기를
(c) 더 권위적인 대책으로 지위를 강화하기를
(d) 아랍 세계 민주 국가들의 선례를 따르기를

해설 아제르바이잔 정부가 민주화 운동을 탄압하는 현실을 고발하고 있다. 빈칸 앞에서 이웃 나라에서 민주화 운동이 성공한 사례를 말했으므로 아제르바이잔도 그렇게 되기를 바란다는 것이 결론으로 이어져야 알맞다. 따라서 (d)가 정답이다.

demonstration 시위 **activist** 사회 운동가 **desperate** 필사적인 **uprising** 폭동 **extinguish** 제압하다 **stifle** 진압하다 **depose** 물러나게 하다 **dissent** 반대 **implement** 이행하다 **consolidate** 강화하다 **authoritarian** 권위주의의

4

편집자님께
'긴축 재정 효과 없다'라는 제목의 기사는 통찰력은 있었지만 해결 방식은 별로 제시하지 못했습니다. 우리나라의 재정 문제는 우선 약 5년간의 석유 및 농업 보조금에 대한 지불 유예로 해결될 수 있습니다. 이 분야들은 생존을 위해 수십 억 달러의 세금이 필요한 것이 아닙니다. 다음으로, 즉시 취해야 할 조처는 모든 물품에 대해 5%의 부가가치세를 도입하는 것입니다. 그리고는 의료 보장 제도의 부정행위를 엄중히 단속해야 합니다. 이 조치들이 성공하려면, 정당들이 이념 전쟁을 그만두고 중요한 문제에 초점을 맞추어야 합니다. 우리나라가 직면한 실질적인 적자 문제 해결에 초점을 두어야 합니다.

스탠 브런즈윅

(a) 세금에 의존하는 대신 진정한 해결책을 찾는 데
(b) 우리나라가 직면한 실질적인 적자 문제 해결에
(c) 대기업 구제 금융보다는 우리나라의 문제에
(d) 국가 목표에 가장 적합한 이념을 가진 정당을 따르는 데

해설 필자는 국가의 재정 문제를 해결하기 위한 방안들을 제시하고 있다. 따라서 정당들이 초점을 두어야 할 중요한 사안도 이 문제 해결과 관련된 것임을 짐작할 수 있으므로 (b)가 알맞다.

fiscal 국가 재정의 **perceptive** 통찰력 있는 **woe** 고민, 문제 **moratorium** 지불 유예 **subsidy** (국가) 보조금 **value added sales tax** 부가가치세 **crack down on** 단속하다 **Medicare** 의료 보장 제도 **fraud** 사기 **tackle** 해결하다 **deficit** 적자 **bail out** 자금 지원으로 구제하다

5

우드로 창고 화재 사건에서 동료들의 사망과 관련해 혐의를 받고 있는 브룩셔 세 명의 소방서 책임자들에 대한 예비 심문이 오늘 열렸다. 세 명의 피고는 당시에 사건 지휘관으로 활동하고 있었으며, 그들의 동료 네 명을 화재 건물로 들여보낸 것에 대한 책임이 있다. 화재 범죄국의 그렉 매튜는 중과실에 의한 살인의 증거가 충분하다고 말했다. 브룩셔 카운티 의회는 소방서를 관리하고 있다는 이유로 역시 기소될 것이다. 기소 혐의로는, 직원들의 건강 및 안전을 보장하지 못했다는 것이 될 것이다.

(a) 화재가 있던 밤에 제대로 근무하지 못했다는
(b) 직원들의 건강 및 안전을 보장하지 못했다는
(c) 소방관 세 명의 사망에 책임이 있다는
(d) 창고 관리자에게 화재에 대해 경고하지 않았다는

해설 소방관들이 사망한 화재 사건의 예비 심문 결과를 보도하고 있다. 빈칸 앞의 it이 가리키는 것은 Brookshire County Council로, 소방서를 관리하는 책임을 맡는다고 했다. 이곳은 화재 사건과 직접적인 관련은 없지만 관리 감독의 책임을 물어 기소되는 것이기에 (b)가 가장 알맞다.

preliminary court hearing 예비 심문 **Fire Service** 소방서 **in relation to** ~에 관하여 **defendant** 피고 **commander** 지휘관 **division** 부서 **sufficient** 충분한 **manslaughter** 살인; 과실치사 **gross negligence** 중과실 **prosecute** 기소하다 **lay a charge** 고소하다 **allege** (근거로) 내세우다

6

위생 증진과 질환 발생 증가 간의 상관관계는 잘 알려져 왔고 '위생 가설'이라고 불려왔다. 이 이론은 주로 현대 사회에서 천식과 알레르기, 자가 면역성 질환의 증가와 관련되어 인용된다. 하지만 현재 연구자들이 주장하는 바는 이것이 특히 여성에게 해당한다는 것으로, 그들은 알레르기 질환이 생길 확률이 더 높으며 이는 그들의 사회화 방식 때문일 수 있다는 것이다. 남자 아이들과 비교할 때, 여자 아이들은 더러워지지 못하게 막는 경향이 있어서 면역성이 생길 수도 있는 세균에 노출되지 못한다. 연구자들은 이것이 성별과 알레르기가 관련이 있는 것에 대한 이유를 제시한다고 말한다.

(a) 그들이 좀 더 최근에 발견한 점과 반대된다고
(b) 위생 가설과 관련 있는 문제점과 반대된다고
(c) 대신에 사회가 여자 아이들을 기르는 방식이 다르다는 것을 가리킨다고
(d) 성별과 알레르기가 관련이 있는 것에 대한 이유를 제시한다고

해설 위생과 질환 발생률 간 상관관계에 대한 새로운 연구 결과를 소개하고 있다. 남자 아이들보다 더 위생적인 여자 아이들이 면역성이 떨어져 알레르기 질환에 걸릴 확률이 높다고 했는데, 이런 내용을 담고 있는 것은 (d)이다.

hygiene 위생 (상태) dub ~라고 칭하다 hypothesis 가설 cite 인용하다 asthma 천식 autoimmune 자기 면역의 socialize 사회화하다 be exposed to ~에 노출되다 immune to ~에 면역이 있는 run counter to ~에 반하다 reverse 반대 gender 성별

7

처음에 교사 노조는 교육 개혁 법안을 전폭적으로 지지했다. 그런데 대다수 노조원들이 현재 형태의 개혁 법안에 반대 투표를 하고 나서 지금은 상황이 역전되었다. 노조 대표들이 몇 달간 협상했던 법안에 대한 지지를 철회한 이유는 막판 수정안의 도입 때문이었는데, 이 수정안은 수업 일수 연장에 대한 노조 협상을 제한했다. 노조 대변인은 학교 개혁 지지자들의 막판 술책이라고 주장하면서 노조원들은 추가 조항을 삽입하는 것에 반대한다고 밝혔다. 현재 상태 그대로, 시간 연장에 대해 유리한 협상권을 제한하며 법이 통과될 가능성이 있다.

(a) 노조가 임금 인상을 위해 협상할 수 있도록 규정하며
(b) 교사들이 뒤늦게 수정할 여지가 더 적어지며
(c) 노조의 요구에 따라 더 이상의 논쟁을 방지하며
(d) 시간 연장에 대해 유리한 협상권을 제한하며

해설 교사 노조가 추가 조항에 반대하며 교육 개혁 법안에 반대하고 있다는 내용이다. 빈칸은 법안 통과에 따른 결과에 해당하는데, 추가 조항은 수업 일수 연장에 대한 협상을 제한하는 내용이라고 했으므로 (d)가 이에 해당한다.

initially 처음에 bill 법안 converse 역전 back down from ~을 철회하다 delegate 대표자 last-minute 막바지의 amendment 수정 bargaining 거래 spokesperson 대변인 object to ~에 반대하다 insert 삽입하다 maneuvering 계략 legislation 법률 stipulate 규정하다 dispute 논쟁

8

가축을 대량 폐사시키는 등 구제역 확산을 막기 위한 현재의 통제 대책들은 논란이 되고 있으며 들어가는 비용도 막대하다. 보고서에서 우리는 이 질병에 걸린 가축들이 예전에 생각했던 것보다 훨씬 단기간에 전염된다는 조사 결과에 기초하여 구제역에 대한 새로운 대처 방법을 모색하고 있다. 우리가 현재 알고 있는 바로는, 소는 혈류에 질병 바이러스를 보유하고 있다 해도 감염 상태는 아닐 수 있다. 바이러스를 조기에 발견하는 것이 가능해진다면, 질병의 전염을 막기 위해 감염된 동물만 없애면 된다. 그렇게 되면 감염된 농가 주변에서 예방 차원의 폐사가 줄어들게 된다.

(a) 처음 5일 동안 구제역이 더 빠르게 확산하게
(b) 감염된 농가 주변에서 예방 차원의 폐사가 줄어들게
(c) 당분간 기존의 통제 대책들을 사용하게
(d) 우리가 인간의 독감을 다루는 방식이 부정확할지도 모르게

해설 구제역 확산을 막기 위한 새로운 방법을 소개하고 있다. 빈칸 앞의 This means라는 표현은 주로 앞 문장을 다시 한 번 보충 설명할 때 사용된다. 빈칸 앞 문장에서 조기에 발견할 경우 감염된 동물만 없애면 된다고 했으므로 대량 폐사를 줄일 수 있다는 (b)가 가장 적절하다.

halt 멈추다 foot-and-mouth disease 구제역 culling 도태 livestock 가축 controversial 논란이 되는 hugely 대단히 infectious 전염하는 bloodstream 혈류 transmission 전염 preemptive 예방의

9

1920년, 프랑스 영화는 미국이 세계 영화 시장을 장악하고 있으며 아무도 미국과 경쟁할 수 없다는 것을 자각하고 변모했다. 할리우드의 우세는 영원할 것 같았기 때문에 프랑스 영화는 그 이후로 어느 정도 패자의 위치를 받아들일 수밖에 없었다. 그렇긴 하지만, 여전히 기술적인 전문성에서는 결코 무능력하지 않다는 것을 스스로 증명하며 영화에서 가능한 영역을 넓혀갔다. 프랑스 영화는 적어도 혁신의 선두를 차지하고 있었다. 그것은 새로운 사고에 대한 일종의 시험장이 되었고, 그리고 나면 할리우드가 이를 모방하고 활용했다.

(a) 그러므로
(b) 다시 말하자면
(c) 그와 반대로
(d) 그렇긴 하지만

해설 빈칸 앞은 프랑스 영화가 할리우드 영화에 밀려 패자의 위치로 전락했다는 내용이고, 빈칸 뒤에서는 새로운 영역을 계속 헤쳐 가는 프랑스 영화만의 독특한 특징에 대해서 말하고 있으므로 내용상 전환이 이루어지고 있다. 따라서 '그렇긴 하지만, 그래도'라는 뜻의 (d)가 들어가는 것이 가장 적절하다.

transform 변형시키다 take over 인계받다 dominance 우세 permanent 영원한 underdog 패배자 slouch 무능한 사람 expertise 전문성 boundary 한계, 영역 forefront 최전방, 선두 innovation 혁신 testing ground 시험장 exploit 활용하다

10

일반 대중과 기자들이 시의회 회의에서 시장에게 인사를 해야 한다는 제안은 의회 규정에 포함되지 않을 것이다. 시의원들은 그건 지나치다고 말하며, 그 제안에 대해 만장일치로 반대 의견을 냈다. 전통적으로, 시의원들은 시장에게 머리를 숙여 인사를 하도록 되어 있었다. 비록 그렇다 해도, 이것은 회의를 취재하는 기자나 방청석에 있는 방문객들에게까지 강요되는 것은 아니었다. 시의원들은 현재 인사 규정을 확대하려는 어떤 시도도 모든 관계자들에게 당혹감을 일으킬 것이라는 데 합의했다.

(a) 대신에
(b) 비록 그렇다 해도
(c) 예를 들어
(d) 따라서

해설 빈칸 앞에서는 시의원들은 시장에게 의무적으로 인사를 해야 한다고 했고, 빈칸 뒤에서는 기자나 방문객에게까지 강요하는 것은 아니라고 하고 있다. 앞문장 내용을 어느 정도 인정하면서 반론을 제기하고 있으므로 '비록 그렇다 해도'라는 뜻의 (b)가 알맞다.

bow 인사하다 Lord Mayor 시장 constitution 구성, 규약 councilor 시의원 unanimously 만장일치로 voice 발언하다 over the top 지나친 impose 강요하다 cover 취재하다 consensus 의견 일치 extend 확장하다 embarrassment 당황

Part II

11

사회적 응집력과 건강상 문제의 관련성이 점점 커지고 있다. (a) 최근 연구에 따르면, 특히 사회 경제적으로 빈민가 지역의 여성들이 위험에 처해 있다고 한다. (b) 가정과 직장에서의 물리적·사회적 환경이 건강에 지대한 영향을 끼칠 수 있음을 시사하는 증거가 점점 증가하고 있다. (c) 빈민가의 환경이 영향을 끼치는 것은 분명하지만, 남성들은 확실히 영향을 덜 받는다. (d) 이런 차이는 여성들이 가정에서의 역할 때문에 주거지에서 더 많은 시간을 보내는 것과 관련이 있을 수 있으며, 이 때문에 문제가 심각해진다.

해설 빈민가 여성들이 건강상으로도 더 위험한 상태에 처해 있다는 내용

으로, (c)와 (d)에서는 남성들보다 더 영향을 받는다는 점을 설명하고 있다. (b)는 이런 주제에서 벗어나 일반적으로 주위 환경이 건강에 영향을 미치는 요인에 대해서 말하고 있다. 따라서 (b)가 정답이다.

cohesion 결합 **socioeconomically** 사회 경제적으로 **deprived** 궁핍한 **apparently** 분명히 **discrepancy** 차이 **magnify** 확대하다

12

가수이자 모델인 커스틴 러더포드는 이제 그녀의 경력에 패션 디자이너를 추가할 수 있게 되었다. (a) 이 재능 있는 미녀는 핸드백 브랜드인 웨스트하우스와 팀을 이루어 액세서리 상품을 공동 작업했다. (b) 웨스트하우스의 크리에이티브 디렉터인 앨런 파크는 러더포드와 제품 개발 작업을 함께 해 왔으며, 1930년대의 재즈 시대에서 영감을 얻었다. (c) 러더포드는 런던 태생이지만 지금은 뉴욕에서 살고 있으며, 상품의 광고 방송에도 등장할 것이다. (d) 러더포드는 10월에 미국에 도착하면 란제리 모델 계약을 할 예정임이 확인되었다.

해설 가수이자 모델이 패션 디자이너로서 브랜드 업체와 공동 작업을 했다는 기사 내용이다. (c)까지는 모두 이 공동 작업에 대한 내용인데 (d)는 이 모델의 다른 계획에 대해서 말하고 있으므로 전체적인 맥락에서 벗어난다. 따라서 (d)가 정답이다.

résumé 이력서 **talented** 재능 있는 **team up** 팀을 이루다 **collaborate** 공동 작업하다 **inspire** 영감을 주다 **reside in** ~에 거주하다 **lingerie** 란제리, 여성 속옷류

Part III

13

20년 동안 과학자들은 특정 종류의 해양 박테리아가 썩어가는 조류를 먹으며 이 과정에서 해양 사이클의 중요한 일부인 황 화합물을 만들어낸다는 것을 알고 있었다. 이 화합물은 두 가지 다른 방식으로 배출되는데, 대기 중으로 유입되어 물이나 구름을 형성하는 걸 돕거나, 해양의 먹이사슬 속으로 들어가 결국 바닷물로 돌아가게 된다. 이를 알고 있었음에도 불구하고, 과학자들은 어떤 화합물은 한 가지 방식으로 진행되고 또 어떤 화합물은 다른 방식으로 진행되는 이유를 설명하지 못했다. 하지만 이제 그들은 배출 방식을 통제하는 생화학적 경로를 이해하기 시작하고 있다.

Q 지문의 중심 소재는?
(a) 황이 해양에서 물의 순환에 어떻게 중요한지를 설명하기
(b) 해양 박테리아가 황을 배출하는 방식에 대한 정보 증가
(c) 해양 조류에 대한 박테리아의 작용으로부터 황을 측정하기
(d) 황이 배출되는 방식 제어하기

해설 해양 박테리아가 황 화합물을 배출하는 두 가지 방식이 있는데, 이 두 가지 방식을 결정짓는 요인이 무엇인지에 대한 연구가 시작되었다는 것이 요지이다. 따라서 (b)가 이런 요지에 가장 부합한다.

consume 먹다, 소비하다 **decay** 부패하다 **alga** 조류 (pl. algae) **sulfur** 황 **compound** 화합물 **release** 방출하다 **food chain** 먹이 사슬 **biochemical** 생화학의 **pathway** 통로

14

언론을 상대로 하급 법원이 부여한 명령은 사생활법이 억압적인 방식으로 사용되고 있다는 비난을 야기했다. 실제로 매우 많은 금지 명령이 대부분 유명 인사들이 제소하여 법원에서 통과되고 있는데, 비판적인 사람들은 이를 언론 자유에 대한 위협으로 여기고 있다. 이에 대해 정부는 대법원에게 사생활법 사안을 해결해 줄 것을 요청했다. 법무부 대변인은 "정부는 개인의 사생활 보호권을 표현의 자유권 및 대중의 정보 공유권과 조율할 필요성을 인식하고 있습니다"라고 말했다.

Q 뉴스 보도에 나타난 법원 명령에 대한 요지는?
(a) 법원 명령의 사용 증가는 언론의 자유를 침해했다.
(b) 법원에서는 법원 명령과 대중의 권리 간에 균형점을 찾을 것이다.
(c) 정부는 언론의 자유를 보호하기 위해 이에 개입하고 있다.
(d) 대중의 권리는 유명 인사들이 이를 사용함으로써 위협받고 있다.

해설 유명 인사들의 사생활 보호를 위한 법원의 금지 명령을 둘러싸고 비난 여론과 정부의 반응을 소개하고 있다. 정부에서 이런 비난 여론을 의식해서 대법원에 문제 해결을 요청했다고 했으므로 (c)가 적절하다.

injunction (법원의) 명령 **grant** 승인하다 **lower court** 하급 법원 **accusation** 고소 **oppressive** 압제적인 **prohibition** 금지 **celebrity** 유명 인사 **Supreme Court** 대법원 **Ministry of Justice** 법무부 **transparency** 투명성 **undermine** 침해하다 **intervene** 개입하다

15

고생물학자들은 오랫동안 말이 자연 도태를 통한 진화의 좋은 예라고 여겨왔다. 하지만 이 주장을 입증하는 것은 어려웠는데, 대부분의 말의 종이 현재는 멸종했기 때문이다. 증거를 찾기 위해 과학자들은 5백만 년에 걸쳐 멸종한 70개 종으로부터 치아 화석을 조사했다. 치아 화석의 각기 다른 마모 양상은 먹이에 변화가 일어났음을 보여주었고, 말의 치아는 필연적으로 이에 대처하도록 진화했다. 그리고 나서 그들은 이 결과를 식물의 변화와 같은 시기에 일어났던 북아메리카의 기후 변화에 대한 기록과 비교하여 긍정적인 결과를 얻었다.

Q 지문에 나타난 말에 대한 요지는?
(a) 말의 고대 조상은 먹이에 많은 변화가 있었다.
(b) 말은 5천 5백만 년 동안 자연 도태의 지배를 받았다.
(c) 말의 치아 변화는 진화론적 적응과 일치한다.
(d) 말의 치아는 수백만 년 동안 어떻게 식물을 먹어왔는지 보여주었다.

해설 마지막 문장에서 말에게 먹이 변화가 일어났던 시기가 기후 변화로 식물이 변화한 시기와 일치했다는 것은 말이 환경에 적응하기 위해 먹이를 바꾸었다는 말이므로 (c)가 정답이다.

paleontologist 고생물학자 **assertion** 주장 **extinct** 멸종한 **in a quest for** ~을 찾아 **verification** 증거 **span** (기간이) ~에 걸치다 **wear** 마모 **dietary** 식사의 **cope with** 대처하다 **favorably** 유리하게 **coincide** 일치하다 **undergo** 겪다 **consistent** 일치하는 **adaptation** 적응

16

음악 교육은 학생들에게 교육적 이점을 주는 것으로 알려졌지만, 이제 새로운 연구에서는 나이가 들면서 감퇴하는 두 가지 기능, 즉 소음 속에서 말을 듣는 것과 기억력을 향상시킬 수 있다는 것도 밝혀냈다. 나이가 들어도 평생 음악 교육을 받은 사람은 시끄러운 환경에서도 힘들지 않게 말소리를 알아들을 수 있고 청각 기억도 더 뛰어나다. 그 이유는 여러 소리들 중에서 의미 있는 소리를 식별해 내고 연속되는 소리를 기억해 내는 장기적인 경험이 신경계를 훈련시키고 청각 발달을 촉진하기 때문이다. 나이가 들어가면서는 이것이 정신을 정교하게 조율해 준다.

Q 지문에 나타난 음악에 대한 요지는?
(a) 음악은 나이 든 사람들이 배우고 기억력을 유지하는 데 도움을 준다.
(b) 청력과 기억력은 음악 교육을 통해 향상된다.
(c) 음악 연습은 나이가 들어감에 따라 청력에 미치는 나쁜 영향력을 상쇄해 준다.

(d) 나이 든 사람들이 음악을 배우면 청력 손상이 감소할 수 있다.

해설 나이가 들면서 감퇴하는 기능들을 음악 교육이 향상시킨다는 내용이므로 (c)가 정답이다. (b)는 음악 교육의 일반적인 이점을 말하고 있으므로 알맞지 않다.

confer 수여하다 **enhance** 향상시키다 **lifelong** 평생의 **auditory** 청각의 **discern** 분별하다 **sequence** 연속 **finely** 정교하게 **retention** 유지 **offset** 상쇄하다 **detrimental** 유해한

17

LS 라우리(1887~1976년)는 도시 풍경에서 사는 만화 같은 성냥개비 인간을 그린 것으로 유명한 영국의 화가이다. 그의 무대는 주로 20세기 초 영국 북부의 산업 도시에 기반을 두고 있었지만, 또한 바닷가나 호수 지역의 장면들도 그렸다. 라우리의 작품은 날씨나 그림자, 밤 풍경을 전혀 볼 수 없다는 점에서 독특하다. 사람들은 항상 흰색이나 회색의 거리에서 선명하게 밝은 빛 속에 존재한다. 라우리는 군중을 잘 그렸는데, 캔버스의 대부분을 차지하고, 개인들이 바쁘게 일상 업무를 할 때 어떻게 행동하는지를 보여준다.

Q 라우리의 회화 기법의 특징은?

(a) 현실적인 세부 사항에 주의하여 인물을 그렸다.

(b) 오직 산업적인 배경을 가진 사람들에만 초점을 맞추었다.

(c) 그가 그린 사람들은 어두운 도시 환경에서 절대 나타나지 않는다.

(d) 그가 그린 군중 장면은 이상한 행동을 하는 개인을 묘사한다.

해설 라우리의 그림에서는 밤 풍경을 볼 수 없다는 점이 특징이라고 했으므로 (c)가 정답이다. (a)는 만화 같은 성냥개비 인간을 그렸다는 것과 어긋나고, 바닷가나 호수를 배경으로 한 그림도 그렸다고 했으므로 (b)도 맞지 않다. 마지막 문장에서 일상 업무를 하는 사람들을 묘사했다고 했으므로 (d)도 맞지 않다.

matchstick 성냥개비 **inhabit** 거주하다 **cityscape** 도시 풍경 **largely** 주로 **distinctive** 독특한 **go about** 열심히 (일을) 하다

18

세계 모든 국가들이 현재 가짜 약품의 근원지나 목적지가 되었다. 현재 선진국에서 모든 약품의 약 1%는 가짜로 추정된다. 라틴 아메리카와 아시아, 아프리카의 일부 지역에서는 이 수치가 약 30%까지 증가한다. 전 세계 평균을 고려하면 가짜 약물은 약 10%를 차지한다. 이 수치는 일상적인 약물뿐만 아니라 암이나 심장 질환에 필요한 중대한 약물 모두에 해당된다. 위조 행위에는 수술 도구나 주사기, 심지어 방사선 치료기 같은 의료 장비도 포함된다. 인터넷 구매 증가도 문제를 악화시키고 있다.

Q 지문 내용과 일치하는 것은?

(a) 규제받지 않은 의료 종사자들의 숫자가 증가하고 있다.

(b) 가짜 약품은 선진국에서 덜 유포되어 있다.

(c) 라틴 아메리카 전 지역의 약물은 30%가 가짜다.

(d) 약품 제조 기계도 위조된다.

해설 선진국에서 가짜 약품의 비율은 1%로 다른 지역들보다 낮으므로 (b)가 정답이다. (a)의 의료 종사자들에 대한 언급은 없고, 라틴 아메리카 일부 지역의 수치가 30%라고 했으므로 (c)는 맞지 않다. (d)의 약품 제조 기계 위조도 언급되지 않았다.

counterfeit 가짜의; 위조품을 만들다 **developed world** 선진국 **comprise** 구성하다 **critical** 중대한 **surgical** 수술의 **syringe** 주사기 **radiotherapy** 방사선 요법 **exacerbate** 악화시키다 **unregulated** 규제되지 않은 **practitioner** 전문직 종사자 **ubiquitous** 어디에나 있는

19

편집자님께

얼마 전에 목줄 없는 애완견 공원 사용을 허가하는 대가로 개주인에게 50달러에서 70달러를 납부하도록 하는 데일 카운티의 계획을 다룬 '애완견 요금이 항의를 불러일으키다'라는 기사를 읽었습니다. 개주인에게 그처럼 연간 요금을 납부하도록 의무화하는 것은 매우 바람직한 일입니다. 제가 사는 곳에서는 이 계획을 시행하여 효과가 매우 좋습니다. 하지만 작은 개에게는 할인을 해 주어야 합니다. 개가 여러 마리인 주인에게도 마찬가지인데, 개가 세 마리나 될 수 있으니까요. 첫 번째 개에 대해서는 50달러를, 그 후로는 마리당 20달러를 낼 수 있겠죠. 또한 정부가 얻는 세입은 공원 유지를 위해 사용되어야 합니다.

도날드 리

Q 계획된 요금에 대해서 편지 내용과 일치하는 것은?

(a) 사람들에게 애완견 요금으로 70달러를 납부하도록 기대하는 것은 다소 불공평하다.

(b) 애완견 공원 사용 요금을 의무화하는 것은 전혀 보급되지 않았다.

(c) 요금 감면은 개가 여러 마리인 사람들에게 적용해야 한다.

(d) 개 한 마리당 20달러를 내는 것이 50달러 이상 내는 것보다 더 나은 의견이다.

해설 개가 여러 마리인 사람들에게는 요금을 할인해 주어야 한다고 주장하고 있으므로 (c)가 정답이다. 필자는 개가 세 마리인 사람은 90달러를 낼 수도 있다고 생각하므로 (a)는 맞지 않고, 필자가 사는 곳에서는 이미 이런 계획이 시행되고 있으므로 (b)도 맞지 않다.

unleash 목줄을 풀다; 촉발시키다 **reasonable** 합리적인 **implement** 시행하다 **revenue** 소득 **obtain** 얻다 **upkeep** 유지 **mandate** 명령하다

20

박쥐는 새나 곤충, 고대 익룡과 마찬가지로 동력 비행을 하도록 진화했다. 하지만 그들과 다르게 박쥐는 털로 덮여 있다. 그 때문에 코스타리카의 연구자들은 박쥐 날개의 얇은 막이 비에 젖을 경우 그들의 비행에 지장이 생길 것인지가 궁금해졌다. 그들은 비를 맞은 박쥐가 비행할 때의 신진대사를 연구한 결과 에너지 비용이 높고 공기 역학적 특성이 감소했음을 발견했다. 실제로 박쥐는 비에 젖으면 사용하는 에너지가 두 배로 증가했다. 이제 비가 박쥐의 비행에 영향을 끼친다는 것은 알려졌지만, 연구자들은 감각을 이용한 길 찾기가 비의 영향을 받는지 여부는 아직도 모르고 있다.

Q 박쥐에 대해서 지문 내용과 일치하는 것은?

(a) 그들의 고대 조상인 익룡과 마찬가지로 털을 갖도록 진화했다.

(b) 비에 젖으면 에너지를 줄이는 법을 알고 있다.

(c) 비에 흠뻑 젖은 얇은 막은 비행에 불리한 영향을 끼친다.

(d) 빗속에서 비행하는 경우 길을 찾는 능력이 지장을 받는다.

해설 박쥐는 비에 젖으면 비행할 때 효율성이 떨어져 에너지가 두 배로 든다고 했으므로 (c)가 정답이다. 비에 젖으면 사용하는 에너지가 증가한다고 했으므로 (b)는 맞지 않고, 마지막 문장에서 (d)의 여부는 아직 알려지지 않았다고 했다.

pterosaurs 익룡류 **in contrast to** ~와 대조적으로 **impaired** 손상된 **membrane** 얇은 막 **metabolism** 신진대사 **aerodynamic** 공기 역학상의 **property** 특성 **twofold** 두 배의 **sensory** 감각의 **navigation** 운항, 길 찾기 **adversely** 불리하게 **drench** 흠뻑 젖게 하다

21

검사는 오늘 전 주지사인 윌리엄 밀든이 이득을 챙기고 35만 달러의 빚을 갚기 위해 지위를 팔았다는 혐의를 제기했다. 그는 20차례의 뇌물과 공모, 사기 혐의를 받아왔다. 혐의는 작년에 있었던 이 52세의 민주당 주지사의 첫 번째 부정행위 재판 때와 동일하며, 그때는 배심원단이 평결을 내지 못하고 끝났다. 모두 진술에서 미국측 대리인은 밀든이 금품 갈취를 저지르고 편의를 봐준다면서 현금을 빼앗으려고 했던 다섯 차례의 사건에 대해서 개요를 설명했다. 변호인단은 밀든에 대한 비밀 녹취는 말뿐이고 실질적인 것은 아무 것도 없다고 반박했다.

Q 뉴스 보도 내용과 일치하는 것은?

(a) 전 주지사에 대해 세 건의 혐의가 제기되었다.

(b) 두 번째 공판에서는 이미 알려진 내용이 다루어지게 된다.

(c) 밀든은 처음 사기 혐의로 고소될 당시 52세였다.

(d) 검사는 밀든이 편의를 봐달라며 현금을 지불했다고 주장한다.

해설 두 번째 공판에서 다루어질 내용은 첫 번째 공판 때와 같다고 했으므로 (b)가 정답이다. 20차례에 대한 혐의를 받고 있다고 했고, 첫 재판이 있었던 작년은 51세였으므로 (a)와 (c)는 맞지 않다.

prosecutor 검사 **allege** 혐의를 제기하다 **conspiracy** 공모 **reach a verdict** 평결을 내리다 **opening statement** 모두 진술 **shakedown** 금품 갈취 **extort** 강탈하다 **counter** 반박하다 **cover old ground** 이미 알려진 문제를 다루다

22

여가 시간이 늘어났으리라는 예상과 반대로, 사람들은 전보다 더 장시간 일을 하고 있으며, 이는 그들의 수면에 영향을 끼치고 있다. 일주일에 48시간 이상 일하는 사람들 중에서 대략 여성의 15%와 남성의 11%가 밤에 6시간 이하의 수면을 취한다. 또한, 일주일에 48시간 이상 일하는 여성의 30%는 수면의 질이 낮은 것으로 보고되는데, 이에 비해 31시간에서 48시간 일하는 여성의 경우는 23%이다. 흥미로운 점은 이러한 양상이 직원 불만족과 부합한다는 것으로, 만족하지 못하는 사람들은 수면이 부족할 확률이 더 높고 그들 중 33%는 수면의 질이 낮다.

Q 수면 패턴에 대해 지문 내용과 일치하는 것은?

(a) 현재 일주일에 48시간 일하는 여성이 남성보다 많다.

(b) 남성의 약 11%는 일주일에 48시간 이상 일한다.

(c) 일에 불만족인 사람들은 정상인보다 수면을 33% 덜 취한다.

(d) 근무 시간이 적을 경우 질 낮은 수면의 영향을 받는 여성의 숫자가 더 적다.

해설 수면의 질이 낮은 여성의 비율은 48시간 이상 일하는 여성의 경우 30%인데 비해, 그 이하의 시간 동안 일하는 여성은 23%라고 했으므로 (d)가 정답이다. (a)에 대한 비교는 언급되지 않았고, 일에 만족하지 못해서 수면이 부족한 사람들 중에서 33%가 수면의 질이 낮다고 했으므로 (c)는 맞지 않다.

prediction 예측 **approximately** 대략 **parallel** ~와 병행하다 **dissatisfaction** 불만족

23

가위개미는 나뭇잎을 이용하여 일종의 곰팡이를 만들어서 자신의 개미 군락을 부양하는 데 사용한다. 다시 말하면 개미가 곰팡이를 재배한다는 것인데, 인간이 농경을 발명하기 훨씬 이전인 약 5천만 년 전부터 이렇게 해오고 있다. 시간이 지나면서 개미는 슈도노카르디아라고 하는 박테리아와 함께 진화했는데, 이 박테리아는 개미가 에스코봅시스라는 기생충으로부터 곰팡이 작물을 보호하는 것을 도와줄 수 있는 항생제 화합물을 가지고 있다. 개미는 자신의 몸에 슈도노카르디아를 비축하고 다니면서 기생충이 개미의 곰팡이 보급품을 공격할 때 그것들을 퇴치하기 위해 쓴다.

Q 개미에 대해서 추론할 수 있는 것은?

(a) 그들이 가진 곰팡이는 종류가 다양하다.

(b) 천연 살충제를 사용해오고 있다.

(c) 그들이 지니고 있는 박테리아는 인간에게 해롭지 않다.

(d) 그들의 영역에 있는 나뭇잎은 어떤 종류든지 먹는다.

해설 가위개미는 자신들이 재배하는 곰팡이를 보호하기 위해 살아 있는 박테리아를 이용한다고 했으므로 (b)가 정답이다. 나머지 선택지들에 대해서는 전혀 언급되지 않았다.

leaf-cutter ant 가위개미 **fungus** 균류, 곰팡이류 **colony** 군락 **antibiotic** 항생물질 **parasite** 기생충 **combat** 퇴치하다 **pesticide** 살충제

24

조사는 항균 비누에 들어 있는 화학 약품인 트리클로산이 수돗물의 염소와 반응하면 클로로포름이 발생한다는 것을 보여준다. 그래서 항균 비누 등의 제품은 사람들을 높은 수준의 클로로포름에 노출시킬 수 있다. 문제는 이것이 암 유발 인자일 수도 있다는 점이다. 게다가 이것은 항균 비누 외에도 여러 방식으로 인체에 들어갈 수 있는데, 예를 들면 호흡이나 샤워를 통해서도 가능하다. 안타깝게도, 트리클로산은 요즘 들어 크림부터 핸드로션이나 플라스틱에 이르기까지 많은 제품에 들어 있다. 그것은 배수관을 타고 씻겨 내려가 다른 화학물질들을 만들어 내고 환경에 축적된다.

Q 지문으로부터 추론할 수 있는 것은?

(a) 트리클로산은 여러 식품에도 사용된다.

(b) 비누를 너무 많이 사용하는 것은 건강에 해로울 수 있다.

(c) 트리클로산은 박테리아가 생기는 환경을 깨끗이 하는 데 도움을 줄 수 있다.

(d) 트리클로산이 사용되기 전에 그에 대한 모든 연구가 완료되었다.

해설 항균 비누에 들어 있는 트리클로산은 수돗물과 반응하여 클로로포름을 만들어 내는데, 클로로포름은 암 유발 인자일 수도 있다고 했으므로 (b)가 정답이다. 식품에 사용된다거나 박테리아 제거에 도움이 되는지 여부는 알 수 없으므로 (a)와 (c)는 적절하지 않다.

triclosan 트리클로산 **antimicrobial** 항균성의(antibacterial) **interact** 상호작용하다 **chlorine** 염소 **chloroform** 클로로포름 **agent** 인자 **inhale** 흡입하다 **drain** 배수관 **accumulate** 쌓이다

25

회원국들의 기부금과 특정 사업을 하는 국제 단체의 지원에서 수입이 비롯되는 인터에코는 주된 목표인 오염 없는 세상을 확대하고 유지하기 위해 노력하고 있습니다. 이러한 목표를 달성하기 위해서, 인터에코에서는 무도회나 뮤지컬 같은 대중적인 행사를 관리하고 준비하는 데 전문성을 지니고 관심을 가진 개인이나 단체, 기업과 함께 공동 작업할 것을 제안합니다. 우리가 필요로 하는 업무는 예술가들과 협상하는 일, 후원자 관리하는 일, 행사 장소를 찾고 계약하는 일, 행사 계획을 처리하고 행사를 홍보하는 일 등입니다.

Q 인터에코 광고로부터 추론할 수 있는 것은?

(a) 인터에코에는 행정 업무 담당자가 부족하다.

(b) 기꺼이 대중적인 행사를 준비하는 자원 봉사자들을 구하기 위한 광고이다.

(c) 인터에코는 오락을 이용하여 기금을 모금하는 전통이 있다.

(d) 수입을 올리는 다른 방식들과는 거리가 있는 운동을 펼치고 있다.

해설 행사를 준비하고 관리하는 전반적인 업무를 처리할 사람을 구하고 있으므로 (a)가 정답이다. 구하는 대상이 반드시 자원 봉사자라고 볼 수는 없으므로 (b)는 맞지 않다.

contribution 기부(금) pollution-free 오염 없는 objective 목표 ball 무도회 partnership 제휴 venue 행사 개최지 logistics 실행 계획 administrate 관리하다

Part IV

26-27

호화 아파트 임대

뉴저지 주(州) 케이프 메이는 휴양지와 빅토리아조(朝) 시대의 건물로 잘 알려져 있습니다. 또한 자랑할 만한 호화 아파트들이 많이 있는데, 이들 가운데 상당수는 일반인들에게는 너무 비쌉니다. 이곳 애트우드 아파트 단지에서는 적절한 이용료를 내고 누구든 호화 아파트를 임대할 수 있습니다.

케이프 메이 항구 근처에 위치한 애트우드 단지는 부유함의 완벽한 본보기로 널리 인식됩니다. 또한 애트우드 단지를 소중한 주민들 모두에게 따뜻하고, 환대를 제공하는 장소로 만들기 위해 최고의 서비스를 제공하며 항상 모든 노력을 기울이고 있습니다.

거의 모든 주민들이 최고의 애트우드 편의 시설을 편리하고 만족스럽다고 느낍니다. 그들은 특히, 애트우드의 주민 휴게실과 헬스클럽이 최고라고 확신합니다. 주민 휴게실에서는 혼자서 편안히 쉴 수도 있고, 다른 이들과 즐겁게 시간을 보낼 수도 있습니다. 최신 장비를 갖춘 헬스클럽에서는 상상할 수 있는 모든 방식으로 운동을 하실 수 있어서 단연코 삶의 질이 향상될 것입니다.

수상 경력이 있는 애트우드의 '적정 임대료 프로그램'은 수백 명이 이 단지에서 편안하게 살 수 있게 도왔습니다. 이 프로그램이 얼마나 훌륭한지 알고 싶으시거나 애트우드 단지를 방문하고 싶으시면, 바로 오늘 775-3388-9977로 전화를 주십시오. 전화 한 통이 삶을 영원히 바꿔놓을 것입니다.

26 Q 광고에 따르면, 다음 중 케이프 메이에 대해 올바르지 않은 설명은 무엇인가?

(a) 많은 이들이 휴가를 즐기기 위해 찾는다.

(b) 도시의 상당수 건물들이 빅토리아 여왕 재위 시에 지어졌다.

(c) 대다수의 시민들이 부유하다.

(d) 애트우드 아파트 단지가 이 도시에서 사업을 영위한다.

해설 세부 사항 문제이기 때문에 지문의 내용을 꼼꼼하게 확인해야 한다. (a)는 휴양지로 유명하다고 했기 때문에 올바른 설명이다. (b)도 광고문의 첫 문장에서 확인할 수 있는 올바른 설명이다. (d)도 마찬가지다. 그런데 (c)는 호화 아파트들이 있다고 해서, 대다수의 주민들이 부유하다고 판단할 수는 없기 때문에 올바르지 않은 설명이다. 이처럼 NOT이 들어가는 유형은 거꾸로 생각할 수 있기 때문에 보다 신중하게 문제에 접근해야 한다.

27 Q 광고로부터 추론할 수 있는 바는 무엇인가?

(a) 거주민들은 애트우드 아파트 단지가 굴욕감을 안겨 주는 곳이라 느낄 가능성이 높다.

(b) 거주민들이 주민 휴게실에서 프라이버시를 갖는 것도 가능하다.

(c) 헬스클럽의 장비들은 가까운 장래에 교체될 예정이다.

(d) 대다수의 시민들은 애트우드의 '적정 임대료 프로그램'을 이용할 수 없다.

해설 추론 문항에서 정답의 단서는 지문에서만 찾아야 한다. (a)는 주어진 내용에 비춰볼 때 반대일 가능성이 높다. (c)는 그렇게 판단할 수 있는 단서가 주어져 있지 않다. (d)는 오히려 반대라고 생각하는 것이 타당하다. 따라서 정답은 주어진 내용에서 분명하게 추론할 수 있는 (b)이다.

luxury 사치; 사치품 resort 휴양지 costly 비용이 많이 드는 rate 요금 epitome 전형, 본보기 opulence 부(富), 부유 top-notch 최고의 amenity 편의[오락] 시설 second to none 제일의 state-of-the-art 최신의 affordable 감당할 수 있는 mortifying 굴욕감을 주는; 고행의

28-29

검색 〉 양서류

나무숲산개구리의 놀라운 월동 전략

내한성으로 잘 알려진 나무숲산개구리는 북아메리카 전역에 널리 분포한다. 이 개구리는 말 그대로 겨울에는 얼고 봄에는 녹는다. 겨울이 오면, 체액이 얼면서 개구리의 몸에 얼음이 형성된다.

유기산을 포함한 여러 '작용물'이 나무숲산개구리가 냉동되는 데 기여한다. 생물학자들은 여러 유형의 미생물들도 이 개구리에 얼음이 생기는 것을 촉발한다는 사실을 밝혀냈다. 흥미롭게도, 이 개구리는 겨울 내내 체내에 그런 미생물들을 보유한다.

봄이 오면, 나무숲산개구리는 아주 급속하게 신체 기능을 회복한다. 잭 R. 레인 2세와 동료 학자들에 따르면, 이 개구리는 일정한 순서로 신체 기능을 회복한다고 한다. 몸이 완전히 녹기도 전에 심장이 다시 뛰기 시작한다. 그 후에, 호흡 기능이 회복된다. 몸이 녹고 나서 여러 시간이 흐르고 나면, 제한된 정도로 근육을 움직일 수 있게 된다.

생물학자들은 요소와 포도당과 같은 유기 화합물이 나무숲산개구리가 완전히 냉동되는 것을 막는 데 도움을 준다고 지적한다. 이런 의미에서 이 화합물들은 이 개구리에 대해 동결보호제로 여겨진다.

28 Q 기사에 따르면, 다음 중 어떤 것이 나무숲산개구리의 몸에 얼음이 생기는 데 기여할 수 있는가?

(a) 포도당

(b) 황산

(c) 동결보호제

(d) 일부 미생물

해설 주어진 지문에서 해당하는 정보를 빠르게 찾을 것을 요구하는 유형이다. 지문의 내용을 보면, 나무숲산개구리의 몸에 얼음이 생기도록 돕는 것은 미생물과 유기산이다. (b)가 유기산인지 아닌지는 측정 대상이 아니다. 그 내용을 몰라도 (d)가 정답임을 알 수 있기 때문이다. 이와 같은 문항 유형에서 황산이 무기산이라는 전문적인 지식이 중요한 것이 아니라, 주어진 지문에서 해당하는 정보를 빠르고 정확하게 찾는 능력이 필요하다.

29 Q 기사에 따르면, 다음 중 어느 것이 나무숲산개구리에 대해 올바른 설명인가?

(a) 브라질에서는 어디에서나 볼 수 있다.

(b) 몸이 얼어도, 계속해서 정상적으로 호흡한다.

(c) 요소는 나무숲산개구리의 신체 기능의 회복을 저해한다.

(d) 겨울 동안에는 심장 박동이 멈춘다.

해설 세부 사항 유형이므로 주어진 지문의 내용과 하나하나 대조해서 정답을 찾아야 한다. (a)는 북아메리카 전역에 분포한다고 했기 때문에 정답이 아니다. (b)는 녹으면서 호흡 기능이 되살아난다고 했기 때문에 오답이다. (c)는 요소가 이 개구리에 대해 동결보호제 역할을 한다는 것밖에 알 수 없기 때문에 정답이 아니다. 따라서 정답은 (d)이다.

amphibian 양서류 overwintering 월동(越冬) freeze tolerance 내한성 distribute 분포시키다 thaw 녹다 bodily fluid 체액 agent 작용물, 물질 organic acid 유기산 microbe 미생물 trigger 촉발하다 rapidly 급속히 regain 회복하다 thereafter 그 후에 urea 요소 glucose 포도당 cryoprotectant 동결보호제

30-31

제임스 그랜트는 천재인가, 장난꾼인가?

제임스 그랜트가 논란의 여지가 많은 예능인이라는 사실에는 모두가 동의할 것이다. 그는 소수 인종 집단에 영향을 미치는 정치적·사회적 쟁점에 관해서라면, 거리낌 없이 말하는 것으로 유명하다. 이런 솔직함 때문에 그는 평론가들로부터 사랑과 혐오를 동시에 받는다.

지지자들 가운데 일부는 지배 계층의 위선을 드러내는 말을 하는 데 있어서 대단한 창의력을 발휘한다는 점에서 그랜트가 천재라고 주장한다. 반면에, 그랜트를 비난하는 이들은 그의 이른바 '창의력'이 지나치게 과대평가되어 있다고 주장한다. 이들은 또한 그랜트가 비속한 말들을 즐겨 쓰는 것이 그가 장난꾼일 뿐이라는 증거라고 지적한다.

양극화를 초래하는 그의 평판을 고려할 때, 9월 15일 트웨인 극장에서 오후 3시로 예정된 공연이 팬들과 비판자들을 모두 끌어들일 것이 확실하다. 극장 대변인은 관객이 그랜트의 공연을 있는 그대로 볼 수 있다면 좋을 것이라고 말한다.

하지만 사람들이 보고 싶은 것만 보는 경향이 있다는 사실을 감안할 때, 그것은 그랜트를 옹호하는 사람들에게나 반대하는 사람들에게나 벅찬 과제가 될 것이다. 그가 정말로 천재 예능인인지는 시간이 지나야만 알게 될 것이다.

30 Q 지문의 요지는 무엇인가?

(a) 그랜트는 소수 인종 집단에 대한 자신의 경멸을 감추고 있는 위선적인 인물이다.

(b) 그랜트는 풍자적인 공연을 개인적인 이득을 위한 목적으로 이용한다.

(c) 그랜트의 9월 15일 공연은 성공할 가능성이 높지 않다.

(d) 그랜트는 천재성이 논란의 소지가 있는, 양극화를 일으키는 예능인이다.

해설 (a)는 주어진 지문에 그랜트가 소수 인종 집단을 경멸한다는 내용이 없기 때문에 오답이다. (b)는 그럴 가능성도 있지만, 글의 전반적인 중심 내용이 아니다. (c)는 오히려 반대일 가능성이 높지만, 역시 중심 내용이 아니다. 따라서 정답은 글의 전반적인 흐름을 정확히 포착한 (d)이다. 이와 같은 유형에서는 특히 전체 글의 마지막 문장이 정답과 연관될 가능성이 높다.

31 Q 지문으로부터 추론할 수 있는 바는 무엇인가?

(a) 그랜트의 최초의 경력은 진보적인 태도를 지지하는 정치 평론가였다.

(b) 그랜트는 소수 인종 집단의 정치적 권리가 존중되어야 한다고 믿을 가능성이 높다.

(c) 그랜트를 비난하는 사람들조차도 그가 지배 계층을 최고의 능변으로 비판하는 사람들 가운데 한 명이라는 것을 인정한다.

(d) 사회를 비판할 때, 그랜트는 항상 예의 바른 언어를 사용한다.

해설 추론 유형에서는 철저하게 지문에 단서가 있어야만 정답이 될 수 있다. (a)는 그렇게 판단할 수 있는 단서가 전혀 없다. (c)는 그랜트를 비난하는 이들이 그의 비속한 언어 사용을 비판한다는 점을 생각할 때 오답이다. (d)는 지문의 내용에 어긋난다. 따라서 정답은 (b)이다. 흔히 추론 유형을 풀 때, 비약해서 생각하는 경향이 있는데, 추론 유형은 세부 사항 유형과 매우 비슷하다는 점을 명심해야 한다.

genius 천재 **hoaxer** 장난꾼; 남을 속이는 사람 **controversial** 논쟁적인 **performer** 연기자; 예능인 **not mince words** 기탄없이 말하다 **candor** 솔직함 **loathe** 혐오하다 **ingenuity** 재간, 창의력 **lay bare** 폭로하다 **hypocrisy** 위선 **detractor** 비방하는 사람 **penchant** 애호, 기호 **profanity** 비속한 말 **polarize** 양극화를 초래하다 **spokesperson** 대변인 **daunting** 위압적인, 벅찬 **disdain** 무시, 업신여김 **eloquent** 웅변을 잘하는, 유창한

32-33

발신: 에리카 니콜라스 <enicholas@ccglobal.com>
수신: 피터 스펜스 박사님 <p_spence@fairville.edu>
일자: 3월 26일 금요일 오전 10:23
주제: 박사님의 기조연설

스펜스 박사님께,

CC 글로벌의 에리카 니콜라스입니다. CC 글로벌 콘퍼런스에 박사님을 기조연설자로 모시게 되어 큰 영광으로 생각합니다. 기후 변화가 모든 이들에게 절박한 문제라고 굳게 믿기 때문에 박사님의 기조연설이 시기적절하면서도 시대를 초월한 연설이라고 확신합니다.

그렇지만 이미 아시겠지만, 저희는 청중을 관여시키는 것이 훌륭한 연설의 핵심적인 요소라고 생각합니다. 따라서 청중과 보다 활발하게 상호작용을 하실 수 있으신지 여쭙고 싶습니다. 기조연설이 끝나고 난 후, 질의·응답 시간을 갖는 것이 어떠신지요?

물론 저희의 제안을 수용하실지 여부는 전적으로 박사님께 달려 있습니다. 저희 제안이 고려할 만한 것이라고 느끼시길 진심으로 바라는 바입니다. 콘퍼런스에서 뵙기를 고대합니다.

행운을 기원하며,

에리카 니콜라스 배상(拜上)

CC 글로벌, 콘퍼런스 진행 담당자

32 Q 니콜라스는 왜 스펜스 박사에게 이메일을 보냈는가?

(a) 청중과 보다 적극적으로 상호작용하려는 그의 노력에 감사를 표하기 위해서

(b) 그가 보다 시의적절한 쟁점을 다뤄야 한다고 제안하기 위해서

(c) 그가 보다 더 청중을 관여시키도록 권장하기 위해서

(d) 그가 혁신적인 아이디어에 대해 보다 개방적인 태도를 갖도록 권고하기 위해서

해설 이메일 문제 유형은 이 문항처럼 이메일의 일반적인 형식을 갖추어서 출제되기도 하고, 이메일의 내용만 제시되기도 한다. 특히 이메일을 보낸 목적을 측정하는 유형이 자주 출제된다. 니콜라스는 스펜스 박사가 기조연설에서 청중과의 교류를 보다 적극적으로 하기 바라는 마음에서 이메일을 보냈으므로 정답은 (c)이다. 이메일의 목적은 대체로 전반부에 드러나는 것이 보통이다.

33 Q 이메일로부터 추론할 수 있는 바는 무엇인가?

(a) 니콜라스는 스펜스 박사의 연설이 청중에게 호소력이 없을 것이라고 우려한다.

(b) 연설에서 스펜스 박사는 지구 온난화가 환경에 미치는 영향에 대해 논의할 가능성이 높다.

(c) 스펜스 박사는 니콜라스의 제안 때문에 감정이 상할 가능성이 매우 크다.

(d) 스펜스 박사는 가능할 때는 언제든지 질의·응답 시간을 갖는 것을 제안한다.

해설 추론 유형은 세부 사항 유형과 비슷하게 접근해야 한다. (a)는 연설 자체에 대해 우려한 것이 아니기 때문에 오답이다. (c)는 스펜스 박사의 반응을 예상할 수 있는 단서가 제시되어 있지 않으므로 정답이 될 수 없다. (d)도 마찬가지다. 이메일에서 기후 변화를 언급했기 때문에 정답은 (b)이다. 일반적으로 '~할 가능성이 높다'는 표현은 정답일 확률이 높은 편이긴 하지만, 이때에도 지문에서 그렇게 판단할 수 있는 단서가 제시되어야 한다는 점에 유의해야 한다.

keynote speech 기조연설 **honored** 영광스러운 **pressing** 긴급한, 시급한 **timely** 시기적절한, 시대를 초월한 **timeless** 영구적인 **engagement** 개입, 참여

34-35

중대한 전환점이 된 새러토가 전투

새러토가 전투는 프랑스와 스페인이 영국에 대항하도록 촉진함으로써 미국인들의 궁극적인 승리를 확보하는 데 기여했다는 점에서 미국 독립전쟁의 가장 결정적인 순간들 가운데 하나였다. 새러토가 전투 이전에는 프랑스를 포함한 다른 나라들은 미국인들이 영국으로부터 독립하기 위해 헌신적으로 전투를 치른다고 확신하지 못했다. 그렇지만 미국인 병사들이 이 전투에서 보여준 용기와 집념은 다른 국가들이 미국인들을 돕겠다는 결정을 내리도록 설득했다.

존 버고인이라는 영국인 장군은 새러토가 전투에서 미국인들을 물리치는 훌륭한 전략을 생각해 냈다. 그렇지만 그는 다른 영국 부대가 그의 부대를 지원할 것이며, 미국인들은 용감히 전투를 치를 정도로 결의가 굳지 않다고 오판했다. 새러토가 전투 동안에 어떤 영국 부대도 버고인의 부대를 지원하지 못했으며, 영국인 장교들에게는 놀랍게도, 미국인 병사들은 용맹하게 싸웠다.

미국인들이 승리했다는 소식에 너무도 깊은 인상을 받은 루이 16세는 미국과 동맹을 맺어서 미국인들에게 대단히 필요한 지원을 제공하겠다고 약속했다. 스페인도 또한 영국에 대항하기로 결정했는데, 이 때문에 정세는 미국의 승리로 기울게 되었다.

34 Q 새러토가 전투에서 영국인 장교들은 왜 깜짝 놀랐는가?
(a) 버고인 장군의 재간이 빛을 발했기 때문에
(b) 영국 군대가 내부적으로 붕괴되었기 때문에
(c) 예측이 충족되었기 때문에
(d) 미국인들이 대단한 용기를 드러냈기 때문에

해설 두 번째 단락의 마지막 문장에 정답의 단서가 있다. 예상과 다르게 미국인 병사들이 용맹하게 싸웠기 때문에 놀랐다는 것을 알 수 있으므로 정답은 (d)이다. 뉴텝스로 전환되면서, 미국과 영국의 역사와 관련된 내용의 출제 빈도가 매우 높아졌다. 특히, 전쟁이나 전투, 그리고 철도 강도와 같은 특이한 사건을 다룬 내용이 자주 출제되고 있음에 유의할 필요가 있다. 역사적 사실은 바꿔서 제시할 수 없기 때문에 미국과 영국의 역사에서 주요한 내용들을 익혀 두는 것이 여러모로 유리하다.

35 Q 지문에 따르면, 다음 중 올바른 설명은 무엇인가?
(a) 새러토가 전투는 영국 부대와 프랑스인들 사이에서 치러졌다.
(b) 버고인 장군은 미국인들의 결의를 과소평가했다.
(c) 미국에 있던 모든 영국 부대들은 새러토가 전투에서 승리하는 것이 중요하다는 사실을 분명하게 인식했다.
(d) 새러토가 전투가 일어나기 전에, 프랑스는 미국인들과 동맹을 맺겠다는 결심했다.

해설 세부 사항 유형은 원칙적으로 (a)가 맨 처음의 내용을, (d)가 마지막의 내용을, 그리고 (b)와 (c)가 그 사이의 내용을 설명한다. 예외가 있기도 하지만, 대체로 그런 경향이 있음을 기억해 두는 것이 바람직하다. (a)는 영국 부대와 미국 부대의 전투였으므로 오답이다. (c)는 그렇지 않았을 가능성이 높다고 볼 수 있고, 지문에서 분명하게 밝히지는 않았으므로 정답이 아니다. (d)는 전투 이후의 일이므로 오답이다. 따라서 정답은 지문의 내용에 충실한 (b)이다.

turning point 전환점 **decisive** 결정적인 **ultimate** 궁극적인 **encourage** 장려하다 **committed** 헌신적인 **independence** 독립 **tenacity** 끈기, 집념 **brilliant** 훌륭한 **assume** 상정하다, 추정하다 **resolute** 결연한 **officer** 장교 **alliance** 동맹 **tip the scales** 정세를 일변시키다

Actual Test 2

청해 Listening Comprehension

1	(c)	2	(a)	3	(d)	4	(a)	5	(c)	6	(b)	7	(a)	8	(b)	9	(c)	10	(b)
11	(a)	12	(b)	13	(a)	14	(c)	15	(a)	16	(b)	17	(b)	18	(a)	19	(a)	20	(b)
21	(b)	22	(d)	23	(b)	24	(b)	25	(b)	26	(c)	27	(c)	28	(c)	29	(b)	30	(b)
31	(d)	32	(c)	33	(c)	34	(b)	35	(d)	36	(c)	37	(b)	38	(b)	39	(c)	40	(a)

어휘 Vocabulary

1	(b)	2	(b)	3	(a)	4	(d)	5	(a)	6	(b)	7	(c)	8	(d)	9	(d)	10	(c)
11	(d)	12	(c)	13	(b)	14	(a)	15	(a)	16	(d)	17	(c)	18	(b)	19	(a)	20	(c)
21	(a)	22	(b)	23	(a)	24	(a)	25	(c)	26	(a)	27	(a)	28	(b)	29	(a)	30	(d)

문법 Grammar

1	(d)	2	(a)	3	(a)	4	(c)	5	(a)	6	(c)	7	(b)	8	(b)	9	(d)	10	(c)
11	(b)	12	(a)	13	(a)	14	(c)	15	(a)	16	(b)	17	(a)	18	(c)	19	(c)	20	(b)
21	(d)	22	(c)	23	(c)	24	(a)	25	(a)	26	(c)	27	(b)	28	(c)	29	(d)	30	(c)

독해 Reading Comprehension

1	(a)	2	(b)	3	(c)	4	(b)	5	(b)	6	(a)	7	(c)	8	(d)	9	(c)	10	(c)
11	(b)	12	(a)	13	(d)	14	(b)	15	(d)	16	(d)	17	(a)	18	(a)	19	(d)	20	(c)
21	(b)	22	(c)	23	(c)	24	(b)	25	(d)	26	(b)	27	(d)	28	(b)	29	(d)	30	(b)
31	(c)	32	(d)	33	(b)	34	(d)	35	(c)										

Part I

1

W There's something suspicious about the look of this handbag.
M ______________________

(a) We'll take the bag if you insist.
(b) Sorry, I'll look for it elsewhere.
(c) I'm guessing it's a fake.
(d) I'll try to make it secure.

W 이 핸드백 모양에 뭔가 의심스러운 데가 있어요.
M ______________________

(a) 원하시면 저희가 가방을 맡아드릴게요.
(b) 미안하지만, 다른 데서 찾아볼게요.
(c) 가짜인 것 같습니다.
(d) 확실히 조치하겠습니다.

해설 여자가 핸드백 모양이 의심스럽다고 했으므로 그와 관련된 의견이 응답으로 와야 알맞다. 겉모양으로 보아 가짜인 것 같다고 말하는 (c)가 가장 적절하다. 남자가 해결할 수 있는 문제가 아니므로 (d)는 알맞지 않다.

suspicious 의심스러운 **fake** 가짜의 **make secure** 확실히 하다

2

M This ad campaign should generate a lot of revenue.
W ______________________

(a) I have my doubts about it.
(b) People wouldn't buy it.
(c) If that's what you'd like.
(d) Some really good luck.

M 이 광고로 많은 수익을 낼 수 있을 것 같군요.
W ______________________

(a) 그건 확실하지 않아요.
(b) 사람들은 그걸 사지 않을 거예요.
(c) 만약 당신이 그걸 좋아한다면요.
(d) 정말 좋은 행운을 빌어요.

해설 남자는 당연히 광고로 수익을 낼 수 있을 거라고 말하고 있다. 따라서 그건 아직 확실하지 않다고 말하는 (a)가 가장 적절한 응답이다.

generate 창출하다 **revenue** 소득, 수익 **have one's doubts about** ~에 대해 의심스럽게 생각하다

3

M I don't envy airline passengers in this weather.
W ______________________

(a) It's the best way to travel there.
(b) Put on your seat belt during the flight.
(c) Yes, a blizzard, but I'm not so sure.
(d) No, lots of flights will be cancelled.

M 이런 날씨에는 비행기 승객들이 부럽지 않아요.
W ______________________

(a) 그게 거기까지 이동하는 가장 좋은 방법이에요.
(b) 비행 중에는 안전벨트를 매 주세요.
(c) 네, 눈보라가 치긴 하지만 그렇게 확실하진 않아요.
(d) 그래요, 많은 비행편이 결항될 거예요.

해설 남자의 말은 오늘 기상 상황이 매우 안 좋아서, 비행기 출발이 지연되거나 결항되어 승객들이 곤란을 겪게 될 것이라는 뜻이다. 따라서 이에 동의하는 (d)가 가장 알맞다.

envy 부러워하다 **blizzard** 눈보라

4

W What would you say about going into business together?
M ______________________

(a) We'll need some serious capital.
(b) Let me accompany you, then.
(c) What a generous statement.
(d) That's usually from 9 to 5.

W 함께 사업을 시작하는 거 어때요?
M ______________________

(a) 자본이 꽤 필요할 거예요.
(b) 그럼 제가 따라갈게요.
(c) 정말 너그러운 말씀이시네요.
(d) 대개 9시부터 5시까지예요.

해설 What would you say about -ing?는 '~하는 것이 어때요?'라는 뜻으로 제안할 때 쓰는 표현이다. 따라서 사업을 시작하려면 자본이 많이 들 거라는 (a)가 가장 알맞은 응답이다. (b)는 '함께 가겠다'는 뜻으로, 여자가 제안한 내용을 제대로 알아듣지 못했을 때 고를 수 있는 오답이다.

What would[do] you say about -ing? ~하는 것에 대해서 어떻게 생각하세요? **go into business** 사업을 시작하다 **capital** 자본 **accompany** 동반하다 **generous** 관대한 **statement** 말

5

M Where does the 94 bus go after it stops on Whitford Avenue?
M ______________________

(a) Right, it goes to Whitford.
(b) If it's affordable, then yes.

(c) I've never taken it that far.

(d) Well, I have a monthly pass.

M 94번 버스는 휘트퍼드 가에서 정차하고 난 후 어디로 갑니까?

W ___________________________

(a) 맞아요, 그건 휘트퍼드로 가요.

(b) 가격이 적당하다면, 그럴게요.

(c) 그렇게 멀리까지 타본 적은 없어요.

(d) 글쎄요, 월 정기권을 갖고 있어요.

해설 버스 정차 역에 대해서 묻고 있으므로, 그 이상 타본 적이 없어서 모르겠다는 뜻의 (c)가 가장 알맞다. 휘트퍼드 다음 정거장이 무엇인지 물었는데, 휘트퍼드로 간다고 대답하는 (a)는 알맞지 않다.

affordable (가격이) 적당한 **monthly** 매달의

6

W Why do we get four hours off work to vote?

M ___________________________

(a) All we can do is wait and see.

(b) Well, sometimes the lines are long.

(c) I don't mind helping with your work.

(d) Either way, it's our duty as employees.

W 투표하기 위해 네 시간이나 일찍 퇴근하는 이유가 뭐죠?

M ___________________________

(a) 우리가 할 수 있는 거라고는 가만히 지켜보는 것뿐이에요.

(b) 흠, 가끔 줄이 길어서요.

(c) 기꺼이 당신 일을 도와줄게요.

(d) 어느 쪽이든, 그건 직원으로서 우리가 할 일이에요.

해설 여자의 말은 투표 때문에 네 시간이나 일찍 퇴근할 필요가 있냐는 뜻이므로, 투표하는 줄이 긴 경우도 있어서 그렇다는 (b)가 가장 알맞은 응답이다.

get off work 퇴근하다 **mind** 꺼리다 **either way** 어느 쪽이든

7

W What's Jimmy looking so smug about?

M ___________________________

(a) He won his bet with Sam.

(b) Jimmy agreed with that too.

(c) It makes him look fashionable.

(d) I haven't been able to find him.

W 지미는 뭐 때문에 그렇게 우쭐해하는 거야?

M ___________________________

(a) 샘과의 내기에서 이겼대.

(b) 지미도 그것에 동의했어.

(c) 그 덕분에 그는 패션 감각이 뛰어나 보여.

(d) 그를 찾을 수 없었어.

해설 smug는 '우쭐해하는, 의기양양한'이라는 뜻이므로, 지미에게 뭔가 기분 좋은 일이 있었다는 응답을 예상할 수 있다. 따라서 내기에서 이겼다는 (a)가 가장 어울린다.

smug 우쭐해하는 **win a bet** 내기에서 이기다 **fashionable** 유행을 따르는

8

M The resort was gorgeous, but the service was atrocious.

W ___________________________

(a) A package deal with airfare included.

(b) I hope you submitted a complaint.

(c) Sounds like the perfect vacation.

(d) I can't believe it was out of order.

M 리조트는 정말 멋있었는데, 서비스는 형편없었어.

W ___________________________

(a) 항공료가 포함된 패키지 상품이야.

(b) 네가 항의서를 제출했으면 좋겠어.

(c) 완벽한 휴가였던 것 같아.

(d) 그것이 고장 났다는 게 믿기지가 않아.

해설 남자는 리조트의 서비스가 형편없었다는 불만을 토로하고 있으므로, 정식으로 항의서를 제출하라고 권하는 (b)가 알맞다. (c)는 남자의 말에서 앞부분만 듣고, 뒷부분을 제대로 이해하지 못했을 때 고를 수 있는 오답이다.

gorgeous 호화로운, 멋진 **atrocious** 형편없는 **package deal** 패키지 상품 **airfare** 항공료 **submit a complaint** 항의서를 제출하다 **out of order** 고장 난

9

M Any idea why Samantha is giving me the evil eye today?

W ___________________________

(a) It took her completely by surprise.

(b) Well, that's not really accurate.

(c) You'll have to ask her yourself.

(d) She would, but I told her not to.

M 사만다가 오늘 나를 노려본 이유가 뭔지 아니?

W ___________________________

(a) 그것 때문에 그녀가 완전히 놀랐어.

(b) 글쎄, 그건 별로 정확하지 않아.

(c) 그녀에게 직접 물어봐.

(d) 그녀는 그런다고 했지만, 나는 그러지 말라고 했어.

해설 남자는 사만다가 자신에게 화가 난 이유를 제 3자에게 묻고 있으므로, 사만다에게 직접 물어보라고 하는 (c)가 가장 알맞은 응답이다. (a)나 (d)는 사만다가 화를 내는 상황과는 관련이 있지만, 남자가 묻고 있는 화가 난 이유에 대한 언급이 없으므로 알맞지 않다.

give A the evil eye A를 노려보다 **take A by surprise** A를 깜짝 놀라게 하다 **accurate** 정확한

10

W What about going back to school for a master's?
M ______________________

(a) Actually, he has a PhD in biochemistry.
(b) Not if I have to keep working full time.
(c) Not many opportunities as a child.
(d) You should really consider it.

W 학교로 복귀해서 석사 학위를 받는 게 어때?
M ______________________

(a) 사실 그는 생화학 분야에 박사 학위가 있어.
(b) 정규 근무를 계속하지 않아도 된다면 그렇게 하겠어.
(c) 어릴 때만큼 기회가 많지 않아.
(d) 진짜로 한번 고려해 봐.

해설 going back이라는 여자의 말에서 남자는 이미 대학을 졸업하고 직장 생활을 하고 있음을 짐작할 수 있다. 따라서 직장 생활을 병행하지 않아도 된다면 그러겠다는 (b)가 가장 알맞은 응답이다.

What about -ing? ~하는 게 어때? **master** 석사 (학위) **PhD** 박사 학위 **biochemistry** 생화학

Part II

11

W They have a variety of teas available here.
M Plain black is all I ever drink.
W You should branch out and try something new.
M ______________________

(a) I did before and wasn't impressed.
(b) Sure, I enjoy all of the varieties.
(c) I'll take a little milk in mine.
(d) No, I never really drink tea.

W 이곳은 다양한 종류의 차를 구비하고 있어요.
M 저는 항상 아무 것도 넣지 않은 홍차만 마셔요.
W 경험을 넓혀서 새로운 것을 마셔 봐요.
M ______________________

(a) 전에 해 봤는데 별로였어요.
(b) 그러죠, 전 모든 종류를 좋아해요.
(c) 제 것에는 우유를 약간 넣을게요.
(d) 아뇨, 전 차는 전혀 마시지 않아요.

해설 늘 한 가지 차만 마신다는 남자에게 여자가 새로운 차를 시도해 볼 것을 권하고 있다. 이에 대해 이미 시도해 봤는데 별로였다고 답하는 (a)가 가장 적절하다.

a variety of 여러 가지의 **available** 이용 가능한 **plain** 아무 것도 넣지 않은 **branch out** 새로운 분야로 진출하다 **impressed** 감명받은

12

M I'm considering moving off campus next semester.
W But rent in town is so expensive.
M What about down by the harbor?
W ______________________

(a) I quite like living in town, too.
(b) That area is somewhat unsafe.
(c) You're welcome to visit me there.
(d) Well, you should stay in the dorms.

M 다음 학기에 기숙사를 나갈까 생각 중이야.
W 하지만 시내 방값이 꽤 비쌀 텐데.
M 항구 쪽으로 가는 건 어떨까?
W ______________________

(a) 나도 시내에서 사는 게 정말 좋아.
(b) 그 지역은 좀 위험해.
(c) 그곳에서 나를 방문하는 건 언제라도 환영해.
(d) 글쎄, 넌 기숙사에 머무르는 게 좋을 것 같아.

해설 남자는 기숙사를 나갈 계획으로, 염두에 두고 있는 지역에 대해 여자의 의견을 묻고 있다. 따라서 그 지역은 안전하지 않다는 (b)가 가장 알맞다. (d)는 일단 남자의 질문에 답한 후에, 다른 대안이 마땅치 않을 때 할 만한 조언이다.

off campus 학교 밖으로 **rent** 집세 **harbor** 항구 **somewhat** 다소, 좀 **dorm** 기숙사

13

W Excuse me, is Tyler Avenue around here?
M That doesn't sound familiar to me.
W I'm looking for the intersection of Tyler and Duval Street.
M ______________________

(a) I don't recognize Duval either.
(b) That's what the directions say.
(c) That's what I'm trying to do.
(d) I know right where we are.

W 실례합니다. 타일러 가가 이 근처인가요?
M 그런 지명은 못 들어본 것 같아요.
W 타일러와 듀발 가 교차로를 찾고 있어요.
M ______________________

(a) 듀발 가도 잘 모르겠습니다.
(b) 안내서에 그렇게 쓰여 있어요.
(c) 저도 그렇게 하려고 노력하고 있어요.
(d) 우리가 지금 있는 곳이 어디인지 알아요.

해설 여자가 남자에게 길을 묻고 있는 상황이다. 여자가 말하는 지명을 못 들어본 것 같다는 앞의 대답과 자연스럽게 이어지는 것은 (a)이다. (b)는 길을 묻는 여자가 할 만한 말이다.

familiar 익숙한 **intersection** 교차로 **recognize** 알아보다 **directions** 설명서

14

M See you this weekend at the country club function.
W I'm afraid I'll be out of town.
M What could cause you to miss the event?
W ______________________

(a) Nothing that I can think of yet.
(b) No, you couldn't tear me away.
(c) Saturday is my father's birthday.
(d) I'm attending a country club party.

M 이번 주말에 컨트리 클럽 행사에서 봅시다.
W 전 자리를 비울 것 같아요.
M 무슨 이유로 행사에 빠지는 거예요?
W ______________________

(a) 아직은 아무 것도 생각나지 않아요.
(b) 아뇨, 저를 떼어버릴 수 없을 거예요.
(c) 토요일이 아버지 생신이거든요.
(d) 컨트리 클럽 파티에 참석할 거예요.

해설 여자가 행사에 참석하지 못하는 이유를 묻고 있으므로, 아버지 생신 때문이라고 답하는 (c)가 가장 알맞다. (d)는 앞에서 컨트리 클럽 행사에 참석하지 못하겠다고 한 것에 어긋난다.

function 행사 **tear away** 억지로 떼어내다

15

M I can't wait to see you play piano at the recital.
W I'm afraid I'll screw up. You shouldn't come.
M Don't be silly. You're sure to be great.
W ______________________

(a) Hopefully I won't get the jitters.
(b) Let's put it on and listen to it.
(c) Still, I'm not keen on the music.
(d) I'll accompany you on piano.

M 네가 독주회에서 피아노 연주하는 걸 빨리 보고 싶어.
W 실수할까 봐 걱정이야. 넌 오지 마.
M 어리석은 소리 하지 마. 넌 틀림없이 잘할 거야.
W ______________________

(a) 긴장하지만 않았으면 좋겠어.
(b) 그걸 쓰고 들어보자.
(c) 하지만 난 음악을 그다지 좋아하지 않아.
(d) 내가 네 피아노 반주를 해 줄게.

해설 독주회를 앞둔 여자에게 남자가 용기를 북돋워 주고 있다. 실수할까 봐 걱정하는 여자의 입장에서 할 만한 말은 긴장하지 않았으면 좋겠다는 (a)이다.

recital 독주회 **screw up** 망치다 **get the jitters** 긴장하다 **be keen on** ~을 매우 좋아하다 **accompany A on piano** 피아노로 A의 반주를 하다

16

W I hate buying furniture you have to assemble.
M But you save a lot over normal furniture.
W I'd rather pay more and save myself the work.
M ______________________

(a) I'll get more new furniture.
(b) Not me. I prefer saving a buck.
(c) That's OK, no need to pay me more.
(d) Thanks, but I'll get it pre-assembled.

W 조립해야 하는 가구를 사는 건 정말 싫어.
M 하지만 보통 가구에 비해 돈이 많이 절약되잖아.
W 차라리 돈을 더 지불하고 직접 일하는 걸 줄이겠어.
M ______________________

(a) 나는 새 가구를 더 살 거야.
(b) 나는 아냐. 나는 돈을 절약하는 쪽을 택하겠어.
(c) 괜찮아, 나한테 돈을 더 줄 필요는 없어.
(d) 고맙지만, 난 미리 조립된 걸 사겠어.

해설 여자는 돈을 더 지불하더라도 수고스럽게 직접 가구를 조립하는 것은 피하고 싶어 하지만 남자는 조립식 가구가 돈을 절약해 준다고 했으므로 직접 조립하는 수고를 무릅쓰고 돈을 절약하는 쪽을 택할 것임을 짐작할 수 있다. 따라서 (b)가 알맞다.

assemble 조립하다 **save** (수고 · 지출을) 덜다, 절약하다 **buck** 달러(dollar), 돈

17

M This website doesn't search all airlines?
W Then, check each airline website separately.
M Maybe I should go see a travel agent.
W ______________________

(a) You're welcome to see us any time.
(b) You might pay more by that method.
(c) I'm sure you'll have a good vacation.
(d) There's a site that shows all the carriers.

M 이 웹사이트에서 모든 항공사를 검색할 수 있는 게 아니네?
W 그렇다면, 각 항공사 웹사이트를 따로따로 확인해 봐.
M 아마도 여행사에 찾아가야 할까 봐.
W ______________________

(a) 언제라도 우리를 방문하는 걸 환영해.
(b) 그렇게 하면 돈을 더 내야 할지도 몰라.
(c) 틀림없이 넌 멋진 휴가를 보낼 거야.
(d) 모든 항공사를 보여주는 사이트가 있어.

해설 남자는 웹사이트를 통해서 항공사를 검색하려고 했는데, 여의치 않자 직접 여행사에 찾아가야 할 것 같다고 말한다. 이에 가장 어울리는 응답은 그렇게 하면 추가 비용이 들 거라는 (b)이다. (d)는 앞에서 여자가 각 항공사 웹사이트를 따로따로 확인해 보라고 한 말에 어긋난다.

separately 따로따로 **travel agent** 여행사 **carrier** 항공사

18

W Can you tell me about your specials?
M Our boneless chicken wings are discounted.
W And I saw something about butternut squash?
M ______________________

(a) That's our soup of the day.
(b) Only 65 calories a serving.
(c) Yes, that's my favorite dish too.
(d) OK, I'll bring you one right away.

W 특별 요리에 대해 알려 주세요.
M 뼈 없는 닭 날개를 할인하고 있습니다.
W 그리고 버터호두 호박 같은 것도 있던 것 같은데요?
M ______________________

(a) **그건 오늘의 수프입니다.**
(b) 접시당 65칼로리밖에 안 됩니다.
(c) 네, 그것도 제가 가장 좋아하는 음식입니다.
(d) 알겠습니다, 바로 가져다 드리겠습니다.

해설 여자가 식당에서 음식을 주문하기에 앞서 메뉴에 대해 문의하고 있다. 여자가 메뉴에서 본 특정한 음식이 있느냐고 묻고 있으므로, 그것이 바로 오늘의 수프라고 답하는 (a)가 가장 적절하다. 여자가 아직 주문을 끝마치지 않았으므로 (d)는 알맞지 않다.

special 특별 요리 **boneless** 뼈 없는 **butternut squash** 버터호두 호박 **serving** (음식의) 1인분

19

M Did you record the football game last night?
W I sure did. I had the DVR set so I wouldn't miss it.
M Great! When do you want to watch it?
W ______________________

(a) I won't have time until late tonight.
(b) Let's play football down at the park.
(c) We've got tickets for tomorrow night.
(d) The recording will be done any minute.

M 어젯밤 축구 경기 녹화했어?
W 물론 했지. DVR 시스템이 있으니 놓칠 리가 없지.
M 잘됐다! 언제 볼 거야?
W ______________________

(a) **오늘 밤 늦게나 돼야 시간이 날 거야.**
(b) 공원에 가서 축구 하자.
(c) 우리는 내일 저녁 표를 샀잖아.
(d) 녹화는 곧 끝날 거야.

해설 남자는 녹화한 축구 경기를 언제 볼 거냐고 여자의 스케줄을 묻고 있으므로, 밤 늦게나 시간이 날 거라는 (a)가 적절한 응답이다. 녹화는 이미 완료된 상태이므로 (d)는 알맞지 않다.

record 녹화하다 **miss** 놓치다 **any minute** 지금 당장에라도

20

W Has Congress passed the healthcare bill?
M They're still bickering over the details.
W What if we can't fix our healthcare system?
M ______________________

(a) The bill will arrive shortly.
(b) It's politics that will be to blame.
(c) My doctor doesn't charge much.
(d) My health is quite good nowadays.

W 의회에서 의료 보장 법안을 통과시켰어요?
M 세부 사항을 놓고 여전히 옥신각신하고 있어요.
W 의료 보장 제도를 수정하지 못하면 어쩌죠?
M ______________________

(a) 청구서가 곧 올 거예요.
(b) **정치권에서 책임을 져야겠죠.**
(c) 내 담당 의사는 과다 청구를 하지 않아요.
(d) 요즘 저는 건강이 아주 좋아요.

해설 의료 보장 법안의 의회 통과 여부가 대화의 화제이다. What if…?는 '만약 ~하면 어떻게 될까?'라는 뜻으로, 여자는 법안 통과가 거부되는 상황에 대해서 말하고 있으므로, 정치권이 책임을 져야 한다는 (b)가 적절한 응답이다.

Congress 의회 **bill** 법안, 청구서 **bicker** 말다툼하다 **details** 세부 사항 **fix** 고치다 **blame** 책임을 돌리다 **charge** 청구하다

Part III

21

Listen to a conversation between two colleagues.

M Are you coming to the office holiday party?
W Unfortunately, it clashes with my family night.
M Well, the CEO expects to see everyone there.
W I know. But I really don't approve of it.
M What do you mean?
W We shouldn't have to socialize outside of work.

Q What is the woman mainly doing in the conversation?
(a) Telling the man why she does not like to go to parties
(b) Objecting to mandatory office functions
(c) Excusing herself from a company event
(d) Sharing her opinion of the CEO

두 직장 동료의 대화를 들으시오.

M 휴일 직원 파티에 갈 거예요?
W 아쉽게도 가족 모임과 겹쳐서요.
M 글쎄, CEO는 전원 참석하기를 바라던데요.
W 알아요. 하지만 난 정말 그런 것에 찬성하지 않아요.
M 무슨 말이에요?
W 우리가 직장 밖에서까지 꼭 어울릴 필요는 없잖아요.

Q 여자가 주로 하고 있는 것은?
(a) 남자에게 왜 자신이 파티에 가는 것을 싫어하는지 이유를 말하기
(b) 의무적인 회사 행사에 대해 반대하기
(c) 양해를 구하고 회사 행사에 불참하기
(d) CEO에 대한 생각을 밝히기

해설 여자는 CEO가 전원 참석을 원하므로 되도록이면 회사 파티에 참석하라는 남자의 의중을 알아채고, 자신은 그런 생각에 반대한다는 의견을 밝히고 있다. 따라서 (b)가 여자의 입장을 가장 잘 나타내고 있다.

office holiday party 휴일 직원 파티 **clash** 충돌하다, 겹치다 **approve of** ~에 찬성하다 **socialize** 사귀다 **object to** ~에 반대하다 **mandatory** 의무적인 **function** 행사 **excuse oneself** 양해를 구하고 자리를 뜨다

22

Listen to a conversation between two friends.

M Is Mel coming to the movies tonight?
W No, she invented an excuse and cancelled.
M She hasn't been herself since she broke up with Dave.
W They were together for so long.
M Maybe we should go visit her and cheer her up.
W I'm not sure she's ready for company.

Q What are the man and woman mainly discussing?
(a) Their acquaintance's new boyfriend
(b) Their options for what to do in the evening
(c) Their plans to join a friend and watch a movie
(d) Their friend's unsociable behavior after a breakup

두 친구의 대화를 들으시오.

M 멜이 오늘 밤에 영화 보러 오나요?
W 아뇨, 그녀는 핑계를 대고 취소했어요.
M 그녀는 데이브와 헤어진 후로 평소의 그녀답지 않아요.
W 그들은 아주 오랫동안 함께였잖아요.
M 우리가 찾아가서 기운을 북돋아 주어야 할까 봐요.
W 그녀가 사람들과 어울릴 준비가 되었을지 모르겠네요.

Q 대화의 주요 내용은?
(a) 그들의 지인이 새로 사귄 남자친구
(b) 저녁에 뭘 할지 선택하는 것
(c) 친구를 만나 영화 보려는 계획
(d) 그들의 친구가 결별 후 보이는 비사교적인 행동

해설 두 사람은 남자친구와 헤어지고 난 후 자신들과 어울리지 않고 있는 Mel이라는 친구에 대해서 걱정을 하고 있다. 따라서 (d)가 정답이다.

invent an excuse 핑계를 꾸며대다 **be oneself** 평소의 모습 그대로이다 **cheer up** 기운을 북돋우다 **company** 교제, 사귐 **acquaintance** 아는 사람 **unsociable** 비사교적인 **breakup** 결별

23

Listen to a conversation between two co-workers.

M The roads are all blocked with snow this morning.
W It's OK if you can't make it to the office today.
M I appreciate that. I can do some work from home.
W Yes, I'll be coordinating work with others who can't make it.
M Great. We can teleconference at any time.
W I'll be in touch within the hour.

Q What are the man and woman mainly talking about?
(a) Weather-related driving hazards
(b) Preparing to work from home
(c) Getting to the office a bit later
(d) Taking a day off from work

두 직장 동료의 대화를 들으시오.

M 오늘 아침에 도로가 눈으로 전부 폐쇄되었어요.
W 오늘은 출근 못해도 괜찮아요.
M 감사합니다. 일부 업무는 집에서 할 수 있습니다.
W 네, 출근 못하는 다른 사람들과 업무를 조정할게요.
M 잘됐네요. 언제라도 화상 회의를 하면 되니까요.
W 한 시간 내로 연락할게요.

Q 대화의 주요 내용은?
(a) 날씨와 관련된 운전상의 위험
(b) 재택근무를 준비하는 것
(c) 좀 늦게 출근하는 것
(d) 하루 결근하는 것

해설 남자가 I can do some work from home이라고 한 것이나, 여자가 다른 사람과 업무를 조정해서 연락하겠다고 한 것에서, 남자의 재택근무를 논의하고 있음을 알 수 있으므로 (b)가 정답이다.

block 막다 **make it** 참석하다, 시간 맞춰 가다 **coordinate** 조정하다 **teleconference** 화상 회의(를 하다) **be in touch** 연락하다 **hazard** 위험

24

Listen to two people discuss vacation rentals.

W I'm interested in your vacation rentals.
M How many people will you need to accommodate?
W It might be anywhere between10 and 18.
M Well, we have a 12-person, four-bedroom house for 150 dollars a day.
W And what about for a larger group?
M There's a 20-person home with six bedrooms for 210 dollars.

Q How many bedrooms are available for a twelve-person group?

(a) Two

(b) Four

(c) Six

(d) Twelve

민박에 대한 두 사람의 대화를 들으시오.

W 민박에 대해 알아보려고요.

M 몇 명이 묵으셔야 합니까?

W 10명에서 18명 사이가 될 것 같아요.

M 저, 12명이 묵을 수 있는 방 4개짜리 집이 있는데, 하루에 150달러입니다.

W 그럼 인원이 더 많으면 어떡하죠?

M 20명이 묵을 수 있는 방 6개짜리 집이 있는데, 210달러입니다.

Q 12명의 단체 손님들이 이용할 수 있는 침실은 몇 개인가?

(a) 두 개

(b) 네 개

(c) 여섯 개

(d) 열두 개

해설 거의 매번 출제되고 있는 유형으로, 숫자로 된 정보는 반드시 들으면서 메모를 해 두어야만 효과적으로 대비할 수 있다. 특히, Part 3은 대화를 한 번만 들려주기 때문에 이와 같은 세부 사항 유형에서는 주의를 집중해야 한다. 대화의 내용으로부터 정답이 (b)임을 알 수 있다.

rental 임대 **accommodate** 숙박시키다

25

Listen to a conversation between a couple.

M What would you think about moving to Farmton?

W Farmton? It's too far from the city. Why not Bridgton?

M Bridgton's nice, but Farmton is closer to the mountains.

W Hmm, but Bridgton's also nearer the sea.

M But if we wanted to live by the sea, Freeport would be best.

W You're right. We can consider Farmton.

Q Which is correct according to the conversation?

(a) Bridgton is the closest town to the mountains.

(b) Farmton is nearer mountains than Bridgton.

(c) Bridgton is as close to the sea as Freeport.

(d) Freeport is proximate to a large city.

부부의 대화를 들으시오.

M 팜톤으로 이사 가는 거 어떨 거 같아?

W 팜톤? 거긴 도시에서 너무 멀어. 브리튼은 어때?

M 브리튼도 좋지만, 팜톤이 산에 더 가까워.

W 흠, 하지만 브리튼은 바다에 더 가깝기도 해.

M 하지만 우리가 만약 바닷가에 살기를 원한다면, 프리포트가 가장 좋을 거야.

W 네 말이 맞아. 팜톤을 고려해 보자.

Q 대화 내용과 일치하는 것은?

(a) 브리튼은 산에 가장 가까운 마을이다.

(b) 팜톤은 브리튼보다 산에 더 가깝다.

(c) 브리튼은 프리포트만큼 바다에 가깝다.

(d) 프리포트는 대도시에 가장 가깝다.

해설 Bridgton's nice, but Farmton is closer to the mountains에서 팜톤이 브리튼보다 산에 더 가깝다고 했으므로 (b)가 정답이다. 따라서 (a)는 맞지 않고, 바닷가를 원한다면 프리포트가 최상이라는 말에서 프리포트가 바다에 가장 가깝다는 것을 알 수 있으므로 (c)도 맞지 않다.

close to ~에 가까운 **proximate to** ~에 가장 가까운(nearest to)

26

Listen to a conversation about a close game.

W What a close game last night!

M Really? The Hawks were winning 2 to 0 when I went to bed.

W You missed the best part!

M Did the Thunder rally in the second half?

W The Thunder won 3 to 2!

M Then I've just got to watch the highlights online!

Q Why does the man want to watch the highlights on the Internet?

(a) Because he went to bed before the Hawks defeated the Thunder

(b) Because he missed the first half of the game

(c) Because he didn't see the Thunder win the game

(d) Because he is a big fan of the Hawks

팽팽한 경기에 대한 대화를 들으시오.

W 어젯밤 경기는 박빙이었어!

M 정말? 내가 자러 갈 때는 호크스가 2대 0으로 이기고 있었는데.

W 최고의 순간들을 놓쳤구나!

M 선더가 후반전에 역전시켰어?

W 선더가 3대 2로 이겼어!

M 그럼 인터넷에서 하이라이트 장면을 봐야겠다!

Q 남자는 왜 인터넷에서 하이라이트 장면을 보고 싶어 하는가?

(a) 호크스가 선더를 이기기 전에 잠자리에 들었기 때문에

(b) 경기의 전반전을 놓쳤기 때문에

(c) 선더가 경기에서 이기는 것을 못 봤기 때문에

(d) 호크스의 열성 팬이기 때문에

해설 (a)는 이긴 후에 잠자리에 들었으므로 오답이다. (b)는 후반전을 놓친 것으로 이해해야 하므로 정답이 아니다. (d)는 주어진 내용만으로는 정확히 알 수 없다. 따라서 정답은 내용에 충실한 (c)이다.

a close game 접전 **rally** 회복하다 **have got to** ~해야 한다

27

Listen to a conversation about a job offer.

M Did you hear from Dayton Corp yet?
W Yes, they offered me a central office sales job.
M Congratulations! Have you accepted it?
W No, not yet. I'm having second thoughts.
M But I thought it was like a dream job.
W It was but I saw a better one at Keystone Publishing.

Q Which is correct according to the conversation?
(a) The woman applied for an admin job.
(b) The woman currently works at Dayton.
(c) Dayton Corp wants the woman for sales.
(d) Keystone is offering the woman a top job.

일자리 제안에 대한 대화를 들으시오.

M 데이턴 사에서 연락 왔어?
W 응, 나에게 본사 영업직을 제안했어.
M 축하해! 받아들였어?
W 아니, 아직. 재고해 보고 있는 중이야.
M 하지만 내 생각에는 그건 꿈에 그리던 일 같은데.
W 그렇긴 하지만 키스톤 출판사에 더 좋은 자리가 있거든.

Q 대화 내용과 일치하는 것은?
(a) 여자는 관리직에 지원했다.
(b) 여자는 현재 데이턴에서 근무하고 있다.
(c) 데이턴 사는 영업직에 여자를 원하고 있다.
(d) 키스톤은 여자에게 최고의 자리를 제안하고 있다.

해설 데이턴에서 sales job을 제시했다는 여자의 말에서 (c)가 정답임을 알 수 있다. 따라서 (b)는 오답이고, 키스톤에서 자리를 제안 받았다는 언급은 없으므로 (d)도 맞지 않다.

central office 본사 **a second thought** 재고 **publishing** 출판사 **apply for** ~에 지원하다 **admin** 행정, 관리(administration) **currently** 현재

28

Listen to a telephone conversation between two people.

W This is Pam Carol calling for Paul Smith.
M He's on the other line. May I take a message?
W This is the third time I've called regarding a contract.
M OK, and what's the name of your company?
W Lehman Supplies. It's a contract for lumber stock.
M Thanks, Ms. Carol. Please hold a moment.

Q Which is correct about Ms. Carol according to the conversation?
(a) She will take Mr. Smith's message.
(b) She spoke to Mr. Smith three times.
(c) She is working on a lumber contract.
(d) She will hang up and call Mr. Smith later.

두 사람의 전화 통화를 들으시오.

W 저는 팸 캐롤인데 폴 스미스 씨와 통화하고 싶습니다.
M 그는 다른 전화를 받고 있습니다. 메시지를 남기시겠습니까?
W 계약과 관련해서 지금 세 번째 전화하는 겁니다.
M 알겠습니다. 그럼 회사명이 어떻게 됩니까?
W 리먼 서플라이즈입니다. 목재 계약 건이에요.
M 감사합니다, 캐롤 씨. 잠시만 기다려 주십시오.

Q 캐롤 씨에 대해서 대화 내용과 일치하는 것은?
(a) 스미스 씨의 메시지를 받을 것이다.
(b) 스미스 씨와 세 번 통화했다.
(c) 목재 계약 일을 하고 있다.
(d) 전화를 끊고 나중에 스미스 씨에게 전화를 걸 것이다.

해설 여자는 자신의 용무가 It's a contract for lumber stock이라고 밝혔으므로 (c)가 옳은 내용이다. This is the third time I've called는 세 번이나 전화를 했지만 아직 통화를 못했다는 말이므로 (b)는 맞지 않고, 남자가 마지막에 기다리라고 했으므로 (d) 역시 맞지 않다.

be on the other line 다른 전화를 받고 있다 **regarding** ~에 관해 **contract** 계약 **lumber** 목재 **stock** 재고, 물품 **hang up** 전화를 끊다

29

Listen to a conversation between two acquaintances.

W The days of the independent video store are over.
M What do you mean? There are still a few in town.
W But none with the selection or atmosphere of Video Logic.
M Yeah, it's a shame they went out of business.
W Because of movie downloading, others will follow.
M I guess it's the end of an era.

Q What can be inferred from the conversation?
(a) The woman often downloads movies.
(b) Video stores can't compete in the digital era.
(c) Neither speaker patronizes video stores any more.
(d) The man is unconcerned with Video Logic's demise.

두 지인의 대화를 들으시오.

W 독자적인 비디오 대여점 시대는 끝났어.
M 무슨 말이야? 시내에 아직 몇 군데 있는데.
W 하지만 비디오 로직처럼 상품을 구비해 놓거나 그런 분위기를 가진 곳은 하나도 없어.
M 맞아, 그들이 폐업한 것은 안타까운 일이야.
W 영화 다운받기 때문에 다른 곳들도 뒤를 이어 그렇게 될 거야.
M 한 시대가 끝나나 보구나.

Q 대화로부터 추론할 수 있는 것은?
(a) 여자는 종종 영화를 다운받는다.
(b) 비디오 가게는 디지털 시대에 경쟁이 안 된다.
(c) 화자는 둘 다 더 이상 비디오 대여점을 애용하지 않는다.
(d) 남자는 비디오 로직의 폐업에 관심이 없다.

해설 두 사람은 Video Logic의 예를 들며 비디오 대여점이 사라지고 있다는 것에 안타까워하고 있고 그들이 폐업한 이유를 영화 다운받기 때문이라고 말하고 있다. 따라서 (b)가 정답이다. 두 사람은 아직도 비디오 대여점을 이용한다고 볼 수 있으므로 (c)는 맞지 않다.

independent 독립적인 **selection** 선정 **atmosphere** 분위기 **it's a shame (that)** ~하는 것은 유감이다 **go out of business** 폐업하다 **era** 시대 **patronize** 애용하다 **be unconcerned with** ~에 관심이 없다 **demise** 소멸; 사망

30

Listen to a conversation between a customer and a restaurant employee.

M The Happy Table, how can I help you?
W Can your restaurant accommodate large parties?
M Our main dining room holds up to 40.
W Perfect. And do you serve vegetarian fare?
M We have a few meat-free dishes.
W Thanks, I'll be in touch soon to make a reservation.

Q What can be inferred about the woman from the conversation?
(a) She is a strict vegetarian.
(b) Her party will include fewer than 40.
(c) Her booking will be made elsewhere.
(d) She frequents the Happy Table regularly.

고객과 식당 직원의 대화를 들으시오.

M 해피 테이블입니다, 뭘 도와드릴까요?
W 단체 손님도 받습니까?
M 저희 메인 식당은 최대 40명까지 수용합니다.
W 딱 좋네요. 그리고 채식도 제공하나요?
M 고기를 넣지 않은 몇 가지 요리가 마련되어 있습니다.
W 감사합니다. 조만간 연락해서 예약할게요.

Q 여자에 대해서 추론할 수 있는 것은?
(a) 엄격한 채식주의자이다.
(b) 그녀의 일행은 40명 이하일 것이다.
(c) 그녀는 다른 곳에 예약할 것이다.
(d) 해피 테이블의 단골손님이다.

해설 여자가 식당 예약을 하기 위해 문의하고 있는 상황이다. 식당 수용 인원이 40명이라는 말에 Perfect라고 했으므로, 여자의 일행은 40명을 넘지 않을 것임을 짐작할 수 있다. 따라서 (b)가 정답이다. 채식에 관해 문의했다고 (a)라고 단정지을 수는 없다.

party 일행 **vegetarian** 채식주의자(의) **fare** 음식, 요리 **meat-free** 고기가 들어 있지 않은 **strict** 엄격한 **booking** 예약 **frequent** 종종 방문하다

Part IV

31

One woman still holds the world's record for the 200-meter sprint, set over during the 1988 Seoul Olympics. American Florence Griffith-Joyner first set the record in the quarterfinal race. Then, in the finals, she outdid herself, finishing with a record time of 21.34 seconds that has yet to be seriously challenged. Seoul would be her final games, as tragically Griffith-Joyner died from an epileptic seizure in 1998 at the age of 38.

Q What is the talk mainly about?
(a) Griffith-Joyner's battle with epilepsy
(b) Highlights of Griffith-Joyner's career
(c) Records broken in the 1988 Seoul Olympics
(d) Griffith-Joyner's record Olympic performances

한 여성이 200미터 단거리에서 세계 기록을 아직도 보유하고 있는데, 이는 1988년 서울 올림픽 때 세워진 것이다. 미국의 플로렌스 그리피스 조이너는 준준결승에서 처음으로 기록을 세웠다. 그 후, 결승에서 더 선전하여 21.34초라는 기록으로 완주했는데, 아직까지도 이 기록을 위협할 만한 경쟁자는 나타나지 않았다. 안타깝게도 그리피스 조이너는 1998년 38세의 나이에 간질 발작으로 사망했기 때문에 서울 올림픽이 그녀의 마지막 경기라고 할 수 있다.

Q 담화의 주된 내용은?
(a) 그리피스 조이너의 간질과의 싸움
(b) 그리피스 조이너의 전성기
(c) 1988년 서울 올림픽에서 경신된 기록
(d) 그리피스 조이너가 올림픽에서 달성한 기록

해설 그리피스 조이너가 88 올림픽에서 세운 단거리 기록이 아직도 깨지지 않고 있다는 내용으로 (d)가 정답이다. 그때가 그리피스 조이너의 전성기라고 볼 수는 있지만, 그것에 초점을 맞춘 것은 아니므로 (b)는 알맞지 않고, (a)의 간질 역시 그리피스 조이너의 사망 원인으로 언급되었을 뿐이다.

sprint 단거리 경주 **quarterfinal** 준준결승 **outdo oneself** 전에 없이[의외로] 잘하다 **tragically** 비극적으로 **epileptic** 간질의 **seizure** 발작

32

The annual crime report for the greater Garberville area showed the overall rate dropping again for the fourth year in a row. Incidence of violent crime and home burglary fell by 5.4 percent over the last year. Petty crimes, including trespassing and light property theft, were down by over 7 percent. Even traffic violations, which have held more or less steady during the last decade, dropped 3 percent.

Q What is mainly being described in the report?
(a) Statistics on theft and traffic violations
(b) Controversy over Garberville crime rates
(c) A decrease in the crime rate in Garberville
(d) A reversal of a trend of rising urban violence

가버빌 인근 지역의 연간 범죄 신고를 보면 전반적인 발생률이 4년 연속 감소하고 있는 것으로 나타났다. 폭력 범죄 및 주택 강도 발생률이 작년에 비해 5.4% 감소했다. 무단 침입이나 가벼운 절도를 비롯한 경범죄는 7% 이상 감소했다. 심지어 지난 십 년 동안 어느 정도 꾸준히 유지되었던 교통신호 위반도 3% 감소했다.

Q 보도 기사에서 주로 설명하고 있는 것은?
(a) 절도와 교통신호 위반에 관한 통계
(b) 가버빌의 범죄율에 대한 논쟁
(c) 가버빌의 범죄율 감소
(d) 도시 폭력 증가 추세의 역전

해설 Garberville이라는 지역의 범죄율이 전반적으로 감소했다는 내용이므로 (c)가 정답이다. (a)는 여러 통계 자료 중 일부로서 언급된 것이므로 주된 내용으로 볼 수 없다.

annual 연간 **overall** 종합적인 **in a row** 연속으로 **incidence** 발생률 **burglary** 강도질 **petty crime** 경범죄 **trespass** 무단 침입하다 **property** 재산 **theft** 절도 **violation** 위반 **more or less** 다소, 어느 정도 **steady** 꾸준한 **statistics** 통계 **controversy** 논쟁 **reversal** 반전, 역전

33

The British vessel the HMS Challenger was originally constructed as a military craft. But in 1870, all but two of its guns were removed in preparation for the ship's launch on one of the earliest marine research expeditions. For five years, the Challenger and a crew of 243 sailed a total of 70,000 miles, collecting specimens primarily by trawling and dredging. The result was the discovery of 4,700 new marine species, an achievement heralded as a tremendous success by the international scientific community.

Q How many new marine species did the HMS Challenger help to discover?
(a) 243 species
(b) 1,870 species
(c) 4,700 species
(d) 70,000 species

영국 선박인 HMS 챌린저는 원래 군함으로 건조되었다. 하지만 1870년에 초기 해양 연구 탐사선 중 하나로 이 배를 진수시키기 위한 준비 작업으로 두 개를 제외하고 모든 대포가 제거되었다. 5년 동안 챌린저와 243명의 승무원은 총 70,000마일을 항해하며, 주로 저인망 조업과 준설 작업을 통해 표본을 수집했다. 그 결과 4,700종의 새로운 해양 생물을 발견했고, 이 성과는 국제 과학계에 의해 엄청난 성공으로 보도되었다.

Q HMS 챌린저는 얼마나 많은 새로운 해양 생물 종을 발견하는 데 도움을 주었는가?
(a) 243종
(b) 1,870종
(c) 4,700종
(d) 70,000종

해설 청해에서 Part 3와 Part 4에서 숫자로 제시되는 정보는 매우 중요하다. 따라서 숫자가 나올 때는 특히 주의를 집중해서 들어야 한다. Part 3은 담화의 내용을 두 번 들려준다는 점을 최대한 활용해야 한다. 주어진 내용에 따르면 정답은 (c)이다. 다른 숫자들은 다른 정보와 관련되기 때문에 모두 오답이다.

vessel 배 **construct** 건설하다 **military craft** 군함 **in preparation for** ~의 준비로 **launch** 진수 **expedition** 탐험대 **crew** 승무원 **specimen** 표본 **primarily** 주로 **trawl** 저인망 어업을 하다 **dredge** 물밑을 훑다, 준설하다 **herald** 알리다, 예고하다

34

Green plants, like all other organisms on Earth, have evolved biological strategies for competing for survival. Within its ecosystem, a plant often faces the dire circumstance of being over-shaded by a neighbor. If this situation persists, the plant will perish from lack of sunlight. Instead, chlorophyll receptors in its leaves register the change in light conditions and trigger a response within the plant's growth mechanisms. Suddenly, all resources are devoted to growing faster, taller, and longer in an attempt to reach the precious sunlight.

Q Which is correct according to the lecture?
(a) Shade is a death sentence for most green plants.
(b) Chlorophyll helps in governing growth strategies.
(c) Plants in shade adapt to existing in poor light.
(d) Competition for light can increase leaf size.

녹색 식물도 지구상의 다른 모든 유기체와 마찬가지로 생존 경쟁을 위해 생물학적 전략을 발전시켜 왔습니다. 생태계 내에서 식물은 종종 주변에 의해 그늘이 지는 긴박한 환경에 직면합니다. 이런 상황이 지속되면, 식물은 햇볕이 부족해서 죽게 될 것입니다. 대신에 잎에 있는 엽록소 수용기가

빛 조건상의 변화를 기록하여 식물의 성장 메커니즘 내부의 반응을 유도합니다. 소중한 햇볕에 도달하려는 시도에서 갑자기 모든 자원이 더 빠르고 더 크고 더 길게 자라는 데 집중됩니다.

Q 강의 내용과 일치하는 것은?
(a) 그늘은 대부분의 녹색 식물에게 사형 선고이다.
(b) 엽록소는 성장 전략을 결정짓는 데 도움을 준다.
(c) 그늘에 사는 식물은 빛이 부족한 곳에서 살아가는 데 적응한다.
(d) 빛에 대한 경쟁 때문에 잎의 크기가 커질 수 있다.

해설 주변에 가려 그늘이 지면, 식물은 엽록소 수용기가 성장 메커니즘에 변화를 일으켜 더 빠른 성장을 유도한다고 했으므로, (b)가 정답이다. 식물은 그늘에서도 생존 전략을 발휘하므로 (a)는 맞지 않고, 햇볕 부족에 적응하는 게 아니라 햇볕을 더 많이 받기 위한 시도를 한다고 했으므로 (c)도 맞지 않으며, (d)처럼 잎의 크기가 커진다는 언급은 없다.

biological 생물학적 **strategy** 전략 **dire** 긴박한 **circumstance** 환경 **over-shade** 그늘지게 하다 **persist** 지속되다 **perish** 죽다 **chlorophyll** 엽록소 **receptor** 수용기 **register** 기록하다 **trigger** 유발하다 **be devoted to** ~에 헌신하다 **attempt** 시도 **adapt to** ~에 적응하다

35

The spark of entrepreneurship has always illuminated the life of Sarah Garrison. She launched her first company, a hometown-wide online dating service, while still in high school. Within five years, she'd turned it into a mini-enterprise, acquiring dozens of other relationship websites and consolidating their resources and services. That's when LifeNet was born, and from there Garrison branched out into all sectors of web-based social networking. Today, LifeNet claims a membership of over 2 million and brings in around 19.8 million dollars in ad revenue annually.

Q Which is correct about Sarah Garrison according to the talk?
(a) She launched LifeNet during high school.
(b) It took her a couple of years to create LifeNet.
(c) She operates several dozen distinct dating services.
(d) Her online company has diverse online social services.

번뜩이는 기업가 정신이 항상 사라 개리슨의 삶을 비추었다. 그녀는 고교 재학 중에 고향 전체에서 온라인 데이트 서비스를 제공하는 회사를 처음으로 세웠다. 5년도 채 안 되어, 그녀는 그것을 소규모 기업으로 바꿔놓았고, 수십 개의 다른 친분 관계 웹사이트를 확보하여 자원과 서비스를 통합했다. 그때 라이프넷이 생겨났고, 거기에서 개리슨은 웹에 기반한 소셜 네트워킹의 모든 부문으로 진출했다. 오늘날 라이프넷은 2백만 명 이상의 회원을 거느리고 연간 광고 수익으로 약 1,980만 달러를 벌어들이고 있다.

Q 사라 개리슨에 대한 내용 중 옳은 것은?
(a) 고교 재학 중에 라이프넷을 세웠다.
(b) 라이프넷을 만드는 데 2년 정도 걸렸다.
(c) 수십 개의 서로 다른 데이트 서비스 업체를 운영한다.
(d) 그녀의 인터넷 회사는 온라인상에서 각종 다양한 소셜 서비스를 마련해 놓고 있다.

해설 Garrison branched out into all sectors of web-based social networking에서 소셜 네트워킹의 모든 부문으로 진출했다고 했으므로 (d)가 정답이다.

spark 번뜩임 **entrepreneurship** 기업가 정신 **illuminate** 비추다 **acquire** 획득하다 **consolidate** 통합하다 **branch out** (새로운 분야로) 진출하다 **sector** 부분 **claim** 얻다, 차지하다 **membership** 회원 수 **bring in** 끌어들이다 **revenue** 수익

36

In psychoanalysis, the phenomenon of transference refers to the redirection of emotion from one party to another. This frequently occurs in degrees that are subtle and relatively harmless. Perhaps you're feeling tired and cranky, so when your spouse becomes irritated by your attitude, you transfer your feelings onto the spouse. You believe their irritability is the result of their own fatigue and crankiness. Transference only reaches pathological levels when, for instance, a murderer who was once abused transfers the emotion of helplessness onto his or her victims.

Q What can be inferred from the lecture?
(a) Transference is often brought on by fatigue.
(b) Habitual transference is a sign of mental problems.
(c) Innocent people can become victims by transference.
(d) Not all redirection of emotion constitutes transference.

정신 분석학에서 전이라는 현상은 한 대상으로부터 다른 대상으로 감정이 방향을 바꾸는 것을 가리킵니다. 이것은 대개 미묘하고 비교적 해를 끼치지 않는 수준에서 일어납니다. 여러분이 피곤하고 짜증이 나서, 배우자가 여러분의 태도 때문에 짜증을 낼 때, 여러분은 여러분의 감정을 배우자에게 전이하는 것입니다. 여러분은 그들의 짜증이 그들 자신의 피로와 짜증의 결과라고 여깁니다. 전이가 병적인 수준에 이르는 때가 있는데, 예를 들어 예전에 학대를 받았던 살인자가 무력감을 희생자에게 전이시키는 것입니다.

Q 강의로부터 추론할 수 있는 것은?
(a) 전이는 흔히 피로에 의해 야기된다.
(b) 습관적인 전이는 정신 질환의 징조이다.
(c) 무고한 사람들이 전이 때문에 희생자가 될 수 있다.
(d) 모든 감정의 전향이 다 전이를 이루는 것은 아니다.

해설 마지막 문장에서 전이가 병적인 수준에 이르면, 자신의 부정적인 감정을 전이시켜 희생자가 생길 수 있다고 했으므로 정답은 (c)이다.

psychoanalysis 정신 분석학 **transference** (감정의) 전이 **redirection** 전향 **party** 당사자 **subtle** 미묘한 **relatively** 비교적 **cranky** 짜증 내는 **spouse** 배우자 **irritated** 짜증이 난 **fatigue** 피로 **pathological** 병리적인 **abuse** 학대하다 **habitual** 습관적인 **constitute** 구성하다

Part V

37-38

Are you constantly worrying about using up your data usage quota? Do you often wonder which app on your smartphone uses the most data? Then, download our award-winning Data Checker today! This free app helps you keep track of your mobile data usage so that you never run out of your mobile data. Plus, Data Checker automatically creates a list of all the apps that use your mobile data. If you study this list carefully, you can instantly find out which app utilizes the most mobile data. Data Checker is available in two versions, one for Android devices and the other for those running iOS. If you download this app within the next fourteen days, you will be automatically entered into a drawing to win a $400 cash prize! So, what are you waiting for? Download Data Checker and never worry about your data usage quota.

데이터 사용 한도를 다 써버리는 것이 늘 걱정이신가요? 스마트폰에 설치된 어떤 앱이 데이터를 가장 많이 소모하는지가 궁금하실 때가 자주 있나요? 그러시다면 수상 경력이 있는 저희의 데이터 체커를 오늘 다운로드 받으세요! 이 무료 앱은 모바일 데이터가 결코 소진되지 않도록 모바일 데이터 사용을 추적하는 데 도움을 드립니다. 또한 데이터 체커는 모바일 데이터를 사용하는 모든 앱의 목록을 자동적으로 생성합니다. 이 목록을 주의 깊게 살펴보시면, 어떤 앱이 가장 많은 모바일 데이터를 쓰는지 금방 아실 수 있어요. 데이터 체커는 안드로이드 기기용과 iOS 운용 기기용의 두 가지 형태가 있습니다. 앞으로 14일 이내에 이 앱을 다운로드 받으시면, 400달러의 상금을 받으실 수 있는 추첨에 자동으로 응모됩니다. 그러니 기다리실 필요가 없습니다! 데이터 체커를 다운로드하셔서 데이터 사용 한도에 대한 걱정을 잊어버리세요.

37 Q What is mainly being advertised?

(a) Software measuring the popularity of apps

(b) A free app helping you make the most of your mobile data

(c) Software helping you protect your mobile device from security threats

(d) An award-winning app for data analysts

Q 주로 광고되는 것은 무엇인가?

(a) 앱의 인기를 측정하는 프로그램

(b) 모바일 데이터를 최대한 활용하도록 도움을 주는 무료 앱

(c) 모바일 기기를 보안상의 위협으로부터 보호하는 데 도움을 주는 프로그램

(d) 데이터 분석가를 위한, 수상 경력이 있는 앱

해설 전반적인 정보에 대한 이해를 측정하는 유형이다. (a)와 (c)는 광고에 제시되지 않은 내용이므로 둘 다 오답이다. (d)는 이 앱이 수상 경력이 있다는 내용은 올바르지만, 데이터 분석가를 위한 앱이라고 판단할 수 있는 근거가 없다. 따라서 정답은 전반적인 내용을 정확히 포착한 (b)이다. 의외로 이와 같은 유형에서 많은 수험생들이 오답을 고르는 경우가 많기 때문에 들려주는 내용의 초점을 정확히 포착하는 훈련을 충분히 해 두어야 한다.

38 Q Which is correct according to the advertisement?

(a) Data Checker accelerates the utilization of your mobile data.

(b) Users of iOS devices are allowed to download Data Checker for free.

(c) Data Checker allows users to send data from a web app to a mobile app.

(d) Fourteen winners will be selected to win a cash prize of $400.

Q 광고에 따르면 올바른 설명은 무엇인가?

(a) 데이터 체커는 모바일 데이터의 사용을 빠르게 한다.

(b) iOS 기기 사용자는 무료로 데이터 체커를 다운로드받을 수 있다.

(c) 데이터 체커는 사용자가 데이터를 웹 앱으로부터 모바일 앱으로 전송할 수 있게 한다.

(d) 400달러의 상금을 받을 14명의 당첨자가 선택될 것이다.

해설 세부 사항에 대한 이해를 측정하는 유형이다. 원칙적으로 세부 사항은 들려주는 내용의 순서로 선택지에 제시된다. 다만 예외가 있을 수도 있다. (a)와 (c)는 그와 같은 설명이 없기 때문에 오답이다. 세부 사항 유형이든 추론 유형이든, 반드시 그렇게 판단할 수 있는 단서가 내용으로 분명히 제시되어야 한다. (d)는 당첨자가 몇 명인지를 말하지 않았기 때문에 오답이다. 따라서 정답은 주어진 내용에 충실한 (b)이다.

constantly 끊임없이 **use up** 다 써버리다 **quota** 한도, 할당량
keep track of ~를 지속적으로 파악하다 **study** 유심히 보다
instantly 즉시, 곧바로 **drawing** 추첨; 그림 **cash prize** 상금
measure 측정하다; 조치 **make the most of** ~를 최대한 활용하다

39-40

Stretching from southern Virginia to northeastern North Carolina, the Great Dismal Swamp is well-known for being a "geological wonder." Interestingly enough, archaeologists suggest that many different groups of people have occupied the swamp for more than 10,000 years. According to historians, Native Americans were the first inhabitants of the Great Dismal Swamp. During the 1700s, African-American slaves resided in the swamp, despite constant threats from dangerous wild animals. These inhabitants created a community of freedom seekers and built crude huts in the dry parts of the swamp. Some historians argue that poor whites also fled to the Great Dismal Swamp during the 18th century. This was because in 1714, Alexander Spotswood observed that "disorderly people" flocked to the swamp every day. Since African-Americans were not regarded as people in those days, those disorderly people must have been whites. Furthermore, given the fact that wealthy whites did not have any reason to flee to the Great Dismal Swamp, poor whites must have been those who formed part of the swamp community.

버지니아 주(州) 남부에서 노스캐롤라이나 주(州) 북동부에 펼쳐진 디즈멀 대습지는 "지질학적으로 경이로운 것"으로 유명하다. 흥미롭게도, 고고학자들은 만 년이 넘은 기간 동안에 다양한 집단의 사람들이 이 대습지를 차지했다고 시사합니다. 역사학자들에 따르면, 아메리카 원주민들이 디즈멀 대습지에 최초로 거주한 사람들이라고 합니다. 1700년대 동안에는 흑인 노예들이 위험한 야생동물의 끊임없는 위협에도 불구하고, 이 대습지에 거주했습니다. 이 거주민들은 자유를 찾는 사람들의 공동체를 형성하여 이 대습지의 건조한 지역에 오두막을 대충 만들어 지었습니다. 어떤 역사학자들은 18세기 동안에 가난한 백인들도 디지멀 대습지로 도망을 갔다고 주장합니다. 이는 1714년에 알렉산더 스포츠우드가 "난동을 부리는 사람들이" 매일 그 대습지로 떼를 지어 갔다고 평했기 때문입니다. 그 당시에는 흑인들이 사람으로 여겨지지 않았기 때문에 그 난동을 부리는 사람들은 백인임에 틀림없습니다. 더욱이 부유한 백인들이 디즈멀 대습지로 도망을 갈 이유가 없기 때문에 가난한 백인들이 그 대습지 공동체의 일부를 구성한 이들이었음에 틀림없습니다.

39 Q Which of the following groups of people did NOT reside in the Great Dismal Swamp?

(a) Native Americans
(b) African-American slaves
(c) Affluent whites
(d) Impoverished whites

Q 다음 집단의 사람들 가운데 디즈멀 대습지에 거주하지 않은 이들은 누구인가?

(a) 미국 원주민들
(b) 미국 흑인 노예들
(c) 부유한 백인들
(d) 빈곤한 백인들

해설 청해 영역 Part 5에서 거의 매번 출제되고 있는 유형임을 명심하자. 디즈멀 대습지는 주어진 내용으로부터 짐작할 수 있듯이, 사람이 살아가기에 이상적인 조건을 갖춘 지역은 아니다. 그와 같이 이해한 상태에서 (c)는 강의에서 디즈멀 대습지에 거주했을 가능성이 적으므로 정답이다. 강의의 전반적인 흐름이 누가 이 디즈멀 대습지에 거주했느냐에 있기 때문에 두 번째로 들으면서 그와 같은 중심 내용에 중점을 두고 들어야 한다.

40 Q What can be inferred from the lecture?

(a) The Great Dismal Swamp may have unique geological features.
(b) During the mid-17th century, residents of the Great Dismal Swamp spoke the Algonquian languages.
(c) Most parts of the Great Dismal Swamp are barren.
(d) During the 18th century, poor whites clashed with African-American slaves in the Great Dismal Swamp.

Q 강의로부터 추론할 수 있는 바는 무엇인가?

(a) 디즈멀 대습지에는 독특한 지질학적인 특징이 있을지도 모른다.
(b) 17세기 중반 동안에 디즈멀 대습지의 거주민들은 알공킨어족을 사용했다.
(c) 디즈멀 대습지의 대부분의 지역은 척박하다.
(d) 18세기 동안에 디즈멀 대습지에서 가난한 미국 백인들은 흑인 노예들과 격돌했다.

해설 추론 유형은 반드시 주어진 내용에 확실한 단서가 있어야 한다. (a)는 강의의 첫 문장에 분명한 단서가 있으므로 정답이다. (b)는 어떤 언어를 썼는지가 전혀 제시되어 있지 않으므로 오답이다. (c)는 마른 지역의 비율이 어느 정도였는지를 알 수 있는 단서가 없고, 따라서 대부분의 지역이 척박하다고 추론할 수도 없으므로 정답이 될 수 없다. (d)도 둘 사이의 관계에 대한 내용이 없기 때문에 오답이다.

swamp 늪, 습지 **archaeologist** 고고학자 **inhabitant** 거주자 **reside** 거주하다 **crude** 대충 만든 **hut** 오두막 **flee** 도망하다 **disorderly** 난동을 부리는, 무질서한 **flock** 떼를 지어 가다 **affluent** 부유한 **impoverished** 빈곤한 **barren** 척박한, 황량한 **clash** 격돌하다; 충돌하다

어휘 Vocabulary

Part I

1 정답 (b)

A 폭풍 때문에 지붕이 망가질까 봐 걱정이야.
B 걱정 마. 그건 아주 튼튼해.

(a) 무딘 (b) 견고한
(c) 정통한 (d) 거친

해설 폭풍 때문에 지붕이 망가질까 봐 걱정하는 사람에게 걱정하지 말라며 하는 말이므로 지붕이 매우 '튼튼하다'는 뜻으로 (b)가 들어가야 가장 알맞다. (d) harsh는 '혹독한'이라는 뜻으로 harsh weather 등으로 쓰인다.

concerned 걱정하는 **damage** 망가뜨리다

2 정답 (b)

A 네가 급여 인상을 받을 자격이 있다는 것을 언제 알았어?
B 어젯밤 늦게 그 생각이 떠올랐어.

(a) 우연히 만나다 (b) 생각이 떠오르다
(c) 일치시키다 (d) 이겨내다

해설 B의 대답에서 주어인 It은 '내가 급여 인상을 받을 자격이 있다는 생각'을 뜻하므로, 빈칸에는 '(생각이) 떠오르다'라는 의미의 이어동사가 필요하다. (b) dawned on이 정답으로, occurred to나 struck과 바꿔 쓸 수 있다.

eligible for ~의 자격이 있는 **raise** 급여 인상

3 정답 (a)

A 나무 위의 얼음이 어떻게 햇볕에 반짝이는지를 좀 봐.
B 겨울은 확실히 아름다운 시기야.

(a) 반짝이다 (b) 윤을 내다
(c) 모이다 (d) 안절부절못하다

해설 빈칸에 들어갈 동사의 주어가 ice이므로, 문맥상 '반짝이다'라는 뜻의 (a) glistens가 알맞다. polish는 닦아서 윤을 내는 것을 뜻한다.

certainly 확실히

4 정답 (d)

A 소리를 최대한 크게 했는데 아무 소리도 안 들려.
B TV에 뭔가 문제가 있는 게 틀림없어.

(a) 배타적인 (b) 소홀한
(c) 두드러진 (d) 청취할 수 있는

해설 volume(음량)과 관련이 있는 형용사는 (d) audible이다. '음성 수신, 음향'을 뜻하는 audio에서 연상할 수 있는 단어이다.

volume 음량 **turn up** (소리를) 크게 하다 **all the way** 완전히

5 정답 (a)

A 여기 안은 확실히 답답한 것 같지 않니?
B 응, 창문을 열든지 해야 할 것 같아.

(a) 숨 막힐 듯이 답답한 (b) 통풍이 잘 되는
(c) 안개 낀 (d) 얇은 막으로 덮인

해설 창문을 열어야 할 것 같다는 대답으로 보아, 실내가 덥거나 답답하다는 말이 되어야 알맞다. 환기가 안 되어 답답한 상태를 뜻하는 (a) stuffy가 정답이다. (b) drafty는 이와 반대로 통풍이 잘 되는 상태를 가리킨다.

I suppose ~일 것 같다

6 정답 (b)

A 이 로션은 농도가 너무 진해서 바르기가 어려워.
B 정말로 농도가 아주 이상한 것 같아.

(a) 달래다 (b) 바르다
(c) 샅샅이 뒤지다 (d) 배달하다

해설 문맥상 빈칸에는 로션을 '바르다'라는 뜻으로 쓰이는 동사가 필요하다. (b) apply가 '신청하다, 적용하다'라는 뜻 외에 '(크림이나 연고를) 바르다'라는 뜻으로 쓰인다.

thick 농도가 진한, 걸쭉한 **consistency** 농도, 일관성

7 정답 (c)

A 회사 웹사이트와 관련해 지금 하고 있는 이 모든 일에 대해 급여를 받고 있는 건가요?
B 네, 시급을 받고 있어요.

(a) 몸수색을 하다 (b) 등록하다
(c) 보상하다 (d) 할당하다

해설 시간당 급여를 받고 있다는 대답으로 보아, '하고 있는 일에 대해 보수를 받고 있느냐'는 뜻으로 (c)가 들어가야 맞다. compensate는 '보상하다, 보수를 주다'라는 뜻으로, compensate for loss (손실을 보상하다)처럼 주로 전치사 for와 호응해 쓰인다.

by the hour 시간당으로

8 정답 (d)

A 너희 집에서 대규모 공사가 진행되고 있던데.
B 응, 차고를 세 번째 방으로 개조하고 있어.

(a) 재편성하다 (b) 변하다
(c) 옮기다 (d) 개조하다

해설 차고를 침실로 '개조하다'라는 뜻으로 쓸 수 있는 동사는 (d)의 convert이다. (c)의 transfer는 '옮기다, 갈아타다'라는 뜻으로 주로 전치사 to나 into를 수반한다.

construction work 공사 작업 **garage** 차고

9 정답 (d)

A 이번 학기 내내 존슨 교수님이 보이지 않던데.
B 올해 안식년을 가지신 것 같아.

(a) 철회 (b) 휴가
(c) 학사 (d) 안식년

해설 문맥상 교수가 학기 내내 자리를 비우는 상황에서 연상할 수 있는 것은 '안식년'이다. (d) sabbatical이 '안식년, 안식 휴가'를 뜻하는 어휘로, sabbatical year[leave]라고도 한다. (b) furlough는 짧은 휴가를 뜻한다.

semester 학기

10 정답 (c)

A 케빈이 오늘 좀 우울한 것 같아.
B 오늘 아침에 상사에게 호되게 혼났대.

(a) 휙 들어 올리다 (b) 전해주다
(c) 호되게 꾸짖다 (d) 낙담시키다

해설 B의 답변은 Kevin이 우울한 이유에 해당하므로, 상사에게 혼났다는 (c)가 들어가야 알맞다. chew out은 '호되게 꾸짖다(scold severely)'라는 뜻이다. (d)의 knock down은 말 그대로 '때려눕히다, 부수다'라는 뜻 외에 '낙담시키다(let down)'의 의미도 있다.

a bit 약간, 좀 **depressed** 우울한

Part II

11 정답 (d)

서아시아가 헬레니즘의 지배하에 놓이게 된 후에, 셀레우코스 왕조의 통치자들은 긴 평화기로 접어들었다.

(a) 다 써버리다 (b) 닫다
(c) 뜯어내다 (d) 시작되다

해설 문맥상 긴 평화기가 '시작되었다'라는 의미가 되어야 하므로, (d)가 정답이다. usher in은 목적어로 사람이 올 때는 '안으로 안내하다'라는 뜻이고, 사물이 올 때는 '~을 시작하다, 도입하다'라는 뜻이다.

fall under ... control ~의 지배를 받게 되다 **Seleucid** (고대 그리스의) 셀레우코스 왕조 **lengthy** 긴

12 정답 (c)

채프먼 상원의원이 자격이 없는 보좌관을 임명한 것은 많은 팀원들이 판단하기에 심각한 실수로 비춰졌다.

(a) 분열 (b) 움찔함
(c) 착오 (d) 틈

해설 자격 없는 보좌관을 임명한 것은 '실수, 착오'라고 볼 수 있으므로 (c)가 알맞다. lapse에는 '시간의 경과, 간격'이라는 뜻도 있어 a lapse of five years처럼 쓰이기도 한다.

senator 상원의원 **appointment** 임명, 약속 **unqualified** 자격이 없는 **aide** 측근, 보좌 **judgment** 판단

13 정답 (b)

경영진이 어떤 조치를 취하더라도, 파업 중인 직원들의 분노를 달랠 수 없는 것 같다.

(a) 계산하다 (b) 달래다
(c) 주다 (d) 연합하다

해설 빈칸 뒤의 the anger를 목적어로 취해 뜻이 통하는 것은 (b) placate로, '달래다(soothe)'라는 뜻이다. (c) render는 '주다'라는 뜻으로 render thanks(감사하다), render a service(서비스를 제공하다)처럼 쓰인다.

management 경영진 **striking** 파업 중인

14 정답 (a)

농업 발달은 고대에 대규모의 도시 인구 정착에 중요한 전조가 되었을 가능성이 있다.

(a) 전조 (b) 책임
(c) 안건 (d) 찬사

해설 문맥상 농업 발달이 도시 인구 정착을 이끌었다는 의미가 어울린다. 따라서 '선구자, 전조'라는 뜻의 (a)가 정답으로, 대개 전치사 to를 수반한다. (b) liability도 대개 전치사 to를 수반하여 '~에 대한 책임, 의무'라는 뜻으로 쓰인다.

agriculture 농업 **significant** 중요한 **establishment** 설립, 확립 **urban** 도시의 **antiquity** 고대

15 정답 (a)

그 선수는 승리를 음미하고 싶었기에, 어둑해질 때까지 필드에 남아 있었다.

(a) 맛보다 (b) 차단하다
(c) 가져오다 (d) 추정하다

해설 빈칸 뒤의 the taste라는 목적어와 의미가 가장 통하는 것은 '맛보다, 음미하다'라는 뜻의 (a) savor이다. (c) fetch는 '가져오다'라는 뜻으로 'Fetch me my bag(내 가방 좀 갖다 줘)'처럼 쓰인다.

athlete 운동선수 **dusk** 황혼

16 정답 (d)

헤비메탈 밴드인 화이트 스모크는 일 년간 라이브 공연을 중단할 것이라고 오늘 발표했다.

(a) 방침 (b) 지지대
(c) 반응 (d) 휴지기

해설 문맥상 일 년간의 라이브 공연 '중단'이라는 뜻으로 (d)가 어울린다. hiatus는 '활동의 중단(a pause in an activity)'을 뜻한다.

year-long 일 년간의 **live performance** 라이브 공연

17 정답 (c)

노트북 컴퓨터가 타자기의 현대판인 것과 마찬가지로, 축음기는 CD 플레이어로 진화했다.

(a) 즉흥 연주 (b) 발표
(c) 상대 (d) 우선 사항

해설 노트북 컴퓨터와 타자기는 성능은 다르지만, 비슷한 기능과 목적을 가지고 있다. 이렇게 '동일한 지위나 기능을 갖는 상대, 대응 관계에 있는 것'을 가리켜 (c) counterpart라고 한다.

phonograph 축음기 **evolve** 진화하다 **typewriter** 타자기

18 정답 (b)

플레이아데스는 일곱 개의 빛나는 별로 이루어진 성단이며 육안으로 관측하기 가장 쉬운 편에 속한다.

(a) 복장 (b) 집단
(c) 혼합물 (d) 덩어리

해설 일곱 개의 별로 이루어졌다고 했으므로, '별들의 집단'이라는 뜻의 (b) cluster가 들어가야 맞다. star cluster는 '성단'이라는 뜻이다.

Pleiades 묘성 **comprise** 구성하다, ~으로 이루어지다 **observe** 관측하다 **naked eye** 육안

19 정답 (a)

투자 기회에 앞뒤 살피지 않고 뛰어드는 것은 결코 바람직한 방법이 아니므로, 신중한 조사와 숙고가 필요하다.

(a) 성급하게 (b) 옆에서
(c) 솔직한 (d) 거꾸로

해설 '뛰어들다, 몰두하다'라는 말과 가장 어울리는 부사는 '앞뒤 가리지 않고, 성급하게(without thinking carefully)'라는 뜻의 (a) headlong이다. fall headlong into the pool처럼 '머리부터 거꾸로'라는 뜻으로도 쓰인다.

fling oneself into ~에 뛰어들다, 몰두하다 **investment** 투자 **consideration** 고려, 숙고

20 정답 (c)

희귀종인 아비시니아 개똥지빠귀는 지구상 다른 어떤 곳에도 없는 에티오피아 열대 우림 고유의 종이다.

(a) 명료한 (b) 평범한
(c) 특정 지역 고유의 (d) 낭비하는

해설 다른 곳에서는 볼 수 없고 특정한 지역에서만 존재하는 것이므로 (c) endemic이 들어가야 알맞다. endemic은 '특정 지역 고유의, 풍토적인'이라는 뜻이다. an endemic disease는 '풍토병'이라는 뜻이다.

rare 희귀한, 드문 **catbird** 개똥지빠귀 **tropical** 열대의

21 정답 (a)

군대를 교묘하게 움직임으로써, 장군은 자신의 군대보다 훨씬 규모가 큰 군대를 상대로 승리를 쟁취할 수 있었다.

(a) 교묘한 (b) 빈
(c) 현존하는 (d) 불투명한

해설 maneuver(조종하다)라는 동사와 의미상 어울리는 것은 '교묘한, 노련한'이라는 뜻의 (a) adroit이다. 빈칸 뒤에 동명사를 수식하므로 형용사가 들어가야 하며 an adroit negotiator(노련한 협상가)처럼 쓰인다.

maneuver 조종하다, 기동 작전을 펼치다 **troop** 군대 **general** 장군 **secure** 획득하다

22 정답 (b)

반대 심문에서 증인은 사실이 자신에게 불리하게 드러날 때마다 말을 바꾸며 얼버무리려는 경향이 있는 것으로 나타났다.

(a) 비타협적인 태도 (b) 얼버무림
(c) 비열한 행위 (d) 숭배

해설 빈칸 뒤의 changing his story(말을 바꾼다)와 어울리는 것은 (b) prevarication으로, 말을 얼버무려서 대충 넘어가려는 것(avoid giving a direct answer)을 뜻한다.

cross examination (법정에서의) 반대 심문 **witness** 증인
be prone to ~하기 쉽다 **line up against** 결집하여 ~에 반대하다

23 정답 (a)

대통령은 스캔들에 대한 기자의 질문에 대답할 때, 명백히 당황하여 시종일관 불쾌한 표정을 지었다.

(a) 찡그림 (b) 얼굴
(c) 수수께끼 (d) 분함

해설 빈칸 앞의 wore는 wear a smile(미소를 띠다)에서처럼 '(표정이나 태도를) 띠다'라는 뜻이다. wear a scowl은 '찡그리다, 불쾌한 표정을 짓다'라는 뜻이므로 (a)가 정답이다.

obviously 명백히 **fluster** 당황하게 하다 **persistent** 집요한

24 정답 (a)

일본 당국은 내년에 국내 기업의 소득세율을 최고 5% 삭감하겠다는 계획을 발표했다.

(a) 삭감하다 (b) 벗기다
(c) 저항하다 (d) 주조하다

해설 문맥상 빈칸에는 소득세율을 증가 또는 감소시킨다는 동사가 들어감을 예상할 수 있다. 따라서 선택지 중에서는 '삭감하다(greatly reduce)'라는 뜻의 (a) slash가 알맞다.

unveil 밝히다, 드러내다 **corporate** 기업의 **income tax** 소득세

25 정답 (c)

지역의 밀과 콩 생산을 유지하기 위한 목적으로 정부가 보조하는 비료가 현재 농부들에게 지급되고 있다.

(a) 최저 생활 (b) 농업
(c) 비료 (d) 분석

해설 농부들에게 분배되는 것이라고 했으므로 (c) fertilizer(비료)가 들어가야 가장 알맞다. (a)는 means of subsistence(생계 수단), a subsistence wage(최저 생활 임금)처럼 쓰인다.

subsidize 보조금을 주다 **distribute** 분배하다 **shore up** 떠받치다 **region** 지역 **production** 생산 **wheat** 밀

26 정답 (a)

위조 수표 작성을 통해, 범인은 의심하지 않는 수백 명의 은행 고객들에게서 수천 달러를 사취했다.

(a) 돈을 사취하다 (b) 아첨하다
(c) 발견하다 (d) 도망하다

해설 은행 고객을 속여 돈을 빼앗았다는 뜻이므로 (a) bilked가 알맞다. bilk somebody out of something, 또는 bilk something from somebody의 형태로 쓰여 '~에게서 돈을 사취하다'라는 뜻이다.

counterfeit 위조의 **check** 수표 **criminal** 범인 **unsuspecting** 의심하지 않는

27 정답 (a)

훨씬 이전에는, 남자 필명으로 글을 씀으로써 많은 여성 작가들이 작품을 더 쉽게 출판할 수 있었다.

(a) 필명 (b) 계약
(c) 평화주의자 (d) 가장

해설 문맥상 '필명, 익명'이라는 뜻의 (a) pseudonym이 알맞다. pseudo는 '허위의, 가짜의'라는 뜻이다. (d) patriarch는 '가정의 가장, 공동체의 족장'을 지칭하는 말이다.

male 남성(의) (↔female) **author** 작가 **publish** 출판하다

28 정답 (b)

일생 동안 앤더슨 여사는 우리 사회 모든 구성원의 정의를 끈질기게 추구하는 데 헌신했다.

(a) 냉담한 (b) 끈질긴
(c) 불법의 (d) 화려한

해설 빈칸 뒤의 pursuit와 의미상 어울리는 것은 '끈질긴, 완강한'이라는 뜻의 (b) dogged이다. a dogged resolution(완강한 결심), dogged persistence(끈질긴 고집)처럼 쓰인다. (c) illicit는 '불법의(illegal)'라는 뜻이다.

throughout ~내내 **dedicate oneself to** ~에 전념하다, 헌신하다 **pursuit** 추구

29 정답 (a)

이윤은 각각의 초기 투자액에 기초하여 분기별 현금 분배로 지급될 것이다.

(a) 분배 (b) 대체
(c) 해답 (d) 구성

해설 투자액에 기초해서 profits(이윤)을 '분배'한다는 것이 문맥상 알맞으므로 (a)가 정답이다. (b)의 substitution은 '대체, 대용품'을 뜻하고, (c)의 resolution은 '해법, 해결책'을 뜻한다.

profit 이윤 **mete out** 할당하다, 주다 **quarterly** 분기별의 **initial** 초기의

30 정답 (d)

칙칙한 환경에 장시간 머무는 것은 짜증나는 경험이 될 수 있다는 것을 인정하고, 병원 관리자들은 대기실을 단장했다.

(a) 확대된 (b) 허울만 그럴듯한
(c) 천상의 (d) 짜증나는

해설 칙칙한(drab) 병원 대기실에서 장시간 기다리는 경험을 묘사하기에 가장 알맞은 것은 (d) vexing으로 '짜증나는, 성가신'이라는 뜻이다. a vexing problem(성가신 문제)처럼 쓰인다.

acknowledge 인정하다 **extended** 장기의 **drab** 칙칙한, 재미없는 **administrator** 행정관, 관리자 **spruce up** 단장하다

문법 Grammar

Part I

1 정답 (d)

A 개인 트레이너가 있어서 좋은 점이 뭔지 모르겠어요.
B 올바른 운동법을 알려 주는 거죠.

해설 빈칸 앞에 의문사가 있고 뒤에 주어나 동사가 없으므로, 〈의문사+to+동사원형〉으로 이루어진 표현이 들어갈 수 있다. 따라서 (d)가 정답이다. 〈how to+동사원형〉은 '~하는 방법, 어떻게 ~할지'라는 뜻이다.

benefit 장점, 이점 **personal trainer** 개인 트레이너 **correctly** 올바르게

2 정답 (a)

A 남은 음식을 어떻게 해야 할지 모르겠어.
B 나중에 먹게 냉장고에 보관하자.

해설 어순을 묻는 문제이다. 목적어가 되는 〈의문사+to+동사원형〉의 형태인 what to do(무엇을 해야 할지) 다음에, with the leftovers(남은 음식으로)가 수식어로써 이어지는 것이 알맞으므로 (a)가 정답이다.

fridge 냉장고 **leftover** 남은 음식

3 정답 (a)

A 누구의 권한으로 인사 일정을 변경하는 거예요?
B 미스터 리가 그렇게 하라고 요청했습니다.

해설 빈칸 다음에 명사 authority가 바로 이어지고 그 뒤에 동사와 주어가 나오므로, 빈칸에는 명사를 수식할 수 있는 형태가 들어가야 한다. 소유격인 (a)와 (c)가 가능한데, 문맥상 동사 앞부분은 부사구가 되어야 하므로 전치사를 수반한 (a)가 알맞다.

authority 권한 **personnel** 인사

4 정답 (c)

A 늦게 도착한 것에 대해서는 걱정하지 말아요. 교통 상황이 나빴다는 걸 아니까요.
B 그렇게 이해해 주시니 감사합니다.

해설 '~한 것에 대해' 감사하다고 할 때 thanks[thank you] 다음에 전치사 for를 쓴다. 전치사 뒤에는 동명사가 나오므로 (c)가 정답이다.

traffic 교통 **understanding** 이해심 있는

5 정답 (a)

A 이안은 건물 설계에 만족하고 있나요?
B 결과에 아주 만족하고 있습니다.

해설 선택지 중에서 문맥상 어울리는 것은 (a)로, couldn't be happier는 '더 만족할 수 없을 것이다', 즉 '최고로 만족하고 있다'는 뜻이다.

be pleased with ~에 만족하다 **architectural** 건축상의 **turn out** ~으로 드러나다

6 정답 (c)

A 손님들이 도착하기 전에 모두 치워 놓겠습니다.
B 네, 꼭 그렇게 해 주세요.

해설 빈칸 앞에 접속사 that이 있으므로 빈칸에는 주어와 동사가 포함된 절이 와야 한다. 형태상 (a)와 (c)가 가능한데, 의미상 앞으로의 일에 대해 말하고 있으므로 현재완료인 (a)는 알맞지 않다. 따라서 (c)가 정답이다.

clean up 치우다, 청소하다 **be sure that** 반드시 ~하다

7 정답 (b)

A 벤은 정말 서둘러 이곳을 뛰쳐나가 버렸어.
B 별로 설명도 하지 않고 가버렸어.

해설 빈칸 뒤의 전치사 of가 이어질 수 있는 어구가 들어가야 한다. 앞에 without이라는 부정어가 있으므로 (d)는 알맞지 않다. 부정문에서 much of a는 '큰, 대단한'이라는 뜻이므로 (b)가 정답이다.

storm out 뛰쳐나가다 **in a hurry** 급히, 서둘러 **explanation** 설명

8 정답 (b)

A 오늘 아침에 수영장에서 커다란 솔방울이 떠다니는 걸 발견했어.
B 이상하다! 그게 어떻게 거기 들어갔는지 모르겠네.

해설 빈칸은 found의 목적보어가 들어갈 자리이다. '목적어가 ~한 것을 발견하다'라는 뜻일 때, find의 목적보어로는 형용사나 분사가 올 수 있으므로 (b)가 정답이다.

pinecone 솔방울 **weird** 이상한 **float** 떠다니다

9 정답 (d)

A 윌킨스 교수님은 왜 그렇게 우리에게 숙제를 많이 내주시는 거야?
B 그게 앞으로 우리의 학업을 위해 좋은 대비책이 된다고 여기시기 때문이야.

해설 선택지의 it은 so much homework를 가리키며, 'A를 B로 간주하다'라는 뜻으로 look at A as B라는 표현을 써서 나타낸 (d)가 옳은 형태이다.

preparation 준비 **academic** 학업의

10 정답 (c)

A 매주 저축하는 건 정말 힘든데. 네 비결은 뭐니?
B 컴퓨터 프로그램을 이용해서 지출 내역을 놓치지 않고 기록해.

해설 선택지에 find라는 동사로 보아, 'find+목적어+형용사(목적어가 ~하다고 여기다)' 구문임을 짐작할 수 있다. 이때 목적어가 '저축하는 것'이라는 뜻의 to부정사이므로, 목적어 자리에 가목적어 it을 쓰고 진짜 목적어인 to save는 형용사 다음에 놓은 (c)가 정답이다.

track 추적하다 **budget** 예산, 경비

Part II

11 정답 (b)

조지아 오키프는 미국 서남부 지방의 풍경에서 많은 영감을 얻은 화가였다.

해설 선택지로 보아 관계대명사를 고르는 문제이다. 빈칸 뒤에 완전한 문장이 나오므로, 관계절에서 부사 역할을 하는 '전치사+관계대명사' 형태가 들어가야 알맞다. 의미상 '화가에게 훌륭한 영감이 되다'라는 뜻으로 전치사 for가 어울리므로 (b)가 정답이다.

landscape 풍경 **inspiration** 영감

12 정답 (a)

브라이언이 다니는 대학 교수들은 모두 그가 연례 연구 장학금의 꽤 유력한 후보자라는 데 동의했다.

해설 빈칸은 뒤에 나오는 a promising candidate를 수식하는 부사가 들어갈 자리인데, 이때 뒤에 관사 a가 있음에 주의한다. '관사+부사+형용사+명사'가 일반적인 어순이지만, 일부 부사나 형용사는 관사보다 앞에 오기도 한다. such, quite, half 등이 이에 해당하므로 (a)가 정답이다.

promising 가망 있는, 유력한 **candidate** 후보자 **scholarship** 장학금

13 정답 (a)

소수 정당에 속한 사람들은 잠깐이라도 경청해 주는 사람이라면 누구와도 기꺼이 대화를 나누었다.

해설 빈칸에는 전치사 to의 목적어 역할을 하면서 동시에 빈칸 다음에 이어지는 문장에서 주어 역할을 하는 어구가 필요하다. 따라서 '선행사+관계대명사'로 이루어진 (a)가 정답이다. anyone who는 '~하는 사람은 누구나'라는 뜻으로 whoever로 바꿔 쓸 수 있다.

minority 소수 **political party** 정당 **lend an ear** 귀를 기울이다, 경청하다 **half a second** 잠깐

14 정답 (c)

생물학 분야의 전문가인 아버지는 해를 끼치지 않는 왕뱀과 독을 가진 산호뱀을 구분하는 법을 예전에 나에게 설명해 주셨다.

해설 distinguish A from B는 'A와 B를 구별하다'라는 뜻으로, 빈칸 다음에 A from B에 해당하는 목적어가 나오므로 (b)나 (c)가 가능하다. explain은 '~에게 설명하다'라는 뜻으로 쓰일 때 간접목적어로 'to+목적격'을 취하고, '~하는 법'이라는 뜻으로 〈how to+동사원형〉을 쓰므로, (c)가 정답이다.

expert 전문가 **biology** 생물학 **harmless** 무해한 **venomous** 독이 있는 **coral snake** 산호뱀 **distinguish** 구별하다

15 정답 (a)

어드밴텍스는 자동 모드를 제외하고, 18가지의 각기 다른 사진 기능을 실행할 수 있는 새로운 카메라를 출시했다.

해설 including은 분사에서 전치사로 굳어져 쓰이는 어구로 '~을 포함하여'라는 뜻인데, 여기서는 문맥상 '~을 제외하고'라는 반대의 의미이므로 부정형인 (a) not including이 들어가야 한다.

put out 내놓다 **carry out** 실행하다

16 정답 (b)

통계적으로 말하자면, 우리 태양계를 벗어난 곳에 생명체가 존재할 가능성이 아주 높다고 천문학자들은 현재 믿고 있다.

해설 빈칸 다음에 나오는 that절이 진주어이고, 빈칸은 보어가 들어갈 자리인데, 앞에 부사가 수식하고 있으므로 형용사가 들어가야 어울린다. 비교급인 (d)는 의미상 맞지 않으므로 (b)가 정답이다. it is probable that은 '~할 듯 싶다'라는 뜻이다.

astronomer 천문학자 **statistically speaking** 통계적으로 말하면 **highly** 매우 **confine** 한계, 범위 **solar system** 태양계

17 정답 (a)

날카로운 직감과 뛰어난 신체 조건을 당당히 과시한 포셋 대령은 제2차 아마존 탐험에 파견되었다.

해설 접속사 없이 (b)나 (c)와 같은 절 다음에 또 다른 절이 바로 이어질 수 없으므로, 빈칸에는 분사구문이 들어가야 한다. 부사인 spectacularly는 분사 앞에 놓이므로 (a)가 정답이다. 완료분사(having p.p.)는 주절보다 앞선 시제를 나타낸다.

keen 예리한 **instinct** 직감 **remarkable** 뛰어난 **physical** 신체의 **colonel** 대령 **dispatch** 파견하다 **expedition** 탐험 **spectacularly** 구경거리로, 볼 만하게

18 정답 (c)

율리시즈 S. 그랜트는 남부군을 상대로 북부군을 승리로 이끈 장군이었다.

해설 빈칸 앞에 주어가 있으므로 동사로 시작하는 (a)나 (c) 중에서 고르면 되는데, 빈칸 뒷부분과 자연스럽게 연결되는 것은 (c)이다. 여기서 who는 주격 관계대명사이다.

force 군대 **the Confederacy** (미국 남북 전쟁 당시) 남부군 **lead** 이끌다 **general** 장군

19 정답 (c)

2008년 러시아의 그루지야 공화국 침공은 소련 해체 이후 외교 상황에서 매우 골치 아픈 사건으로 여겨졌다.

해설 빈칸에는 '관사+부사+형용사+명사'의 어순인 (c)가 들어가야 알맞다. most는 정관사 the와 함께 쓰이면 형용사의 최상급을 나타내지만, the가 없을 때는 '매우, 대단히'라는 뜻의 부사로 쓰인다.

invasion 침공 **context** 상황 **diplomacy** 외교 **disturbing** 골치 아픈

20 정답 (b)

의료 전문가들은 당뇨병이 기타 생명을 위협하는 증상들과 연관되어 있음에도 불구하고, 관리할 수 있는 질병으로 잘못 알려져 왔다고 주장하고 있다.

해설 빈칸은 that절에서 주어인 diabetes 다음에 술어가 들어갈 자리이다. 의미상 당뇨병은 mischaracterize의 주체가 아니라 대상이므로 수동태가 되어야 맞다. 수동태이면서 술어의 형태를 갖춘 것은 (b)이다.

assert 주장하다 **diabetes** 당뇨병 **manageable** 관리할 수 있는 **despite** ~에도 불구하고 **connection** 관련성 **life-threatening** 생명을 위협하는 **mischaracterize** ~의 특성을 잘못 묘사하다

21 정답 (d)

인물을 묘사하는 것은 어떤 작가라도 할 수 있는 일이지만, 독자들이 감정이입을 하도록 하는 데에는 재능이 필요하다.

해설 빈칸 뒤에 접속사 but이 나오므로 앞에도 완전한 절을 이루어야 한다. (a)나 (c)는 빈칸 앞의 어구와 연결이 되지 않으므로 제외한다. something이 보어이고 이어지는 어구는 something을 수식하는 관계절로 목적격 관계대명사가 생략되어 있는 (d)가 정답이다.

character 인물 talent 재능 emotionally 감정적으로 involved 연루된

22 정답 (c)

카우프만 앤 선즈는 그들의 대외 명성을 지키고자 한다면 그들에게 제기된 사기 혐의에 진지하게 대처해야 할 것이다.

해설 빈칸에 들어갈 동사의 형태로 알맞은 것은 (c)로, 조동사 had better는 '~하는 것이 좋을 것이다'라는 뜻으로 꼭 그래야 한다는 당위성을 나타낸다.

allegation 혐의 **fraud** 사기 **salvage** 구하다, 지키다 **reputation** 명성 **address** 본격적으로 다루다

23 정답 (c)

자스민 오일의 진액은 매우 효능이 좋아, 대부분의 아로마 테라피 매장에서 밀리리터당 약 45달러에 팔린다.

해설 접속사 없이 두 절이 이어질 수 없으므로 (d)를 제외하고 보면, 분사구문을 묻는 문제임을 알 수 있다. 완료형(having p.p.)은 주절보다 앞선 시제를 나타내는데, 여기서는 문맥상 주절과 시제가 같으므로 (c)가 정답이다.

extremely 매우, 극도로 **potent** 효능 있는, 강한 **essence** 진액 **aromatherapy** 방향 요법, 아로마 테라피

24 정답 (a)

스테비아라고 알려진 식물 추출물은 사탕수수 설탕의 대안으로서 건강에 좋고 지방 함량이 낮다고 광고되면서 최근에 판매 증가를 보이고 있다.

해설 문장의 술어는 has seen으로, 빈칸은 앞에 있는 known as stevia와 마찬가지로 주어인 The plant extract를 수식하는 분사구가 되어야 알맞다. The plant extract가 '광고되는' 것이므로, 수동의 의미를 나타내는 과거분사 (a)가 들어가야 한다.

extract 추출물 **pro-health** 건강에 좋은 **low-fat** 저지방의 **alternative** 대안 **cane sugar** 사탕수수 설탕

25 정답 (a)

회사 방침은 온라인상에서 현재의 가격표를 유지하는 것이지만, 몇몇은 몇 개월이나 지난 것이다.

해설 접속사를 고르는 문제이다. 문맥상 빈칸 앞뒤 문장이 서로 대조되므로, '그러나, 그렇기는 하지만'이라는 뜻의 (a) and yet이 알맞다.

maintain 유지하다 **price listing** 가격표 **out of date** 시대에 뒤떨어진

Part III

26 정답 (c) I would be going to do ⇨ I was going to

A 좋아, 식료품을 사러 갔다 올게.
B 뭐라고? 벌써 몇 시간 전에 다녀온 줄 알았는데.
A 그러려고 했는데, 새로운 비디오 게임을 하는 데 정신이 팔렸어.
B 정말 비생산적이군. 넌 비디오 게임을 너무 많이 하는 것 같아.

해설 (c)는 문맥상 '하려고 했었지만 결국은 하지 않았다'라는 뜻이므로, 과거 시점에서의 예정을 나타내어 I was going to라고 해야 맞다.

head out 출발하다 **distracted** (정신이) 산만한 **counterproductive** 비생산적인

27 정답 (b) having ⇨ having one

A 오늘 오후 회의에 대해서 뭐 들은 거 있어요?
B 회의요? 실은 전 우리가 회의를 한다는 사실도 몰랐어요.
A 네, 할 거예요. 그런데 무엇에 대해 토의할지 모르겠어요.
B 샘이 뭐 좀 알고 있는지 그에게 물어보면 될 것 같아요.

해설 (b)에서 having은 타동사이므로 뒤에 목적어가 필요하다. having a meeting(회의를 할 것이다)이라는 뜻이지만, meeting이 반복되고 있으므로 대명사 one으로 받는 것이 일반적이다. one은 불특정한 대상을 가리키는 'a(n)+단수 명사'를 대신한다.

28 정답 (c) has demonstrated ⇨ has been demonstrated

(a) 개는 고양이보다 더 큰 뇌를 가지고 있지만, 이는 그들의 몸집이 대체로 더 크기 때문만은 아니다. (b) 그보다, 두 종의 사교성으로 차이를 설명할 수 있다. (c) 사회적 교류는 상당한 지력을 요하므로, 사교적인 동물이 뇌를 더 크게 발전시키는 경향이 있다는 것이 입증되었다. (d) 고양이는 원래 사교성이 부족한 동물이라서, 요구하는 뇌의 능력도 떨어진다.

해설 (c)에서 주어 It은 가주어이고 that 이하가 진주어이다. 문맥상 that 이하라는 것이 '입증되었다'라는 뜻이 되므로 수동태 문장이 되어야 맞다. 따라서 has demonstrated를 수동태인 has been demonstrated로 바꿔야 한다.

species (동물의) 종 **sociability** 사교성 **demonstrate** 입증하다 **evolve** 발전시키다 **interaction** 상호 작용 **substantial** 상당한 **brainpower** 지력 **naturally** 원래

29 정답 (d) all ⇨ any/ a

(a) 시골 지역의 주민으로서, 여러분의 소유지 경계를 지키는 것은 전혀 걱정할 필요가 없기를 바라는 대상입니다. (b) 하지만 실제로는 측량 오류에서부터 앙심을 품은 이웃에 이르기까지 온통 여러분의 소유지에 끊임 없이 위협을 가하고 있습니다. (c) 여러분의 이익을 도모하십시오. 여러분의 토지를 지키기 위해서 적당한 부동산 권리 보험을 구입하십시오. (d) 그렇게 하면 만일 분쟁이 일어나는 경우, 여러분이 부담하게 되는 모든 경비를 충당할 수 있을 것입니다.

해설 (d)에서 in case of는 '혹시라도, 만일에'라는 뜻으로 조건을 나타내므로, all이 아닌 any나 부정관사 a를 써야 한다.

property 소유지 **boundary** 경계, 범위 **survey** 측량 **vindictive** 앙심을 품은 **pose a threat** 위협을 가하다 **constant** 끊임 없는 **title insurance policy** 부동산 권리 보험 **in case of** 만일 ~의 경우에 **dispute** 논쟁, 말다툼 **incur** (비용을) 물게 되다

30 정답 (c) had hosted ⇨ hosts

(a) 오늘날의 복잡한 세계 경제에서는, 선두 주자를 구분하는 것이 어려울 수 있다. (b) 벨기에는 EU에서 국내 생산량이 가장 적은 나라 중 하나지만, 주변 경제에 지대한 영향을 끼칠 수 있다. (c) 이는 벨기에가 국내 기업을 구성하고 있을 뿐만 아니라, 수십 억 달러의 해외 투자를 주도하고 있다는 사실로 설명할 수 있다. (d) 따라서, 이 나라의 GDP는 스페인과 비교하면 미약하지만, 경제적 영향력은 그 못지 않게 크다.

해설 (c)에서 had hosted는 대과거로 과거보다 더 이전의 일을 나타낸다. 그런데 기준이 되는 과거 시점이 없이 대과거만 나오고 있으므로, 흐름상 어색하다. 글 전체적으로 현재 시제를 사용하고 있는 것을 고려할 때, 이것도 현재 시제인 hosts가 되어야 자연스럽다.

complex 복잡한 **domestic** 국내의 **neighboring** 이웃의 **on top of** ~뿐만 아니라 **comprise** 구성하다 **host** 개최하다 **pale** 흐릿해지다 **in comparison to** ~와 비교해 보면

독해 **Reading** Comprehension

Part I

1

엘리 사브라는 이름은 이제 베이루트를 넘어 멀리까지 퍼졌는데, 베이루트에서 이 디자이너는 18세에 자신의 의류 상표를 출시했다. 사브는 세계적으로 뛰어난 디자이너 반열에 올랐고, 그의 작품은 수퍼 스타와 유명 여가수들이 입고 정기적으로 패션쇼 무대와 시상식장에서 자태를 뽐낸다. 이제, 이렇게 아이콘이 된 드레스 중 일부가 12월 22일 해로즈 럭셔리 콜렉션 전시실에서 열리는 다가오는 전시회에서 대중이 볼 수 있도록 공개될 예정이다. 단번에 알아볼 수 있는 의상들로는 비욘세와 페넬로페 크루즈, 커스틴 스튜어트가 입은 드레스들이 있고, 할리 베리가 최우수 여우주연상을 수상한 날 밤에 입었던 드레스도 있다.

(a) **엘리 사브라는 이름은 이제 베이루트를 넘어 멀리까지 퍼졌다**
(b) 패션은 레바논의 수도에서 성장하는 산업이다
(c) 엘리 사브는 대부분의 영감을 자신의 고향에서 얻는다
(d) 엘리 사브의 국제적 명성은 레바논에 있는 스승 덕분이다

해설 빈칸 다음 문장에서 디자이너 Saab가 세계적인 디자이너이며, 많은 유명 인사들이 그가 만든 옷을 입는다고 한 것에서 그의 명성이 세계적이라는 것을 짐작할 수 있으므로 (a)가 가장 어울리는 말이다.

launch 출시하다 **preeminent** 우수한 **attire** 차려 입히다 **strut** 뽐내며 걷다 **runway** 패션쇼 무대 **iconic** 우상의 **upcoming** 다가오는 **recognizable** 알아볼 수 있는 **garment** 의복 **inspiration** 영감 **owe A to B** A는 B 덕분이다 **mentor** 스승

2

이달에 발행된 미국 여성들의 건강에 대한 보고서는 최근 정부 정책으로 수립된 많은 건강상 목표들을 향한 발전이 형편없이 부족하다는 것을 보여 주고 있다. 언급된 몇 안 되는 긍정적인 것들 중 하나는 2020년에 비해 흡연을 하거나 관상동맥 심장질환으로 사망하는 여성들이 현재 더 줄었음을 보여 주는 통계이다. 하지만 그때 이후 비만율이 24% 급증해서, 현재 미국 여성의 26.4%는 '비만'으로 분류된다. 예상할 수 있듯이, 비만 경향은 논리적으로 과일과 채소가 부족한 여성의 식단 및 운동 부족과 관련이 있다. 의료 전문가들은 이 보고서를 여성의 염려스러운 건강 상태를 단적으로 보여 주는 것으로 규정하고 있다.

(a) 미국의 의료 제도에 대한 고발
(b) **여성의 염려스러운 건강 상태를 단적으로 보여 주는 것**
(c) 여성의 태도에 있어서 대단한 향상을 반영하는 것
(d) 정부의 최근 의료 정책의 결과

해설 본문에서 언급하는 보고서는 첫 문장에 나와 있듯이 미국 여성들의 건강(the health of American women)에 대한 것으로, 특히 비만율이 급증했음을 보여 주고 있다고 했다. 이런 실태를 가장 잘 나타낸 것은 (b)이다. (a)나 (d)처럼 의료 제도나 정부 정책에 대해서는 언급하지 않았다.

circulate 발행하다 **appalling** 형편없는 **initiative** 계획 **coronary** 관상동맥의 **obesity** 비만 **skyrocket** 급등하다 **categorize** 분류하다 **correlate with** ~와 관련이 있다 **denunciation** 비난 **concerning** 걱정스러운 **snapshot** 짤막한 묘사 **consequence** 결과

3

4월에 딥워터 호라이즌 굴착기가 대참사를 일으키며 폭발하여 11명의 인부가 사망했고 멕시코만이 있는 바다가 기름으로 뒤덮였다. 이 폭발은 여러 조사 위원회에서 결론 내렸듯이, 작업을 감독하는 회사 측의 부주의로 인한 결과였다. 특히, 브리티쉬 페트롤리엄과 트랜스오션, 할리버턴의 수많은 실수들은 굴착 지역에서 불안정하고 폭발하기 쉬운 환경을 야기시켰다. 당국의 연이은 단속에서는 압력 테스트를 잘못 파악하고 관리가 부적절했는데, 이는 해양 굴착처럼 위험한 산업에 대해서는 이해하기 어려운 것이다. 그들은 기본적으로 모든 면에서 위험한 안일함을 증명한다.

(a) 통제할 수 없는 다른 상황들이 내재되어 있다는 것을 보여 준다
(b) 원인이 되는 요소로 인지되지 않았다
(c) **모든 면에서 위험한 안일함을 증명한다**
(d) 석유 가격을 억제하는 데 역할을 했다

해설 연안 유전의 굴착기 폭발 사고를 다루고 있다. 앞에서 해당 정유회사의 감독이 소홀했고 당국의 단속 및 관리도 부적절했음을 지적하고 있으므로, 모든 면에서 안일했다는 (c)가 가장 어울린다.

swamp 잠기게 하다 **rig** 장비 **erupt** 폭발하다 **catastrophically** 대참사로 **investigative** 조사의 **negligence** 부주의 **oversee** 감독하다 **myriad** 무수한 **engender** 야기하다 **precarious** 불안정한 **volatile** 휘발성의 **oversight** 단속 **misreading** 잘못 이해함 **maintenance** 관리 **attest to** ~을 증명하다 **complacency** 안주 **at all levels** 모든 방면에서 **suppress** 억누르다

4

포크 여우원숭이를 보는 것은 그 자체로는 특별히 주목할 만한 게 없지만, 영장류 연구가인 러스 미터마이어가 놀란 것은 그것이 사는 장소였다. 미터마이어는 마다가스카르 동북쪽 지역에서 실험을 하다가 이를 목격하게 되었다. 이 동물이 원래 그곳에 있을 것이 아님을 알았기에, 그는 순간 자신이 새로운 종의 여우원숭이를 보고 있는 게 아닌가 생각했다. 그의 팀은 가까이에서 조사하기 위해 여우원숭이를 진정제로 안정시켰는데, 여러 가지 낯익은 특성들과 함께 몇 가지 특이한 점들도 발견했다. 독특한 색깔 유형과 머리를 까딱거리는 특유의 표현, 그리고 특이한 혀로 인해 미터마이어와 그의 팀은 그들이 새로운 종을 발견했음을 확신하였다.

(a) 그것이 북쪽으로 아주 멀리 이동했다는 것에 놀랐다
(b) **그들이 새로운 종을 발견했음을 확신하였다**
(c) 여우원숭이에게 더 많은 보호가 필요하다고 설득했다
(d) 여우원숭이의 개체 수 증가에 흥분했다

해설 서식지를 벗어난 곳에서 여우원숭이를 발견하고 연구가는 혹시 새로운 종이 아닌가 생각했었다는 언급이 나온다. 결국 빈칸 앞에서 열거한 몇 가지 특성들로 인해 이러한 추측이 확신으로 변했다는 (b)가 가장 자연스럽게 이어진다.

in and of itself 그것 자체는 **glimpse** 흘끗 보다 **fork-marked lemur** 포크 여우원숭이 **notable** 주목할 만한 **primate** 영장류 **out of place** 제자리에 놓이지 않은 **gaze** 지켜보다 **tranquilize** 안정시키다 **trait** 특성 **distinctive** 독특한 **peculiar** 특유의 **head-bobbing** 머리를 까딱까딱하는 **odd** 이상한

5

20년 전에, 스웨덴의 도시인 크리스티안스타드에는 전혀 다른 개념의 생태적 발자국이 있었다. 그 당시에, 북유럽의 긴 겨울 내내 발생되는 열은 모두 화석 연료에서 나온 것이었다. 이것을 바꾸고자, 크리스티안스타드는 농업 부산물과 폐기물을 활용해서 유기성 폐기물을 바이오가스로 가공하기 시작했다. 퇴비와 음식물 쓰레기, 대팻밥, 축산물은 모두 이질적인 조합에서 각각의 자리를 차지하고 크리스티안스타드의 주된 연료원이 되고 있다. 이 도시의 성공에 매료되어, 다른 지방 자치제들도 그들의 전력 사용 방식을 크리스티안스타드의 혁신적인 해법에서 따오기 시작했다. 그래서 현재 기존의 에너지원들에 의존하지 않고 있다.

(a) 도시 전반의 에너지는 여전히 화석 연료에서 나온다
(b) 기존의 에너지원들에 의존하지 않고 있다
(c) 비전통적인 연료원을 둘러싼 회의론이 있다
(d) 당국은 이 도시의 꿈이 아직 요원하다는 것을 인정한다

해설 앞에서 새로 개발한 바이오가스가 이 도시의 주된 연료원이 되었다는 언급이 있으므로 기존의 에너지원에 의존하지 않게 되었다는 (b)가 가장 자연스럽게 이어진다.

ecological footprint 생태 발자국 **generate** 발생시키다 **Nordic** 북유럽 국가의 **utilize** 활용하다 **byproduct** 부산물 **rubbish** 쓰레기 **organic refuse** 유기성 폐기물 **manure** 비료 **wood shavings** 대팻밥 **heterogeneous** 이질의 **concoction** 혼합 **captivate** 마음을 사로잡다 **municipality** 지방 자치제 **pattern** 본뜨다 **innovative** 혁신적인 **skepticism** 회의론 **concede** 인정하다 **a long way off** 요원한, 먼

6

강력하면서도 금욕적인 〈눈 아논(곧 정오)〉은 한 화가의 진정성에 대한 집착과 그의 영혼의 어두운 주변부가 어떻게 허무주의적이고 파괴적인 생활 방식으로 이끌고 있는가를 고찰하는 신작 영화이다. 〈눈 아논〉에서 가장 흥미로운 부분은 화가인 사일러스의 사적인 내면세계를 드러내는 것으로, 감독인 미라 코린차크는 불가피하게 화가의 육체적·정신적 삶을 손상시키는 과정으로 나타내고 있다. 캣 옴스테드가 맡아 자신만만하고 충격적인 연기를 보인 영화의 주인공 사일러스는 예술 작품을 창작하는 데 에너지와 온전한 정신을 발산한다. 그가 완성하는 작품 하나하나는 그를 점점 죽음으로 이끈다.

(a) 그를 점점 죽음으로 이끈다
(b) 그의 탐욕과 오만을 심화시킨다
(c) 그것의 의미에 대한 논란을 야기한다
(d) 마지막 작품과는 다른 원천에서 영감을 얻고 있다

해설 영화 속에서 화가는 예술 작품을 창작하는 데 에너지와 온전한 정신을 발산한다고 했으므로, 작품을 하나씩 완성할 때마다 육체적, 정신적으로 소모되어 결국은 죽음을 앞당긴다고 볼 수 있다. 따라서 (a)가 정답이다.

potent 유력한 **ascetic** 금욕주의의 **obsession** 집착 **authenticity** 진정성 **margin** 가장자리, 주변 **psyche** 영혼 **nihilistic** 허무주의의 **facet** 양상 **baring** 폭로 **inescapably** 불가피하게 **impair** 손상하다 **brash** 자신만만한 **staggering** 충격적인 **protagonist** 주인공 **dissipate** 발산하다 **sanity** 제정신 **greed** 탐욕 **arrogance** 오만 **controversy** 논란

7

학부모들은 루터 고교의 학생 대상 노트북 컴퓨터 대여 정책을 통해 확보한 노트북 컴퓨터에 대해 우려를 표하셨습니다. 우리의 행정은 성적표나 건강기록부, 상담 일지 등에서 항상 학생들의 사생활을 우선시해 왔습니다. 이제 걱정하시는 것이 당연한 학부모들이 제기한 사안을 고려하여, 우리는 학구에서 제공하는 노트북 컴퓨터에 내장되어 학생들의 사생활을 침해하는 보안 장치를 폐기하기로 결정했습니다. 우리는 대여한 노트북 컴퓨터를 추적하는 다른 보안 장치를 설치하여 학생들의 비밀 유지권을 침해하지 않고도 학구 소유의 장비를 보호 관리할 수 있도록 하겠습니다.

(a) 우리는 최근 소식을 전해드릴 수 있어 기쁘게 생각합니다
(b) 학생들은 적절한 관리를 하지 못했습니다
(c) 학부모들은 우려를 표하셨습니다
(d) 언론은 근거 없는 두려움을 조장했습니다

해설 학교에서 학생들에게 대여하는 노트북 컴퓨터에 내장된 보안 장치가 사생활을 침해할 우려가 있어서 다른 보안 장치로 교체할 것임을 알리는 안내문이다. rightfully troubled parents에서 학부모가 이점을 우려하고 있다는 언급이 있으므로 (c)가 가장 알맞다.

administration 행정 **prioritize** 우선적으로 처리하다 **transcript** 성적 증명서 **rightfully** 정당하게 **disable** 쓸모없게 만들다 **intrude** 침해하다 **implement** 설치하다 **encroach upon** ~을 침해하다 **confidentiality** 비밀 유지 **guardianship** 보호 **unfounded** 근거 없는

8

토성 주위를 도는 많은 천연 위성들 중에서, 특히 한 위성인 이아페투스는 매력적인 천문학 연구 대상으로 단연 독보적이다. 토성의 위성 중에서 세 번째로 규모가 큰 이 위성은 눈에 띄는 두 가지 색조 배합이 특징으로, 일찍이 그것을 규정짓는 특성이 되었다. 현재 행성 사이를 연구하는 학자들은 이 위성의 적도 4분의 3을 따라 늘어서 있는 특이한 능선의 본질에 대한 가설들로 떠들썩한데, 이것은 2004년에 카시니 탐사선에서 찍은 고화질 사진을 통해 처음으로 드러났다. 이아페투스를 특이하게 보이게 만드는 능선의 형성에 대해 일반적인 합의는 아직 이루어지지 않았다. 아직 고려 중인 가설들로는 화산 활동이나 단층선, 아니면 그런 류의 강력한 충격 등이 있다.

(a) 이례적인 배색의 원인
(b) 충돌로 인한 분화구에 대한 합의
(c) 비정상적인 위성의 크기에 대한 합의
(d) 능선의 형성에 대한 일반적인 합의

해설 토성의 위성 중 하나인 Iapetus에 관한 내용이다. 빈칸 앞에서 이 위성의 능선(ridge)에 대해 학자들의 가설이 분분하다는 언급이 있고 뒤에서 몇몇 가설들을 소개하고 있으므로, 빈칸이 있는 문장도 이 능선에 대한 내용이어야 알맞다. 따라서 (d)가 정답이다.

a profusion of 풍부한 **orbit** 궤도를 돌다 **bewitching** 황홀한 **astronomical** 천문학의 **coloration** 배색 **attribute** 속성 **interplanetary** 행성 간의 **abuzz with** ~으로 떠들썩한 **supposition** 가설 **ridge** 능선 **string** 배열하다 **equator** 적도 **high-resolution** 고화질의 **fault line** 단층선 **atypical** 이례적인 **crater** 분화구 **consensus** (의견) 일치 **accord** 합의

9

뉴욕시 거리 상공 약 5,200피트 고도에서, 프로펠러로 추진되는 록히드사의 콘스틀레이션 항공기와 충돌한 후, 유나이티드 항공사의 826편은 인근 브루클린의 파크 슬로프로 곤두박질쳤다. 교회와 식료품점, 세탁소를 흔적도 없이 무너뜨린, 엔진 4개짜리 DC-8 제트기는 지상에서 구경꾼 다섯 명의 목숨을 빼앗고 나서야 7번가와 스털링 플레이스가 만나는 모퉁이에 안착하였다. 그 사이, 콘스틀레이션 항공기는 공중에서 세 조각이 난 후, 스테이튼 아일랜드에 추락하면서 폭발해 화염에 휩싸였다. 2010년 12월은 그 참사가 일어난 지 50주년이 되는 때로, 당시 기록상 최악의 항공 참사였다.

(a) 그러나
(b) 그래서
(c) 그 사이에
(d) 더구나

해설 항공기 두 대가 충돌한 사고인데, 빈칸 앞에서 그중 한 대가 충돌 후 어떻게 되었는지를 설명하고 있고, 빈칸 뒤에서 나머지 한 대의 행방을 설명하고 있다. 동시에 일어나고 있는 두 사건을 설명하고 있으므로, '그 사이에, 한편으로'라는 뜻의 (c) Meanwhile이 들어가야 알맞다.

collide with ~와 충돌하다 **aircraft** 항공기 **altitude** 고도 **careen into** ~으로 곤두박질치다 **obliterate** 지우다 **laundry** 세탁소 **bystander** 구경꾼 **section** 부분 **crash** 추락하다 **mark** (사건을) 기념하다

10

지난밤 커틀래스의 경기는 무서울 정도로 이와 비슷한 경기들이 이번 시즌 들어 이미 세 차례나 펼쳐진 바 있다. 스포츠 통계 분석가인 샐리 머서에 의하면, NFL 역사상 그 어떤 팀도 그렇게 여러 번 역전시켜 15점이나 뒤지고 있다가 다시 주도권을 잡고 결국은 근소한 차로 진 경우는 없었다고 한다. 커틀래스의 뒤늦은 회복은 경외심이 들 정도이며, 아무도 이를 부인하지는 못할 것이다. 그럼에도 불구하고, 축구는 전후반이 있는 경기라서, 만약 커틀래스가 전반전의 플레이를 개선하지 못한다면 결코 결승전까지는 이를 수 없을 것이다.

(a) 그렇지 않으면
(b) 게다가
(c) 그럼에도 불구하고
(d) 다시 말하자면

해설 빈칸 앞에서는 커틀래스 팀이 경기를 역전시키는 능력이 대단하다고 칭찬하였지만 빈칸 뒤에서는 전반전의 플레이를 개선해야 한다는 단점을 지적하고 있으므로, 내용이 상반된다. 따라서 '그럼에도 불구하고, 그렇지만'이라는 뜻의 (c)가 알맞다.

eerily 무시무시하게 **approximation** 비슷한 것 **statistician** 통계가 **rally** 역전하다 **regain** 되찾다 **lead** 우세 **disadvantage** 약점 **lose by a hair** 근소한 차로 지다 **belated** 뒤늦은 **comeback** 회복 **awe-inspiring** 경외심을 불러일으키는 **make it to** ~에 이르다 **final** 결승전

Part II

11

민스크에서 알렉산더 루카셴코는 논란이 많았던 2010년 선거의 승자로 정식 지명되었다. (a) 56세의 이 국가 원수는 권위주의적인 정책으로 반대당을 누르고, 1994년부터 벨라루스를 통치해 왔다. (b) 이 나라는 3년 전인 1991년에 소련으로부터 독립을 쟁취했다. (c) 선거 당일, 정부 주청사 밖의 광장에서 루카셴코를 반대하며 데모를 하던 많은 시위자들이 구타당하고 구금되거나 투옥되었다. (d) 체포된 사람들 중에는 루카셴코의 정적 9명 중에 4명이 포함되어 있었다.

해설 벨라루스에서 루카셴코가 선거를 통해 대통령으로 선출되었다는 내용으로, 선거 당일의 상황에 대해서도 설명하고 있다. 그런데 (b)는 이와 상관 없는 벨라루스의 독립에 대한 것이므로 글의 주제에서 벗어난다. 따라서 (b)가 정답이다.

contentious 논쟁이 많이 벌어지는 **head of state** 국가 원수 **squelch** 억누르다, 진압하다 **authoritarian** 권위주의의 **protestor** 항의자 **demonstrate** 시위하다 **beat** 때리다 **detain** 억류하다 **jail** 투옥하다

12

미국 출신 화가인 재스퍼 존스는 성조기의 우상적 표현으로 가장 잘 알려져 있다. (a) 그는 대중적인 아이코노그래피를 재현시킴으로써 네오 다다이스트라기보다는 팝아티스트에 더 가깝다. (b) 분명히, 별이 반짝이는 깃발을 그리려는 충동에 불을 붙인 것은 예언적인 꿈이었다. (c) 꿈에서 자극을 받아, 그는 합판 위에 캔버스를 붙이고 신문지 조각으로 층층이 쌓아서 작업할 표면을 준비했다. (d) 그런 다음 왁스를 섞은 페인트를 칠해서 질감과 촉감을 살려 국기를 재현했고, 이는 다음과 같은 질문을 하게 만든다. 그것은 예술인가 아니면 국기인가?

해설 첫 문장에서 재스퍼 존스가 성조기의 우상적 표현으로 잘 알려져 있다고 소개하고 나서, (b) 이하에서는 그가 어떻게 성조기를 예술적으로 재현해 냈는지, 그 과정을 차근차근 설명하고 있다. 따라서 재스퍼 존스가 팝아티스트라는 (a)는 글의 흐름과 무관하다고 볼 수 있다.

rendering 표현 **reproduction** 재현 **iconography** 아이코노그래피(그림이나 이미지 등을 통해 상징적으로 표현하는 기법) **Neo-Dadaist** 반예술 운동자 **impetus** 추진력 **kindle** 불 붙이다 **prophetic** 예언의 **prompt** 촉구하다 **mount** 붙이다 **plywood** 합판 **layer** 층을 쌓다 **shred** 파편 **apply** 칠하다 **tactile** 촉감이 있는 **national ensign** 국기

Part III

13

당신은 누구와 더 효과적으로 의사소통을 하는가, 배우자나 친한 친구인가, 아니면 전혀 모르는 남인가? 전자라고 대답하는 것이 상식적인 것처럼 보일지 모르나, 대다수 사람들에게 현실은 이와 다르다. 심리학자들은 '친밀함의 편견'을 들어 이를 설명한다. 기본적으로 우리는 친한 친구들과 공유하는 정황상 유대감을 과대평가하는 경향이 있어, 그들이 우리가 말하고 있는 대상에 대해서 모든 세세한 중요 정보들을 알고 있다고 추정한다. 그 결과 우리는 그렇지 않으면 낯선 사람들과는 공유할 필요가 있다고 느낄 만한 정보를 빠뜨려서, 종종 잘못된 의사소통을 초래하게 된다.

Q 지문의 요지는?
(a) 아는 사람보다 낯선 사람이 우리를 더 잘 판단한다.
(b) 친구들을 낱낱이 아는 것은 불가능하다.
(c) 배우자는 끊임없이 '친밀함의 편견'에 대항해서 싸운다.
(d) 친밀함으로 인한 편견이 우리의 의사소통에 방해가 될 수 있다.

해설 친한 사이에는 당연히 알고 있을 거라고 생각하여 말을 하지 않음으로 인해, 오히려 낯선 사람과의 의사소통보다 더 결과가 좋지 않을 수 있다는 내용이다. 따라서 (d)가 정답이다.

spouse 배우자 **the former** 전자 **point to** 지적하다 **closeness** 친밀함 **bias** 편견 **overestimate** 과대평가하다 **contextual** 맥락상의 **companion** 동료 **assume** 추정하다 **privy to** ~에 연루된, ~에 은밀히 관여하고 있는 **skip over** 빠뜨리다 **miscommunication** 잘못된 의사전달 **acquaintance** 아는 사람 **hamper** 방해하다

14

1월 13일, 뛰어난 의학 삽화가인 프랭크 네터 박사가 그린 30여 점의 작품들이 파이어하우스 미술관에서 전시됩니다. 기념할 만한 인체 해부인 네터 박사의 삽화들은 극도로 정밀하게 인체의 위대함과 허약함을 둘 다 강조하고 있습니다. 이 예술가의 정확성은 어떤 이들에게는 냉정하고 나아가 외설적으로 보일지도 모르며, 의사의 냉정함을 가지고 인체를 해부하고 있습니다. 하지만 그것들은 놀랍도록 기교가 뛰어나면서도, 또한 놀랍도록 아름답기도 합니다. 이 전시는 예술과 과학의 접점을 모색하는 시리즈 중 첫 번째로서, 3월 23일까지 전시됩니다.

Q 안내문의 주된 내용은?
(a) 프랭크 네터의 일생에 걸친 업적
(b) 프랭크 네터가 그린 의학 삽화 전시
(c) 프랭크 네터의 뛰어난 의학 미술관
(d) 프랭크 네터가 그린 의학 삽화의 고도의 정확성

해설 첫 문장과 마지막 문장에서 반복해서 알리고 있듯이, 의학 삽화가 프랭크 네터의 작품들을 전시한다는 것이 주된 내용이므로 (b)가 정답이다. (d)는 작품에 대한 설명의 일부로서 언급된 내용이다.

go on exhibition 전시되다 **celebration** 찬양, 축하 **anatomy** 해부 **grandeur** 위엄 **fragility** 약함 **explicit** 명백한 **clinical** 냉정한 **obscene** 외설적인 **dissect** 해부하다 **physician** 의사 **dispassion** 냉정 **startlingly** 놀랄 만큼(astonishingly) **probe** 면밀히 조사하다 **junction** 접합점 **accomplishment** 업적 **extraordinary** 뛰어난

15

원고는 관련 논문 유형에 대한 저널의 지침을 반드시 따라야 하며, 그렇게 하지 않을 경우 제출물은 바로 기각된다는 점을 명심하십시오. '논문 최대 길이'라는 제목으로, 표에서 기술하고 있는 최대 길이에 특히 주의하십시오. 저자의 이름이나 그와 관련된 내용은 원고나 첨부된 이미지 어디에도 나와서는 안 된다는 점을 확인해 주십시오. 참고 문헌, 목차, 주석 등을 포함한 논문 전체를 규정된 형식에 따라 더블 스페이스와 12포인트 서체로 작성하고, 맨 앞에 초록을 넣어서 연속적으로 페이지를 매기십시오. 논문을 인터넷으로 제출할 경우, 저자의 이름과 연락처를 적은 표지를 반드시 첨부해 주십시오.

Q 지시문의 주된 내용은?
(a) 특정 잡지에 적절한 기사 작성하기
(b) 연구 기금을 위한 보조금 신청서 제출하기
(c) 과학 논문에서 참고 문헌을 올바르게 인용하기
(d) 저널에 제출할 논문 작성하기

해설 첫 문장에서 논문 유형에 맞게 저널의 지침을 따르라고 했고 이어서 논문 작성에서 지켜야 할 사항들을 세부적으로 알려주고 있으므로, (d)가 주된 내용이다.

ensure 확실하게 하다 **manuscript** 원고 **comply with** ~을 따르다 **relevant** 관련된 **warrant** 보장하다 **dismissal** 기각 **submission** 제출(물) **maximum** 최대(한) **delineate** 기술하다 **entitle** ~라고 이름 붙이다 **affiliation** 관계 **accompanying** 수반하는 **reference** 참조 문헌 **typeface** 서체 **paginate** 페이지를 매기다 **consecutively** 연속적으로 **abstract** 초록, 요약문 **tender** 제출하다 **cover letter** 표지

16

케이프 타운 교외의 빈민가 출신인 네 명의 젊은 발레 댄서들이 〈게토 발레〉라는 새로운 다큐멘터리의 주인공이다. 이 프로그램은 어쩌면 인생을 바꿀 수도 있는, 전문 무용단의 오디션 준비 과정을 시간 순서대로 담고 있는데, 만약 오디션이 성공한다면 가난한 삶으로부터의 해방을 의미할 수도 있다. 다큐멘터리가 미국 케이블 방송에서 방영된 후, 한 시청자가 지역 발레단에 도움을 요청했다. 그 결과, 애틀랜타 발레단이 다큐멘터리에 대해 알게 되고, 또 그 댄서들의 가능성을 인정하여 남아프리카의 발레리나인 시발르 츠비카에게 장학금을 주어 여름 동안 그들을 훈련시키도록 했다.

Q 지문의 주된 내용은?
(a) 애틀랜타 발레단이 주도하는 빈민 구호 활동
(b) 젊은 발레 댄서들을 위한 교환 프로그램
(c) 케이프 타운 빈민가 사람들이 직면한 환경
(d) 가난한 남아프리카 댄서들에 대한 프로그램이 가져온 혜택

해설 남아프리카 빈민가 출신 댄서들을 다룬 다큐멘터리가 미국에서 방송된 후, 이들에게 관심을 갖게 된 시청자 덕분에 큰 도움을 받게 되었다는 내용이므로 (d)가 정답이다.

impoverished 가난한 **district** 지역 **outskirts** 변두리 **chronicle** 연대순으로 기록하다 **potentially** 잠재적으로 **life-altering** 인생을 바꾸는 **signify** 의미하다 **liberation** 해방 **petition** 청원하다 **outreach** 빈민 구호 활동 **slum** 빈민가

Actual Test 2

17

현존하는 국가 중 뉴질랜드는 여성에게 선거권을 준 최초의 국가이고 1893년에 국가의 법률서에 투표권이 명시되었다는 점에서 특별히 구별된다. 뉴질랜드가 여성의 선거권 요구에 응답한 최초의 국가이기는 하지만, 투쟁 없이 그러한 자유를 양도한 것은 아니다. 20년에 걸친 사회적 운동이 케이트 셰퍼드나 메리 앤 뮐러 같은 여성 참정권자들의 주도 아래 펼쳐졌으며, 그들의 목표는 모두에게 이익이 되도록 여성에게 선거권을 부여하는 것이었다. 그 목적을 위해서 그들은 여성이 국가의 부패한 정치 제도에 어느 정도의 도덕성을 가져올 수 있을 거라고 주장했다.

Q 기사 내용과 일치하는 것은?

(a) 여성의 투표권에 대한 법적 승인은 1893년으로 거슬러 올라간다.
(b) 뉴질랜드 사람들은 기꺼이 여성에게 투표권을 주었다.
(c) 투표권 지지자들은 투표권을 얻는 데 몇 년이 걸렸다.
(d) 여성들은 정치적 부패를 막을 수 있는 방법을 찾지 못했다.

해설 1893년에 투표권이 법률서에 명시되었다고 했으므로 (a)가 정답이다. 20년에 걸친 투쟁을 통해 여성 투표권을 얻었으므로 (b)와 (c)는 둘 다 맞지 않다.

extant 현존하는 **privileged** 특권이 있는 **enfranchise** 선거권을 주다 **suffrage** 참정권(suffragette 여성 참정권자) **wage** 수행하다 **bestowment** 수여 **to that end** 그 목적을 위해서 **a dose of** 약간의 **morality** 도덕성 **corrupt** 부패한 **sanction** 승인하다 **readily** 기꺼이

18

그린 마운틴 기슭의 작은 언덕에 있는 요크타운 생활 역사관은 200년 전의 일상생활을 역동적으로 재연하여 방문객들을 과거로 데려갑니다. 요크타운 생활 역사관이 다른 역사 박물관과 구별되는 점은 상호 작용에 있습니다. 방문객들은 절대 구경꾼이 아닙니다. 교실 하나짜리 학교 건물에서 수업을 들을 수도 있고, 일상적인 농가의 자질구레한 일이나 가사일을 도울 수도 있으며, 계절별로 농사일을 할 수도 있습니다. 이번 주 토요일과 일요일, 오전 10시부터 오후 5시까지, 즐거운 노래와 향을 가미한 사과주스, 옛날식의 실내 게임을 하며 저희와 함께 새해를 축하하세요.

Q 홍보 내용과 일치하는 것은?

(a) 박물관은 19세기 역사를 전문적으로 다룬다.
(b) 박물관 방문객들에게 전시물을 만지지 말라고 부탁하고 있다.
(c) 박물관 방문객들은 서부 개척 시대에 관한 공연을 보게 된다.
(d) 박물관은 새해를 맞아 일요일 내내 문을 닫는다.

해설 홍보하고 있는 박물관은 200년 전의 생활상을 재연하고 있다고 했으므로 1800년대, 즉 19세기 역사를 전문적으로 다루고 있다는 (a)가 정답이다. 방문객들이 직접 체험할 수 있다고 했으므로 (b)는 맞지 않고, 일요일에도 개관하므로 (d)도 틀린 진술이다.

foothills (산기슭의) 작은 언덕 **plunge** 빠지게 하다 **reenactment** 재연 **interactivity** 상호 작용 **differentiate** 구별 짓다 **barnyard** 농가 마당 **chore** 잡일 **endeavor** 노력 **caroling** 기쁨의 노래 **spiced cider** 향을 가미한 사과주스 **old-fashioned** 구식의 **parlor game** 실내 게임

19

정확히 어떤 상황이 오늘날 아프리카에서 대륙 전반적으로 경제 발전을 억압하고 있는지는 설명하기 쉽지 않다. 하지만 하버드 경제학과의 한 교수의 이론이 최근 〈경제학 계간지〉에 실렸다. 저자인 네이던 눈은 아프리카 대륙의 저개발은 수세기 동안의 인신매매에서 기인한 것일 수도 있다고 주장한다. 눈은 현재의 1인당 국내 총생산을 노예 무역 시대에 희생자가 된 것과 연관시켰다. 남아프리카나 이집트, 나미비아처럼 노예제의 피해를 가장 적게 받은 국가들은 아프리카 최대 부유국에 속한다. 반면에, 앙골라나 에티오피아, 탄자니아를 비롯해서 가장 피해를 많이 입은 국가들은 지금도 경제적으로 더 궁핍한 처지에 놓여 있다.

Q 기사 내용과 일치하는 것은?

(a) 아프리카의 개발 정체는 이해하기 어렵지 않다.
(b) 하버드의 한 경제학자는 아프리카의 경제를 개선시킬 방법을 알고 있다.
(c) 열악한 작황이 아프리카 경제 문제의 원인이다.
(d) 나미비아는 탄자니아보다 경제적으로 우위에 있다.

해설 나미비아는 아프리카에서 부유국에 속하고, 탄자니아는 더 궁핍한 처지라고 했으므로 (d)가 정답이다.

underdevelopment 저개발 **human trafficking** 인신매매 **correlate A with B** A를 B와 관련 짓다 **per capita** 1인당 **gross domestic product** 국내 총생산(GDP) **victimization** 희생시킴 **ravage** 황폐하게 만들다 **despoil** 약탈하다 **worse off** 더 궁핍한 **stasis** 정체 **account for** ~의 이유가 되다

20

1856년 이후로 계속, 모르몬교 가정들은 그들의 종교적 지도부가 근거지를 두고 있는 곳에서 살기 위해 손수레에 소지품을 가득 채우고 솔트레이크 시티를 향해 먼 길을 걸었다. 거의 3,000명의 순례자들이 장장 4년에 걸친 이러한 이동에 참여했다. 아이오와나 네브라스카처럼 멀리 떨어진 곳에서 오는 모르몬 손수레 개척자들로 알려진 사람들은 말이나 소가 끄는 운송 수단을 구할 여력이 없었기에, 바퀴 달린 수레에 소지품을 싣고 그것을 끌고 미국 서부를 횡단했다. 1세기 이상이 지난 후에도, 그들의 끈질긴 노력을 여전히 기념하고 있는 모르몬 교도들은 개척자의 날인 7월 24일이 되면 선조들의 긴 여정을 떠올린다.

Q 모르몬 손수레 개척자들에 대해서 지문 내용과 일치하는 것은?

(a) 종교적 박해를 피해 이주했다.
(b) 그들이 순례한 거리는 3,000마일이 넘었다.
(c) 1860년까지 수천 명이 솔트레이크 시티로 이주했다.
(d) 수레와 함께 짐을 나르는 동물들이 그들의 소지품 운반을 도왔다.

해설 모르몬 교도들의 이주는 1856년부터 시작되어, 4년간 거의 3,000명이 이동했다고 했으므로 (c)가 정답이다. (b)의 모르몬 교도들이 이동한 구체적인 거리는 언급되지 않았다.

trek (힘들게 오래) 이동하다 **hand-towed** 손으로 끄는 **pilgrim** 순례자 **haul** 끌다 **dogged** 끈질긴 **commemorate** 기념하다 **forebear** 선조 **emigrate** 이주하다 **persecution** 박해 **pilgrimage** 순례 여행 **pack animal** 짐을 나르는 동물

21

독수리는 애처로운 그림자를 드리우며 썩어가는 시체 위에서 선회하여 뼈를 먹기 위해 급강하한다. 식습관 때문에 멸시당하기는 하지만, 독수리는 자신이 속한 생태계에서 없어서는 안 될 역할을 하고 있는데, 썩은 고기를 먹어 치움으로써 질병의 확산을 줄이고 영양분을 재분배하기 때문이다. 따라서 1990년대 남아시아에서 그랬던 것처럼 독수리 개체 수가 위협받을 수준이 되면, 질병이 걷잡을 수 없이 확산된다. 아시아의 독수리 위기로 명명되었던 그 당시에 가축에게 사용된 약품 때문에 독수리 개체의 95%가 사라졌고, 그 결과 생태계는 넘쳐나는 썩은 고기로 피해를 입었다.

Q 지문 내용과 일치하는 것은?
(a) 독수리는 식습관 때문에 널리 칭찬받는다.
(b) 독수리는 썩은 고기를 먹음으로써 질병의 확산을 막는다.
(c) 독수리 개체 수는 남획으로 인해 여전히 위협받을 수준이다.
(d) 독수리 숫자는 아시아의 독수리 위기 이후로 95%까지 증가했다.

해설 by devouring carrion they curtail the spread of disease에서 독수리는 썩은 고기를 먹어 질병의 확산을 막는다고 했으므로 (b)가 정답이다. 독수리 숫자가 남획으로 줄었다는 내용은 없으므로 (c)는 맞지 않다.

vulture 독수리 **lugubrious** 애처로운 **rotting** 부패하는 **carcass** 시체 **swoop down** 급강하하다 **scavenge** 죽은 고기를 먹다 **disparage** 경멸하다 **devour** 게걸스럽게 먹다 **carrion** 썩은 고기 **proliferate** 증식하다 **perish** 썩어 없어지다 **overabundance** 과잉 **laud** 칭찬하다

22

북아메리카 딱따구리는 나무껍질과 속 줄기를 쪼며 소량의 벌레를 찾아 갈라지거나 쪼개진 틈을 팔 때 많은 구멍을 남기는데, 다른 종류의 새들이 이 구멍에 의지해 보금자리나 둥지를 튼다. 본질적으로 그들은 다른 종의 많은 야생 동물들을 위해 서식지를 만들어 주는 것이므로, 그들은 숲의 생명력과 밀도, 생물 다양성을 보여 주는 좋은 지표이다. 연구자들은 대륙의 숲을 통틀어 딱따구리의 분포를 분류하여, 숲의 전반적인 새의 밀도에 대한 자료를 수집할 수도 있다. 그러한 자료를 도표화 및 지도화하는 것은 토지 관리 계획을 위해 중요하다.

Q 지문 내용과 일치하는 것은?
(a) 나무 속을 파내는 것은 곤충 개체 수를 억제하는 데 도움이 된다.
(b) 북아메리카 딱따구리는 둥지를 짓기 위해 나무를 쫀다.
(c) 딱따구리가 곤충을 사냥하는 행동은 새의 서식지를 형성하는 데 도움이 된다.
(d) 과학자들은 화재 위험을 산정하기 위해 딱따구리 서식지에 대한 자료를 사용한다.

해설 딱따구리가 곤충을 찾아 나무를 쪼고 나서 남은 구멍이 새의 둥지로 쓰인다고 했으므로 (c)가 정답이다.

woodpecker 딱따구리 **chisel** 부리로 쪼다 **pith** 속(나무 줄기의 중심부 조직) **excavate** 발굴하다 **cranny** 갈라진 틈 **fissure** 균열 **morsel** (음식의) 작은 양 **surfeit** 과다 **cavity** 구멍 **roost** 보금자리에 들다 **habitat** 서식지 **vitality** 생명력 **biodiversity** 생물의 다양성 **relevant** 의미 있는 **hollow out** 속을 파내다

23

최근 다중 접속 온라인 게임의 선두 주자인 〈아트풀 배틀〉의 네 번째 확장본의 발매와 함께, 게임 제조업체인 포트나잇 디자인은 첫 출시한 게임이 깨지 못해서 아직까지 남아 있는 몇몇 업계 기록을 깨고 있다. 게이머들이 새로운 확장본을 찾아 미친 듯이 상점으로 몰려드는 데는 그럴 만한 이유가 있다. 이전에 발매된 것들이 〈아트풀 배틀〉 세계에 미미한 변화만을 준 데 비해, 포트나잇 디자인은 이것이 돌아가는 틀을 깼다. 콘텐츠 대부분은 완전히 새롭고 퀘스트는 더 교묘하고 역동적이고 흥미로워졌다.

Q 논평으로부터 추론할 수 있는 것은?
(a) 〈아트풀 배틀〉은 처음 발매되었을 때는 성과가 좋지 않았다.
(b) 포트나잇 디자인은 회사 이름을 달고 나간 게임이 한 개밖에 없다.
(c) 이전의 확장본들은 게임 퀘스트를 광범위하게 수정하지 않았다.
(d) 확장본 판매는 인터넷 상점에서만 가능했다.

해설 새로 발매된 온라인 게임에 대한 평을 싣고 있다. 이전에 발매된 것들은 변화의 폭이 크지 않았다고 했으므로 (c)를 짐작할 수 있다. 처음 출시된 것도 인기가 좋았음을 알 수 있으므로 (a)는 맞지 않다.

massively multiplayer online (role-playing) game 다중 접속 온라인 게임 **demolish** 부수다 **trailblazing** 선구적인 **crush** 격파하다 **flock** 몰려들다 **vendor** 상인 **in pursuit of** ~을 찾아서 **render** 주다 **break the mold** 틀을 깨다 **go-round** 진행되다 **the bulk of** ~의 대부분 **quest** 퀘스트(게임에서 주인공이 수행해야 할 임무) **engaging** 매력적인

24

분명히, 인구 조사 자료가 미네소타 주민들에 관해서 전달할 수 있는 내용에는 한계가 있다. 그렇다 해도, 미국 인구 조사국에서 화요일에 발표한 자료에서는 국내 다른 지역과 마찬가지로 미네소타도 사회적 분열이 뚜렷하다는 것이 어떻게든 드러나고 있다. 이는 지리적 경계로서 지도화될 수도 있는데, 가장 극명한 차이는 소득과 교육 수준 간의 불평등에서 나타난다. 시골 환경이 가난이나 더 낮은 교육 수준과 상관관계가 있다. 노블과 블루 어스, 벨트라미 카운티에서는 주민의 18%가 가난의 문턱을 넘지 못하고 있는 데 비해, 스콧과 카버, 워싱턴 카운티에서는 5%가 안 된다.

Q 기사로부터 추론할 수 있는 것은?
(a) 워싱턴 카운티는 전체에서 빈곤 수준이 가장 낮다.
(b) 노블과 블루 어스, 벨트라미 카운티는 시골에 있다.
(c) 미네소타의 시골 지역은 교육 수준이 평균 이상이다.
(d) 미네소타의 분열은 다른 주만큼 분명하지 않다.

해설 인구 조사를 통해 드러난 지역간 격차를 설명하고 있다. 시골 환경이 가난과 상관관계가 있다고 했는데, 노블, 블루 어스, 벨트라미 카운티는 빈곤율이 높으므로 시골 지역임을 짐작할 수 있다. 따라서 (b)가 정답이다. (c)와 (d)는 기사 내용과 상반된다.

census 인구 조사 **distinct** 뚜렷한 **division** 분할 **geographical** 지리적인 **stark** 극명한 **disparity** 불균형 **ruralism** 시골풍 **correlative** 상관관계가 있는 **threshold** 한계점

25

1911년에 저명한 화학자이자 물리학자인 마리 스쿼도프스키 퀴리는 역대 최초로 두 개의 노벨상을 수상하게 되었다. 하지만 이 행사의 중대한 의미는 동료의 아내가 소리 높여 주장한 혐의로 다소 빛이 바랬는데, 그녀는 스쿼도프스키 퀴리가 자신의 남편과 불륜 관계임을 알게 되었다는 것이었다. 이런 선정적인 이야기에 격앙되어, 전 세계 언론 집단이 너무나 많은 악성 논평들을 쏟아내자 노벨상 위원회는 스쿼도프스키 퀴리를 설득해 시상식에 참석하는 것을 단념시키고자 했다. 하지만 위원회의 걱정은 쓸데없는 것이었는데, 그녀는 무사히 참석해서 두 번째 상을 수상했고 이번에는 화학 분야였기 때문이다.

Q 스쿼도프스키 퀴리에 대해서 추론할 수 있는 것은?

(a) 그녀는 공동 작업한 화학자와 노벨상을 공동 수상했다.

(b) 노벨상 위원회는 그녀에 대한 루머를 없애는 데 도움을 주었다.

(c) 그녀가 받은 비난은 부당한 것이었다.

(d) 그녀는 화학 이외의 분야에서 첫 번째 노벨상을 수상했다.

해설 마지막 문장에서 퀴리가 받은 두 번째 노벨상은 화학 분야라는 말로 미루어 볼 때, 첫 번째 노벨상은 화학이 아닌 다른 분야였음을 알 수 있으므로 (d)가 정답이다.

eminent 저명한 **momentousness** 중대성 **allegation** 주장 **level** 퍼붓다 **descry** (불현듯) 보게 되다 **affair** 불륜 관계 **frenzy** 격앙시키다 **sensationalism** (언론의) 선정주의 **effuse** 유출시키다 **debase** (품위를) 저하시키다 **commentary** 비판 **dissuade A from -ing** A를 설득하여 ~하는 것을 단념시키다 **trepidation** 두려움 **unwarranted** 부당한 **dispel** 쫓아버리다 **accusation** 비난 **fraudulent** 사기의

Part IV

26-27

나

멜라니 씨에게,
국세청에서 납세 고지서가 와서 메시지를 남겨요. 고지서를 어제 받았는데요, 그 때문에 꽤 걱정이 됩니다. 이렇게 고지서를 받았다는 것이 국세청과 어떤 문제가 발생했다는 뜻인가요? 고지서에 고유 번호가 있다는 것을 알게 되었어요. 이 번호를 어떻게 해야 하나요?
멜라니 씨를 작년에 만나고 나서 줄곧, 멜라니 씨가 대단히 뛰어난 회계사라고 확신하고 있어요. 세금 문제 때문에 항상 혼란스러웠는데요, 멜라니 씨가 그런 곤경에서 구해 주었어요. 도움을 줘서 정말 고마워요.
그럼 안녕히 계세요.

멜라니

잭 씨에게,
세금 문제에 대해 도움을 드리는 것이 늘 큰 기쁨입니다. 말 그대로 제가 더 기쁩니다.
그리고 저는 당신이 국세청과 어떤 문제가 생겼다고 생각하지는 않아요. 국세청은 매일 수천 통의 납세 고지서를 발송합니다. 고지서가 정말로 국세청에서 발급된 것인지를 확인해 보는 것도 좋아요. 알아보는 하나의 방법은 다음 링크의 '고지서 및 서한 검색'란에 고지서 번호를 입력하는 것입니다:
https://www.irs.gov/individuals/understanding-your-irs-notice-or-letter
어쩌면 국세청에서 잭 씨의 세금 신고서에 대해 추가적인 정보를 필요로 할 수도 있어요. 그러니 걱정 말아요.
이 납세 고지서와 관련해서 어떤 문제가 있으면, 언제든지 편하게 전화를 주세요.

26 Q 잭은 왜 메시지를 보냈는가?

(a) 법조인으로서 멜라니의 프로 의식을 인정하기 위해서

(b) 정부 기관에서 받은 고지서를 다루는 방법에 대한 조언을 요청하기 위해서

(c) 수취인에게 세금 환급을 위해 국세청을 고소하라고 설득하기 위해서

(d) 조세 체계가 복잡하다고 불평하기 위해서

해설 지문의 목적을 측정하는 유형은 매우 중요하기 때문에, 특히 지문의 전반부에 유의하면서 정답을 찾는 습관을 들여야 한다. (a)는 멜라니를 법조인으로 볼 것인가에 대해서는 논란의 소지가 있지만, 잭이 메시지를 보내 주된 목적이 아니다. (c)는 국세청을 고소한다는 내용이 전혀 없으므로 오답이다. (d)가 잠깐 언급되기는 했지만 중심 내용이 아니다. 따라서 정답은 (b)이다. 국세청을 '정부 기관'으로 달리 표현했음에 유의하자. 이처럼 대상을 직접적으로 말하지 않고, 달리 표현하는 선택지가 정답인 경우가 고난도 유형에서는 자주 나타난다.

27 Q 대화로부터 추론할 수 있는 바는 무엇인가?
(a) 잭은 멜라니의 회계 사무소에 대해 불만을 품은 고객이다.
(b) 어제 잭이 수취한 납세 고지서는 국세청이 발급한 것이 아니었다.
(c) 국세청은 잭의 세금 신고서에서 이상한 점을 발견했다.
(d) 잭은 국세청 웹사이트를 방문할 가능성이 아주 높다.

해설 추론 문제는 세부 사항 유형의 풀이에 가까운 방식으로 접근해야 한다. (a)는 정반대이므로 오답이다. (b)는 아직 국세청이 실제로 발급했는지의 여부를 확인하지 않았으므로 오답이다. (c)는 그럴 가능성이 있지만, 그렇지 않을 가능성도 있다. 이런 경우는 반드시 오답으로 처리해야 한다. 따라서 정답은 (d)이다. 멜라니를 신뢰하는 관계를 감안할 때, 멜라니의 조언을 따를 가능성이 높다고 보는 것이 자연스럽기 때문이다.

tax notice 납세 고지서 **IRS** 미국 국세청 **notice** 알아차리다 **superb** 최상의, 대단히 훌륭한 **accountant** 회계사 **lifesaver** 곤경에서 벗어나게 해주는 것 **tax returns** 세금 신고서 **disgruntled** 불만을 품은 **anomaly** 이상, 변칙

28-29

http://www.aaav.org/page/reports.htm

우리 이야기 / 아이디어 / 리포트 / 뉴스 / 링크

타조가 날지 못하는 이유

주금류라는 용어가 대다수 일반 대중에게는 익숙하지 않을지도 모른다. 주금류는 몸집이 크면서 날지 못하는 조류 집단 가운데 어떤 조류에 대해서든 적용되는 용어이다. 현존하는 주금류가 몇몇이 있는데, 타조도 그 가운데 하나이다.

다른 주금류와 마찬가지로, 타조는 날지 못한다. 물론, 타조는 너무 무거워서 날 수가 없다. 그렇지만 타조의 조상은 어땠을까? 타조는 날지 못하는 조상에서 진화했을까? 오랫동안, 생물학자들은 타조를 포함한 주금류가 날지 못하는 공통의 조상으로부터 진화했다고 생각했다. 주금류가 날아다니는 조상으로부터 유래했다고 생각한 과학자들은 거의 없었다.

그렇지만 2008년에, 캔버라 소재 호주국립대학교의 생물학자인 매튜 필립스가 이끄는 연구팀은 모든 주금류가 날아다니는 공통의 조상을 가졌을 것이라는 가설을 제시했다. 이들에 따르면, 타조의 조상은 공룡이 멸종한, 대략 6,500만년 전에 날아다니는 능력을 잃어 버렸을지도 모른다고 한다.

필립스와 그의 동료 학자들은 공룡이 멸종하면서 타조의 조상이 날아다니는 능력을 잃게 되었을 것이라고 추정한다. 필립스에 따르면, 이것은 공룡에 의해 사냥을 당할 걱정을 하지 않고 땅에서 먹잇감을 사냥할 더 많은 기회가 타조의 조상에게 주어졌기 때문일 수도 있다고 한다. 그렇지만 이 '이론'은 보다 많은 증거가 필요한데, 이는 현재로서는 정확히 왜 타조의 조상이 날아다니는 능력을 잃게 되었는지를 모른다는 뜻이다.

28 Q 필립스와 그의 동료 학자들에 따르면, 다음 중 어느 것이 타조의 조상이었을 수도 있는가?
(a) 날지 못하는 공룡
(b) 하늘을 날아다니는 새
(c) 날아다니는 파충류
(d) 날지 못하는 주금류

해설 문제에서는 필립스와 그의 동료 학자들의 입장을 따를 것을 분명하게 밝혔다. 이들은 타조의 조상이 날아다니는 새였다고 생각하므로 정답은 (b)이다. (a)는 타조의 조상이 공룡과 대립하는 관계에 있었기 때문에 오답이다. 주어진 지문에는 파충류에 대한 언급이 전혀 없으므로 (c)는 정답이 될 수 없다. 그리고 (d)가 일반적인 생각이지만, 필립스와 그의 동료 학자들은 생각이 다르다는 점에서 오답이다.

29 Q 지문으로부터 추론할 수 있는 바는 무엇인가?
(a) 필립스와 그의 동료 학자들은 2008년에 주금류라는 용어를 성공적으로 대중화했다.
(b) 주금류는 공통의 조상으로부터 기원하지 않았다.
(c) 6,500만년 전에, 일부 주금류는 공룡을 먹이로 삼았다.
(d) 주금류의 조상에 대한, 필립스의 이론은 아직 입증되지 않았다.

해설 지문으로부터 분명히 알 수 있는 내용을 정답으로 골라야 함을 명심해야 한다. (a)는 전혀 알 수 없는 내용이다. 따라서 오답이다. (b)는 생물학자들의 일반적인 견해나 필립스의 견해를 생각하더라도, 공통의 조상이 있었다고 보는 것이 타당하므로 정답이 아니다. (c)는 지문에서는 주금류가 공룡에게 잡아먹히는 관계로 설정되어 있기 때문에 오답이다. 따라서 정답은 주어진 지문에서 분명하게 추론할 수 있는 (d)이다. 정답의 단서가 지문에 반드시 제시된다는 점에 특히 유의해야 한다.

ratite 주금류, 평흉류(平胸類) **flightless** 날지 못하는 **extant** 현존하는 **evolve** 진화하다 **originate** 유래하다 **airborne** 비행 중인 **extinct** 멸종된 **prey** (육식동물의) 먹이

30-31

직장에서 창의성을 육성하는 방법

오늘날, 창의성이 사업의 성공에 결정적이라는 사실을 깨닫는 사람들이 점점 더 많아지고 있다. 그렇지만 유감스럽게도 직장에서 창의성을 증진하는 데 대해 잘못된 통념들이 너무도 많다. 이처럼 경쟁이 심해지는 환경에서 살아남아서 번영하기 위해, 비즈니스 지도자들은 그런 통념들이 틀렸음을 밝혀내야 한다. 이 기사는 그 가운데 두 가지 통념을 타파하려고 한다.

하나의 그릇된 통념은 동질성이 창의성에 기여할 수 있다는 생각이다. 이 통념은 동질적인 팀을 만들어내는, 비즈니스 지도자들의 성향에 의해 강화된다. 그렇지만 그런 환경에서는 다양한 관점이 존중되거나 장려되지 않는데, 이는 창의성의 개발에 도움이 되지 않는다. 따라서 직장에서 창의성을 육성하기 위해서는 다양성이 중시되는 것이 필수적이다.

또 하나의 잘못된 통념은 실패의 억제가 보다 큰 창의성으로 귀결될 수 있다는 생각이다. 전혀 그렇지가 않다. 진정한 창의성은 실험을 요하는데, 이는 필연적으로 많은 '실패' 사례를 수반한다. 이런 의미에서, 실패는 창의성을 개발하는 데 필수적인 단계이다.

창의성에 대한 다른 잘못된 통념들도 많지만, 이 두 가지 통념이 틀렸음을 밝히는 것은 직장에서 창의성을 촉진하는 데 촉매로 작용할 수 있으며, 그에 따라 기업에 보다 밝은 장래를 보장할 수 있다.

30 Q 두 번째 단락의 요지는 무엇인가?

(a) 직장에서는 동질적인 팀이 다양한 구성원으로 이뤄진 팀보다 훨씬 더 흔하다.

(b) 이질성은 직장에서 혁신적인 아이디어를 증진하는 데 기여하는 요소일 수 있다.

(c) 비즈니스 지도자들은 직장에서 오해를 강화하는 경향이 있다.

(d) 다양성이 필연적으로 창의성의 개발로 이어지지는 않는다.

해설 한 단락만 보고서 정답을 고를 수 있기 때문에 다소 부담이 덜한 편이다. (a)는 두 번째 단락에서 언급한 내용이긴 하지만, 중심 내용이 아니다. (c)는 오해를 강화하려고 한다기보다는 창의성 육성 방안을 잘못 이해하고 있다고 보는 것이 보다 타당하다. (d)는 정반대로 설명했다. 따라서 정답은 주어진 단락의 요지를 정확히 포착한 (b)이다.

31 Q 기사에 따르면, 다음 중 올바른 설명은 무엇인가?

(a) 창의성이라는 개념은 대부분의 기업가들에게 포착하기 어려운 것이다.

(b) 요즘, 성공의 중요성은 비즈니스계에서 가치 있게 여겨지지 않는다.

(c) 창의성은 시행착오 없이 성취될 것 같지 않다.

(d) 전문가들은 창의적인 사람들이 첫 번째 시도에서 성공하는 경향이 있다는 데 동의한다.

해설 세부 사항 유형이므로, 지문의 내용과 꼼꼼하게 대조하면서 정답을 찾아야 한다. (a)는 지문에서 말하지 않은 내용이므로 반드시 오답으로 처리해야 한다. (b)는 성공이 중요하고, 성공을 이끌어 내는 데 창의성이 중요하다고 이해하는 것이 타당하므로 정답이 아니다. (d)는 거꾸로 설명했다. 실제로 고사장에서 문제를 풀다 보면, 이와 같은 선택지를 정답으로 착각하는 경우가 의외로 많다. 문제에서 요구하는 사항을 반드시 확인하는 습관을 길러야 하다. 정답은 주어진 내용에 충실한 (c)이다.

foster 육성하다, 조성하다 **crucial** 결정적인 **myth** 그릇된 통념 **promote** 증진하다, 촉진하다 **thrive** 번창하다 **debunk** 틀렸음을 밝히다 **dispel** 타파하다 **homogeneity** 동질성 **homogeneous** 동질적인 **conducive** 조성하는, 도움이 되는 **suppression** 억제, 억압 **experimentation** 실험 **instance** 사례, 경우 **catalyst** 촉매

32-33

정치 〉 지역 스콧데일 포스트

진보주의자가 표현의 자유를 억압하는 것은 정당한가?

화요일 저녁에, 스콧대학교에서 성난 시위자들이 보수적인 작가인 로라 스미스를 맞이했는데, 스콧대학교는 '진보적인' 태도로 잘 알려져 있다. 시위자들의 상당수는 스미스가 백인 우월주의자라고 비난했으며, 그녀의 증오 발언이 결코 용인되어서는 안 된다고 덧붙여 말했다. 그렇지만 흥미롭게도 일부 학생들은 스미스의 견해를 억압하지 않고 비판을 가해야 한다고 제안했다.

정치학과의 패트리샤 니콜라스 교수를 포함해서, 일부 교수들은 이 사건으로 진보주의자들이 도덕적 가치를 존중하면서도 표현의 자유를 지지해야 하는 딜레마에 봉착했음을 다시금 되새기게 되었다고 지적한다. 원하는 것을 무엇이든 표현하는 것이 허용되어야 하는가? 표현의 자유는 일정한 상황에서 제한되어야 하는가?

니콜라스 교수에 따르면, 표현의 자유는 말하고 싶은 것을 무엇이든 표현할 수 있다는 뜻이 아니며, 이런 사실은 자유들 가운데 어떤 것도 무제한적이지 않다는 것을 강조한다고 한다. 누군가가 증오 발언을 하려고 할 때, 진보주의자는 그 사람의 표현의 자유를 억압할 모든 권리를 갖는다. 그래서 니콜라스 교수는 스미스가 처음부터 캠퍼스에서 연설을 하도록 허용되지 말았어야 했다고 생각한다.

32 Q 시위자들은 왜 스미스에게 적대적이었나?

(a) 그녀의 연설에 강렬한 감정을 일으키는 의도로 한 말이 가득했기 때문에

(b) 백인 우월주의자들에 대한, 그녀의 비(非)관용적인 태도에 화가 났기 때문에

(c) 그녀가 표현의 자유를 억압한다고 비난했기 때문에

(d) 그녀가 용인할 수 없는 신념 체계를 지지한다고 생각했기 때문에

해설 세부 사항 유형이므로, 해당하는 정보가 있는 부분을 찾아서 빠르고 정확하게 풀어나가야 한다. 첫 번째 단락의 두 번째 문장에 정답의 단서가 있다. 따라서 정답은 (d)이다. (a)는 알 수 없는 내용이므로 반드시 오답으로 처리해야 한다. (b)는 정반대의 내용을 나타내는데, 문제를 풀면서 매우 신중하게 처리해야 함에 유의하자. (c)는 이 경우에 오히려 시위자들이 표현의 자유를 억압한다고 볼 수 있다. 이 문항의 정답에서도 백인 우월주의라는 말을 그대로 쓰지 않고, 다르게 표현했음에 유의하자.

33 Q 어떤 진술에 니콜라스가 동의할 가능성이 가장 높은가?

(a) 진보주의자는 일정한 아이디어를 억압하려고 하면서도 모든 사람들의 표현의 자유에 대한 권리를 존중하기 때문에 위선자이다.

(b) 사회가 필요한 경우에 언론의 자유에 대한, 개인의 권리를 침해하는 것이 허용되어야 한다.

(c) 진보주의자들은 스미스를 일단 믿어 주었어야만 했다.

(d) 언론의 자유는 어떤 상황에서도 박탈되어서는 안 된다.

해설 니콜라스의 입장을 정확히 이해해야 한다. 니콜라스는 표현의 자유

를 무제한의 허용이 요구되는 자유라고 인정하지 않는다. 따라서 정답은 (b)이다. (a)는 니콜라스의 입장에서 일정한 아이디어의 억압이 바람직할 때도 있기 때문에 오답이다. (c)는 니콜라스가 스미스의 연설이 불허되었어야 했다고 지적했기 때문에 정답이 될 수 없다. (d)는 니콜라스가 반대하는 입장이기 때문에 오답이다.

liberal 진보주의자; 자유주의자 **justify** 정당화하다 **suppress** 억압하다, 억제하다 **greet** 맞이하다 **protester** 시위자 **white supremacist** 백인 우월주의자 **tolerate** 용인하다

34-35

로마인의 영국에 대한 지배가 종식된 이유

기원후 43년부터 410년까지, 로마제국은 영국의 대부분 지역을 지배했는데, 이 지역들은 그 후에 '로마제국 시대의 영국'으로 불렸다. 5세기 초반 무렵에, 로마인들은 그 지역에 대한 지배력을 거의 상실했다. 카이사리아의 프로코피우스에 따르면, 영국에 대한 로마인들의 지배는 6세기 중반에 완전히 종식되었다고 한다.

미하엘 로스톱체프를 포함한, 일부 역사학자들은 로마제국의 경제력이 약화되면서, 로마인들이 영국으로부터 물러날 수밖에 없었다는 학설을 제시한다. 다른 역사학자들은 반대 의견을 제시한다. 이들은 5세기 초반 동안에, 영국에 살고 있던 로마인들이 경제적으로 여전히 건재했다고 지적한다. 그렇지만 이 로마인들은 군사적으로 약해져 있었다.

그 시기 동안에, 로마제국은 게르만족의 공격으로 인해 군사적으로 고통을 겪었다. 동시에, 로마제국은 내적으로 불안정한 상태였다. 이는 주로 4세기 후반부터 계속해서 이른바 '참주'들이 지속적으로 로마제국의 지배 왕조를 공격하려고 했기 때문이었다. 이런 불안정한 상황 때문에 로마인들은 영국에 대한 지배를 포기하게 되었다.

34 Q 지문의 주제는 무엇인가?

(a) 5세기 동안에 로마인들이 경제력을 상실한 이유
(b) 4세기 후반 동안에 영국과 로마제국 사이에 심해진 긴장 관계
(c) 참주들이 로마제국으로부터 독립하려는 영국의 노력을 기꺼이 원조하려고 한 이유
(d) 영국의 대부분 지역이 로마제국의 지배를 받는 시대가 종식된 이유

해설 전반적인 정보를 측정하는 유형이므로, 글의 전체 흐름에 유의해야 한다. (a)는 논란의 소지가 있는 사항이면서, 세부 사항일 뿐이다. (b)는 그렇게 되었을 것이라고 추론할 수도 있지만, 중심 내용은 아니다. (c)는 그렇게 판단할 수 있는 근거가 없을 뿐만 아니라, 글의 요지가 아니다. 따라서 정답은 (d)이다. 이와 같은 문항 유형에서 지문의 제목이 단서를 제공할 때도 있고 그렇지 않을 때도 있다. 이 문항에서는 제목이 정답의 단서를 제공하고 있다.

35 Q 기사에 따르면, 다음 중 올바른 설명은 무엇인가?

(a) 카이사리아의 프로코피우스는 역사에 대한 방대한 지식으로 유명한 로마의 통치자였다.
(b) 로스톱체프는 군사력이 국가의 운명을 결정한다고 이해한다.
(c) 5세기 초반 동안에, 로마제국에는 대내외적인 불안정성이 존재했다.
(d) 참주들은 로마제국을 멸망시키려고 분투했다.

해설 세부 사항 유형이다. (a)는 프로코피우스가 역사 지식이 풍부했다고 생각할 수도 있지만, 통치자라고 판단할 수 있는 근거가 없다. (b)는 전형적인 비약에 해당하는 설명이다. 이 글은 로마제국에 대해서만 다루고 있기 때문에, 전체 국가로 일반화하기에는 무리가 따른다. (d)는 참주들의 동기가 제시되어 있지 않기 때문에, 절대로 정답으로 골라서는 안 된다. 따라서 정답은 주어진 내용에 충실한 (c)이다.

empire 제국 **subsequently** 그 후에 **retreat** 철수하다 **internally** 내적으로 **unstable** 불안정한 **onward** 계속 **usurper** 찬탈자, 강탈자 **dynasty** 왕조 **relinquish** 포기하다 **obliterate** 없애다, 말살하다

Actual Test 3

청해 Listening Comprehension

1 (b)	2 (a)	3 (a)	4 (b)	5 (a)	6 (b)	7 (d)	8 (b)	9 (b)	10 (c)
11 (b)	12 (b)	13 (a)	14 (b)	15 (c)	16 (c)	17 (c)	18 (d)	19 (b)	20 (c)
21 (b)	22 (a)	23 (b)	24 (d)	25 (d)	26 (a)	27 (b)	28 (c)	29 (a)	30 (d)
31 (d)	32 (c)	33 (b)	34 (d)	35 (c)	36 (c)	37 (c)	38 (d)	39 (a)	40 (d)

어휘 Vocabulary

1 (a)	2 (b)	3 (b)	4 (d)	5 (c)	6 (a)	7 (a)	8 (b)	9 (d)	10 (a)
11 (c)	12 (a)	13 (c)	14 (b)	15 (d)	16 (a)	17 (b)	18 (b)	19 (a)	20 (d)
21 (b)	22 (a)	23 (d)	24 (d)	25 (a)	26 (c)	27 (a)	28 (d)	29 (b)	30 (d)

문법 Grammar

1 (d)	2 (a)	3 (d)	4 (c)	5 (c)	6 (b)	7 (c)	8 (d)	9 (d)	10 (a)
11 (d)	12 (b)	13 (c)	14 (a)	15 (d)	16 (a)	17 (b)	18 (a)	19 (d)	20 (a)
21 (c)	22 (b)	23 (d)	24 (d)	25 (a)	26 (b)	27 (b)	28 (b)	29 (d)	30 (c)

독해 Reading Comprehension

1 (d)	2 (d)	3 (b)	4 (d)	5 (d)	6 (a)	7 (c)	8 (d)	9 (d)	10 (a)
11 (d)	12 (b)	13 (c)	14 (a)	15 (d)	16 (a)	17 (b)	18 (a)	19 (d)	20 (a)
21 (c)	22 (b)	23 (d)	24 (d)	25 (a)	26 (b)	27 (b)	28 (b)	29 (d)	30 (c)
31 (c)	32 (a)	33 (b)	34 (b)	35 (b)					

청해 **Listening** Comprehension

Part I

1

W Put me through to the director of sales, please.
M ______________________

(a) He's not that concerned with money.
(b) I'll transfer your call momentarily.
(c) Yes, he has quite the résumé.
(d) No, I told you I didn't.

W 영업부장님 좀 바꿔 주세요.
M ______________________

(a) 그는 돈에 그다지 관심이 없어요.
(b) 바로 전화 바꿔 드릴게요.
(c) 네, 그는 경력이 아주 뛰어나요.
(d) 아뇨, 안 한다고 했잖아요.

해설 put through는 전화에서 '~를 바꿔 주다'라는 뜻으로 쓰이는 표현이다. 따라서 바로 전화를 바꿔 주겠다는 (b)가 가장 알맞은 응답이다.

put A through to A를 ~에 연결해 주다 **be concerned with** ~에 관심이 있다 **transfer** 옮기다 **momentarily** 곧, 금방

2

W I left my purse at home, so we'll have to go back.
M ______________________

(a) But we're already 30 miles away.
(b) Here, you can borrow one of mine.
(c) Just tell her that you'd rather head back.
(d) I'd never seen one so intricately designed.

W 집에 지갑을 두고 와서, 우리 돌아가야 할 것 같아.
M ______________________

(a) 하지만 벌써 30마일이나 왔는데.
(b) 여기, 내 거 하나 빌려줄게.
(c) 그녀에게 네가 돌아가는 편이 낫겠다고 그냥 말해.
(d) 그렇게 복잡하게 디자인된 것은 본 적이 없어.

해설 지갑을 놓고 왔으니 돌아가자는 말에 대해, 찬성이나 반대의 응답을 기대할 수 있다. 벌써 꽤 왔으니 돌아가기 어렵다는 뜻의 (a)가 가장 적절하다. 여기서 (b)는 지갑을 하나 빌려주겠다는 의미가 되므로 상황에 어울리지 않는다.

head back 되돌아가다 **intricately** 복잡하게

3

M What's the purpose of this meeting anyway?
W ______________________

(a) We'll be going over financial stuff.
(b) I didn't know we had to prepare.
(c) I'll see you when you get there.
(d) That's why we're having it.

M 그런데 이 회의의 목적은 뭐예요?
W ______________________

(a) 재무에 관한 것을 살펴볼 거예요.
(b) 우리가 준비를 해야 했다는 것을 몰랐어요.
(c) 거기 도착하면 봐요.
(d) 그래서 우리가 지금 회의를 하는 거예요.

해설 회의의 목적이 무엇이냐고 물었으므로, 회의에서 다루게 될 일을 말해주는 (a)가 가장 알맞은 응답이다. (b)는 I didn't know까지만 들으면 자기도 모르겠다는 뜻으로 생각할 수 있지만 이어지는 내용이 어울리지 않는다.

go over ~을 검토하다 **financial** 재정의 **stuff** 것, 일

4

W My heart is aching after watching that sad movie.
M ______________________

(a) Fine, we can see it.
(b) I found it pretty cheesy.
(c) No, that's not what I meant.
(d) I'm sure it will resume soon.

W 그렇게 슬픈 영화를 보고 나니 마음이 아파요.
M ______________________

(a) 좋아요, 그걸 봅시다.
(b) 난 좀 진부하다고 생각했는데요.
(c) 아뇨, 내 말 뜻은 그게 아니에요.
(d) 틀림없이 조만간 다시 시작할 거예요.

해설 여자가 영화를 보고 난 후 감상을 말하고 있으므로 남자도 자신의 감상을 말하는 것이 가장 적절하다. 'find+A+형용사'로 이루어진 표현은 'A가 ~하다고 여기다'라는 뜻으로 무언가에 대한 느낌이나 판단을 나타내므로 (b)가 정답이다.

ache 아프다 **cheesy** 싸구려의, 진부한 **resume** 다시 시작하다

5

M Was that an inspiring lecture or what?
W ______________________

(a) Professor Timmons often gives great talks.
(b) Thanks for letting me borrow your notes.
(c) As long as you finish your final paper.
(d) I was sitting in the middle of the room.

M 고무적인 강의이지 않았니?
W ______________________________

(a) **티몬스 교수님은 대개 훌륭한 강의를 하셔.**
(b) 노트를 빌려줘서 고마워.
(c) 네가 기말 보고서를 끝내기만 하면.
(d) 강의실 중앙에 앉아 있었어.

해설 강의가 어땠냐고 묻고 있으므로 훌륭했다고 답하는 (a)가 가장 적절하다. (c)는 남자가 뭔가 부탁을 했을 때, 여자가 조건을 제시하는 응답이다.

inspiring 고무적인 **as long as** ~하기만 하면

6

W Mitch, I could really use a hand planting the vegetable garden.
M ______________________________

(a) That's the nicest thing I've ever heard.
(b) I can spare a few hours this weekend.
(c) Let's just warm up some leftovers.
(d) And I've been working out, too.

W 미치, 채소밭을 조성하는 데 도움이 절실히 필요한데.
M ______________________________

(a) 그건 내가 이제까지 들은 말 중 가장 멋진 말이야.
(b) **이번 주말에 몇 시간 정도 여유가 있어.**
(c) 그냥 남은 음식을 좀 데우자.
(d) 나도 운동을 계속 해왔어.

해설 could really use a hand라는 여자의 말을 제대로 이해하는 것이 중요하다. 여기서 hand는 '도움'이라는 뜻이므로 주말에 시간이 나니 도와주겠다는 (b)가 가장 적절한 응답이다.

could use ~을 얻을 수 있으면 좋겠다, ~이 필요하다 **spare** (시간을) 할애하다 **warm up** 데우다 **leftover** 남은 음식

7

M Joel needs to come by my office ASAP.
W ______________________________

(a) He never did as far as I can tell.
(b) I don't think I'll be coming in today.
(c) Yes, his workspace is so attractive.
(d) OK, I'll tell him not to delay.

M 조엘은 가능한 한 빨리 내 사무실에 들러야 해요.
W ______________________________

(a) 제가 알기로는 그는 절대 안 했어요.
(b) 저는 오늘 들어가지 못할 것 같아요.
(c) 네, 그의 작업 공간은 아주 멋져요.
(d) **알겠습니다, 그에게 지체하지 말라고 할게요.**

해설 남자는 Joel이라는 사람에게 즉시 자기 사무실로 와달라고 전해달라는 뜻으로 여자에게 말하고 있다. 따라서 그렇게 하겠다고 대답하는 (d)가 정답이다. 여자에게 오라고 한 것이 아니므로 (b)는 알맞지 않다.

come by 들르다 **ASAP** 가능한 한 빨리(as soon as possible) **workspace** 작업 공간

8

M Wow, I really dropped the ball on that one.
W ______________________________

(a) I always felt like it would.
(b) Well, we all make mistakes.
(c) We'll help you find it tomorrow.
(d) Right, but not so much this time.

M 와, 난 정말 그 지점에서 실수했어요.
W ______________________________

(a) 난 항상 그럴 것 같다고 생각했어요.
(b) **우리는 모두 실수를 하기 마련이에요.**
(c) 우리가 내일 그걸 찾는 걸 도와줄게요.
(d) 맞아요, 하지만 이번에는 그 정도까지는 아니에요.

해설 drop the ball의 의미를 제대로 파악하지 못하면 (c)같은 오답을 고를 수 있다. drop the ball은 '실수하다'라는 뜻이므로 누구나 실수하기 마련이라며 위로하는 (b)가 가장 적절한 응답이다.

drop the ball 실수로 일을 망치다 **make a mistake** 실수하다

9

W Shall we hit the road before the snow starts?
M ______________________________

(a) No, not too hazardous.
(b) Yeah, but I hate to leave.
(c) All day and into the night.
(d) We've just been stuck here.

W 눈이 내리기 전에 출발할까?
M ______________________________

(a) 아니, 그다지 위험하지 않아.
(b) **응, 하지만 떠나기 싫은데.**
(c) 하루 종일도 모자라 밤까지야.
(d) 우리는 여기에 꼼짝 없이 갇혔어.

해설 hit the road는 '길을 나서다, 출발하다'는 뜻이므로 Shall we...? 라는 제안에 동의하는 (b)가 가장 적절한 응답이다. (d)는 눈이 많이 오거나 교통 정체가 심해서 꼼짝 못하는 상황에서 하는 말이다.

hit the road 출발하다 **hazardous** 위험한 **be stuck** 꼼짝 못하다

10

W What a mess this new regulation has created.
M ______________________________

(a) It's just a small spill, though.
(b) Must be something in the water.
(c) There's serious talk of repealing it.
(d) Yes, it's been a real windfall for us.

W 이 새로운 규정 때문에 얼마나 엉망이 됐는지 좀 봐.
M ______________________________

(a) 하지만 그건 살짝 엎질러진 것뿐이야.
(b) 물에 뭔가가 있는 게 틀림없어.
(c) 그것을 폐지하자는 얘기가 심각하게 오가고 있어.
(d) 맞아, 우리로서는 정말 뜻밖의 횡재였어.

해설 여자는 새로운 규정에 대해서 불만을 토로하고 있으므로, 여자의 말에 동의하며 규정 폐지를 언급하는 (c)가 가장 적절한 응답이다.

mess 엉망진창 **regulation** 규정, 법규 **spill** 엎지른 것 **repeal** 폐지하다 **windfall** 뜻밖의 횡재

Part II

11

M Want to grab a bite to eat later?
W Sorry, I'm supposed to go visit my parents.
M When will you be done with that?
W ______________________

(a) After we eat we can.
(b) Probably not until late.
(c) That's what I'm thinking.
(d) I'll tell them you said hello.

M 이따 간단히 뭐 좀 먹을까?
W 미안해, 부모님을 뵈러 가기로 했거든.
M 그건 언제 끝나는데?
W ______________________

(a) 우리가 먹은 후에 해도 돼.
(b) 아마 늦어질 거야.
(c) 내 생각도 바로 그래.
(d) 네가 안부 전한다고 말씀 드릴게.

해설 남자가 마지막에 When으로 묻고 있는 것에 주의한다. (a)도 시간에 대한 응답이지만 앞에서 간단히 먹자는 남자의 제안에 Sorry라고 이미 거부를 했기 때문에 적절하지 않다. 따라서 늦게까지 시간이 나지 않을 것이라는 (b)가 가장 적절한 응답이다.

grab a bite to eat 간단히 먹다 **be supposed to** ~하기로 되어 있다

12

M I heard a free Shakespeare play is on this weekend.
W Yes, I believe they're doing it at the City Park.
M Where exactly is the stage?
W ______________________

(a) I've never acted before.
(b) Next to the central pond.
(c) Across town from the park.
(d) I don't care for Shakespeare.

M 이번 주말에 무료 셰익스피어 연극이 있다고 들었어.
W 맞아, 시티 파크에서 한다고 알고 있어.
M 무대가 정확히 어디야?
W ______________________

(a) 나는 전에 한번도 연기를 해 본 적이 없어.
(b) 중앙에 있는 연못 옆이야.
(c) 공원에서는 시내 반대편이야.
(d) 난 셰익스피어가 별로야.

해설 Where로 묻는 남자의 질문에 대해 장소로 답하는 (b)와 (c)가 가능한데, (c)는 공원에서 공연을 한다고 여자가 말한 것에 어긋난다. 따라서 (b)가 정답이다.

stage 무대 **care for** ~을 좋아하다

13

W Isn't the SJ-90 a beauty of a car?
M Sure, but what's it got under the hood?
W The most powerful engine in its class.
M ______________________

(a) I'd hope so, for that price.
(b) The hood latch is broken.
(c) It leaves a lot to be desired.
(d) I'll give you a test drive.

W SJ-90은 자동차 중에서 최고 아닐까요?
M 물론이죠, 그런데 엔진은 어떻죠?
W 동급 최강의 엔진이에요.
M ______________________

(a) 그 가격이라면 그 정도는 바랄 것 같아요.
(b) 후드 래치가 망가졌어요.
(c) 미흡한 점이 많아요.
(d) 시험 운전하게 해 드릴게요.

해설 두 사람이 거론하고 있는 자동차의 엔진이 동급 최강이라는 여자의 말에 대해, 그 가격이라면 그럴 만하다고 응답하는 (a)가 가장 적절하다. 엔진에 대해 묻는 걸로 보아 남자가 시험 운전을 허락해 주는 사람이라고 보기 어려우므로 (d)는 알맞지 않다.

beauty 아주 뛰어난 것 **class** 등급 **hood latch** 자동차 엔진룸을 덮고 있는 부분의 잠금장치 **test drive** 시운전

14

M Are you still happy with the house you bought?
W It's beginning to feel a bit cramped.
M Sounds like it's time for an extension!
W ______________________

(a) I'd rather have them both.
(b) The money's not there for that.
(c) I can't believe it's so spacious.
(d) We've got a few square feet.

M 네가 산 집에 여전히 만족하고 있니?
W 좀 비좁다는 느낌이 들기 시작했어.
M 집을 넓힐 때가 된 것 같구나.
W ______________________

(a) 난 둘 다 갖는 쪽을 택하겠어.
(b) 돈이 그 정도는 안 돼.

Actual Test 3

(c) 그게 그렇게 넓다니 믿을 수가 없어.
(d) 우리에게 공간이 좀 있어.

해설 집이 비좁게 느껴진다는 여자에게 집을 넓히라는 의견을 말하고 있고, 그러기에는 돈이 부족하다고 말하는 (b)가 가장 적절한 응답이다.

cramped 비좁은 **extension** 확장 **spacious** 넓은

15

M I'm applying for a mortgage today.
W I hope you don't have too much trouble.
M Will I get approved with a credit score of 620?
W ____________________________

(a) It's possible you'll approve.
(b) I thought they scored more.
(c) That's in the acceptable range, I believe.
(d) The bank's downtown by the post office.

M 오늘 주택 담보 대출을 신청하려고 해.
W 별 문제가 없었으면 좋겠다.
M 신용 점수 620점이면 승인될까?
W ____________________________

(a) 네가 승인하면 가능하지.
(b) 그들 점수가 더 높을 것 같아.
(c) 그 정도면 승인될 수 있는 범위인 것 같은데.
(d) 은행은 시내 우체국 옆에 있어.

해설 남자는 자기 신용 점수를 언급하며 주택 담보 대출이 승인될지를 걱정하고 있으므로 그 점수면 가능할 거라고 말하는 (c)가 정답이다.

apply for ~을 신청하다 **mortgage** 주택 담보 융자 **approve** 승인하다 **acceptable** 받아들일 수 있는 **range** 범위

16

W How's it coming with the expense report?
M I don't see a way to meet the deadline.
W What if you give some tasks to colleagues?
M ____________________________

(a) I would, but it's too expensive.
(b) Thanks for the offer, but I've got it.
(c) They're all as busy as I am right now.
(d) I'll give it to them when it's complete.

W 지출 품의서는 어떻게 돼가고 있어요?
M 기한을 맞출 방법이 없습니다.
W 동료들과 일을 좀 분담하면 어때요?
M ____________________________

(a) 저도 그러고 싶지만, 너무 비싸서요.
(b) 제안은 고맙지만, 다 했습니다.
(c) 모두 지금 저만큼 바쁩니다.
(d) 끝내고 나면 그들에게 주겠습니다.

해설 여자는 기한을 맞추기 어렵다는 남자에게 동료들과 일을 분담할 것을 제안하고 있다. 이에 대해 동료들도 모두 바쁘다는 (c)가 정답이다. (a)는 I would, but까지만 들으면 가능할 것 같지만 이어지는 내용이 어울리지 않는다.

expense 비용 **meet the deadline** 기한을 맞추다 **colleague** 동료 **complete** 완료된

17

M That country requires a tourist visa, right?
W Yes, the embassy distributes them.
M What if I arrive at its airport without one?
W ____________________________

(a) I'll pick you up when you land.
(b) Oh, you're going to love your visit.
(c) They'll put you on a plane back home.
(d) Before we go, we'll visit the embassy.

M 그 나라는 관광 비자가 필요하죠?
W 네, 대사관에서 발급하고 있어요.
M 비자 없이 공항에 도착하면 어떻게 되죠?
W ____________________________

(a) 당신이 도착하면 제가 태우러 갈게요.
(b) 아, 방문하는 곳이 무척 마음에 들 거예요.
(c) 귀국 항공편에 당신을 태울 거예요.
(d) 우리는 가기 전에 대사관을 방문할 거예요.

해설 관광 비자가 필요한 나라에 관광 비자 없이 입국하면 어떻게 되느냐고 묻고 있으므로 귀국 조치될 거라고 말하는 (c)가 가장 적절한 응답이다.

tourist visa 관광 비자 **embassy** 대사관 **distribute** 분배하다 **land** 도착하다

18

W I heard you entered a poetry competition.
M That's right. And I won third place overall.
W Really? That's remarkable. Congratulations!
M ____________________________

(a) Your poem was by far the best.
(b) I'm sure you'll get the prize.
(c) Thanks, I can't wait to read it.
(d) It was a surprise to me, too.

W 시 경연 대회에 참가했다고 들었어.
M 맞아. 나 종합 3위 했어.
W 정말? 그거 대단한데. 축하해!
M ____________________________

(a) 네 시가 단연 최고였어.
(b) 너는 틀림없이 상을 받을 거야.
(c) 고마워, 빨리 읽고 싶어.
(d) 나에게도 놀라운 일이었어.

해설 축하의 말에 대해 고맙다는 (c)를 정답으로 고르기 쉽지만, 이어지는 말은 상을 받은 남자가 아니라 축하하는 여자가 할 말이므로 알맞지 않다. 자신도 수상 결과에 놀랐다는 (d)가 가장 적절한 응답이다.

poetry (집합적) 시 **competition** 시합, 경연 대회 **place** (성적 등의) 순위 **overall** 전체적으로 **remarkable** 놀랄 만한 **by far** 단연

19

W What are we going to be doing tonight?
M We're going to see a choir singing at a church.
W Does it matter what time we get there?
M ____________________

(a) For about two and a half hours, I believe.
(b) No, people will be coming and going.
(c) Yes, it'd be nice to practice first.
(d) If you don't care, just say so.

W 오늘 밤 우리 뭐 할 거야?
M 교회에서 성가대 노래하는 거 보러 갈 거야.
W 거기에 몇 시에 도착하는지가 중요할까?
M ____________________

(a) 두 시간 반 정도일 거야.
(b) 아니, 사람들이 들락날락할 거야.
(c) 응, 먼저 연습을 하는 게 좋을 거야.
(d) 네가 상관없다면, 그냥 그렇게 말해.

해설 여자가 교회에 시간 맞춰 도착해야 하느냐고 묻고 있으므로, 시간은 상관 없다고 대답하는 (b)가 가장 적절하다. (a)는 성가대 공연 시간이 얼마나 되느냐는 질문에 대한 응답으로 볼 수 있다.

choir 합창단, 성가대 **matter** 중요하다

20

M I appreciate your lending me your lecture notes.
W Hey, it's no skin off my back.
M Yours are much more coherent than mine.
W ____________________

(a) The lectures are hard to understand.
(b) I'm glad I helped you pass the class.
(c) I've always been good at note-taking.
(d) As long as you let me copy your notes.

M 강의 노트를 빌려줘서 고마워.
W 별 것도 아닌데 뭘.
M 내가 한 것보다 훨씬 논리 정연해.
W ____________________

(a) 그 강의는 이해하기가 힘들어.
(b) 네가 그 강좌를 통과하는 걸 도울 수 있어서 기뻐.
(c) 난 이제까지 필기는 잘했어.
(d) 네 노트를 복사하게만 해준다면.

해설 남자가 여자의 노트가 논리 정연하다고 칭찬했으므로, 필기를 잘한다고 인정하는 (c)가 가장 적절하다. 남자가 강좌를 통과했다는 언급은 없으므로 (b)는 알맞지 않다.

appreciate 고맙게 여기다 **lend** 빌려주다 **be no skin off one's back** ~에게 전혀 피해가 되지 않다 **coherent** 논리 정연한 **be good at** ~을 잘하다 **note-taking** 필기

Part III

21

Listen to a job interview.

W It says here you have experience in crisis resolution.
M Yes. I headed up a crisis management team at MGI.
W And why did you leave that firm?
M They did not honor a wage increase promised to me.
W So, money must be very important to you.
M No, I just didn't like being taken for granted.

Q What is the man mainly doing in the conversation?
(a) Defending his request for a raise
(b) Explaining his background at MGI
(c) Setting out his current career goals
(d) Discussing MGI's crisis management

구직 인터뷰를 들으시오.

W 여기 위기 해결 경험이 있다고 적혀 있네요.
M 네. MGI에서 위기 관리팀을 이끌었습니다.
W 그런데 왜 그 회사를 그만두셨죠?
M 저에게 약속했던 급여 인상을 지키지 않아서요.
W 그럼, 돈이 매우 중요한 사항인가 보군요.
M 아뇨, 전 제 가치를 인정받고 싶었을 뿐입니다.

Q 남자가 주로 하고 있는 것은?
(a) 급여 인상 요구 변호
(b) MGI에서의 경력 설명
(c) 현재의 직업 목표 설정
(d) MGI의 위기 관리 논의

해설 남자가 새로운 회사에서 면접 인터뷰를 하고 있는 상황이다. 이전 직장에서의 업무와 퇴사한 이유에 대해서 설명하고 있으므로 (b)가 적절하다.

head up ~을 이끌다 **management** 관리 **honor** (약속을) 지키다 **wage increase** 급여 인상 **take A for granted** A를 당연시 여기다

22

Listen to a conversation between two friends.

M Wow, what was that popping noise I just heard?
W That was my knee! There's something wrong with it.
M I'll say! How long has that been going on?
W I twisted it on a whitewater rafting trip last summer.
M And you haven't had it checked out?
W I'm worried it'll require surgery.

Q What are the man and woman mainly talking about in the conversation?
(a) The woman's knee injury
(b) The high cost of healthcare
(c) A whitewater rafting excursion
(d) An operation the woman needs

Actual Test 3

두 친구의 대화를 들으시오.

M 와, 방금 들은 펑하는 소리가 뭐야?
W 내 무릎에서였어! 무릎에 뭔가 문제가 있어.
M 그러네! 그렇게 된 지 얼마나 됐어?
W 지난여름에 급류 타기 여행을 갔다가 접질렸어.
M 그런데 아직 검사를 안 했다는 거야?
W 수술해야 할까 봐 걱정돼서 말이야.

Q 남자와 여자가 주로 말하고 있는 것은?
(a) 여자의 무릎 부상
(b) 비싼 의료비
(c) 급류 타기 여행
(d) 여자에게 필요한 수술

해설 여자의 무릎에서 소리가 난다는 것에서 대화가 시작되어 여자의 무릎 부상이 심각할지도 모른다는 내용으로 전개되고 있다. 따라서 (a)가 대화의 주된 내용이다.

pop 펑 소리가 나다 **twist** (발목을) 삐다 **whitewater rafting** 급류 타기 **check out** 확인하다 **surgery** 수술 **excursion** 유람, 여행 **operation** 수술

23

Listen to two people talk about breaking the speed limit.

M You'll never believe what happened this morning.
W Did your car break down or something?
M Not quite that bad, but I got pulled over for speeding.
W Oh no, how fast were you going?
M Almost 15 over the limit.
W Oh, I bet the policeman wasn't too happy about that.

Q What are the man and woman mainly discussing?
(a) The dangers of speeding
(b) A recent traffic violation
(c) Some automotive trouble
(d) Problems with local police

제한 속도 위반에 대한 두 사람의 대화를 들으시오.

M 오늘 아침에 무슨 일이 있었는지 너는 짐작도 못할 거야.
W 차가 고장 나기라도 했어?
M 심각한 건 아니고, 과속하다 걸려서 차를 길가에 대야 했어.
W 저런, 얼마나 빨리 달렸는데?
M 제한 속도를 거의 15킬로 정도 초과했어.
W 아, 경찰이 썩 마음에 들어 하진 않았겠다.

Q 남자와 여자가 주로 말하고 있는 것은?
(a) 과속의 위험성
(b) 최근의 교통 법규 위반
(c) 자동차의 몇 가지 문제점
(d) 지역 경찰과의 문제

해설 남자가 과속하다 경찰에 걸린 일에 대해서 얘기하고 있다. 따라서 (b)가 정답이다.

break down 고장 나다 **pull over** 차를 길가로 붙이다 **speeding** 과속 **violation** 위반

24

Listen to two friends discuss how to take care of a pet.

W My cat situation is driving me insane!
M Are you still taking care of Suzie's cat?
W Yes, and she's not getting along with mine.
M Animals need time to get used to each other.
W But it's already been a week.
M Maybe keep them separated until Suzie gets back.

Q Why is Suzie's cat giving the woman a hard time?
(a) Because she doesn't know how to take good care of cats
(b) Because the cat misses Suzie too much
(c) Because she has become estranged from Suzie since last week
(d) Because the cat is not having a friendly relationship with her own pet

애완동물 돌보는 방법에 대한 두 친구의 대화를 들으시오.

W 내 고양이한테 생긴 일 때문에 미치겠어!
M 아직도 수지의 고양이를 돌봐주고 있니?
W 응, 그런데 걔가 내 고양이와 사이가 좋지 않아.
M 동물들은 서로 익숙해지는 데 시간이 필요해.
W 하지만 벌써 일주일이나 됐는데.
M 수지가 돌아올 때까지 서로 떼어놓아야 할 거야.

Q 여자가 수지의 고양이 때문에 힘들어 하는 이유는 무엇인가?
(a) 여자가 고양이를 잘 돌보는 방법을 모르기 때문에
(b) 고양이가 수지를 너무도 많이 그리워하기 때문에
(c) 여자가 지난주 이래로 수지와 관계가 소원해졌기 때문에
(d) 고양이가 여자 자신의 애완동물과 관계가 친근하지 않기 때문에

해설 세부 사항 유형으로 대화를 들으면서 출제될 수 있는 내용을 예상하는 것이 매우 효과적인 대응 전략이다. (a)는 여자가 고양이를 기르고 있다는 사실로 봐서 틀린 내용이다. (b)와 (c)는 대화의 내용에 분명하게 나타나 있지 않으므로 반드시 오답으로 처리해야 한다. 따라서 정답은 대화의 내용에 충실한 (d)이다.

drive A insane A를 정말 화나게 만들다 **get along with** ~와 사이좋게 지내다 **get used to** ~에 익숙해지다

25

Listen to a conversation about sleeping patterns.

M What time do you typically go to bed, Megan?
W Oh, around 9 o'clock on weeknights.
M Are you kidding me? It's barely dark at that hour.
W Well, going to bed early and rising earlier is healthier.
M Yeah, but I can't fall asleep before midnight.
W Each of us is built differently.

Q What can be inferred about the man?
(a) He goes to bed at midnight every night.
(b) He is quite familiar with the woman's habits.
(c) He sleeps longer on weekends than weekdays.
(d) He is shocked by the woman's sleep schedule.

수면 패턴에 대한 대화를 들으시오.

M 넌 대개 몇 시에 잠자리에 드니, 메건?
W 아, 주중에는 밤 9시경에.
M 설마? 그 시간에는 깜깜하지도 않은데.
W 응, 일찍 자고 일찍 일어나는 게 건강에 더 좋아.
M 그래도 난 자정 전에는 잠들지 못하거든.
W 우리는 각자 체질이 다르니까.

Q 남자에 대해서 추론할 수 있는 것은?
(a) 매일 밤 자정에 잠자리에 든다.
(b) 여자의 습관을 꽤 잘 알고 있다.
(c) 주중보다 주말에 더 오래 잔다.
(d) 여자의 수면 시간에 깜짝 놀라고 있다.

해설 여자가 9시에 잠자리에 든다는 얘기를 듣고, 남자는 Are you kidding me?라고 반응하고 있다. Are you kidding me?는 '설마, 농담이지?'라는 뜻으로 상대방의 말이 너무 뜻밖이라 믿을 수 없다는 의미를 나타낸다. 따라서 (d)가 정답이다.

typically 일반적으로 **Are you kidding me?** 설마, 농담이지?
barely 거의 ~아닌 **be familiar with** ~에 익숙하다

26

Listen to a conversation about a gift certificate.

M I'm calling to order a gift certificate for my wife.
W How much would you like it for?
M Eighty dollars, and can you send it in a decorative envelope?
W Sorry, we don't have any of those.
M OK, just send it to me and I'll add an envelope.
W Sure. And your address?
M It's 3059 Elmwood Avenue.

Q Which is correct according to the conversation?
(a) The man is arranging a present for his wife.
(b) The store offers free decorative envelopes.
(c) The woman does not do money vouchers.
(d) The voucher will be delivered to the wife.

상품권에 대한 대화를 들으시오.

M 아내에게 줄 상품권을 주문하려고 전화했습니다.
W 얼마짜리로 원하십니까?
M 80달러요, 그리고 장식용 봉투에 넣어서 보내 주실 수 있을까요?
W 죄송하지만, 그런 건 구비되어 있지 않습니다.
M 알겠습니다. 그냥 저한테 보내 주시면 제가 봉투에 넣을게요.
W 네, 그럼 주소가 어떻게 되시죠?
M 엘름우드 3059번지입니다.

Q 대화 내용과 일치하는 것은?
(a) 남자는 아내에게 줄 선물을 준비하고 있다.
(b) 이 가게는 장식용 봉투를 무료로 제공한다.
(c) 여자는 상품권을 취급하지 않는다.
(d) 상품권은 아내에게 배송될 것이다.

해설 남자가 첫 마디에서 order a gift certificate for my wife라고 했으므로 (a)가 정답이다. 이 가게는 상품권은 있지만 장식용 봉투를 취급하지 않으며, 남자가 상품권을 자신에게 보내달라고 했으므로 나머지는 모두 옳지 않다.

gift certificate 상품권 **decorative** 장식용의 **arrange** 준비하다
voucher 상품권

27

Listen to a conversation between two friends.

M Can't wait to see you, Delilah. When do you get in?
W My flight lands at 4:30 on August 2.
M I work until 5, so I might be late picking you up.
W You'll probably be there by the time I get my bags.
M Oh, you've got a lot of luggage?
W I have lots of gifts for you and the family!

Q When will the woman arrive at the airport?
(a) At 3:30 on August 2
(b) At 4:30 on August 2
(c) At 3:30 on August 12
(d) At 4:30 on August 12

두 친구의 대화를 들으시오.

M 어서 빨리 보고 싶어, 델리아. 언제 도착하니?
W 내가 탄 비행기는 8월 2일 4시 30분에 도착해.
M 나는 5시까지 근무니까, 너를 태우러 가는 게 늦을지도 모르겠다.
W 아마 가방을 찾을 때쯤에 너는 공항에 도착할 거야.
M 아, 짐이 많아?
W 너와 가족들에게 줄 선물이 많아!

Q 여자는 공항에 언제 도착하는가?
(a) 8월 2일 3:30에
(b) 8월 2일 4:30에
(c) 8월 12일 3:30에
(d) 8월 12일 4:30에

해설 청해 영역의 Part 3와 Part 4에서 숫자로 제시되는 정보의 중요성은 아무리 강조해도 지나치지 않다. 특히, Part 3는 한 번만 들려주기 때문에 주의를 집중하지 않으면 실수를 저지르기 쉽다는 점을 명심해야 한다. 정답은 주어진 내용에 충실한 (b)이다. 평소에 잘못 들을 수도 있는 숫자들을 영어로 정확히 듣는 연습을 충분히 해 두어야 한다.

land 착륙하다 **luggage** (여행용) 짐

28

Listen to a conversation about using a fireplace.

W Michael, how come you never use your fireplace?
M I just don't want to take the risk.
W What risk? It's designed to have a fire in it.
M But you hear stories of people's houses burning down.
W As long as you're careful, there's no danger.
M For me it just isn't worth it.

Q What can be inferred from the conversation?
(a) The woman hopes the man does not use the fireplace.
(b) The man knows someone whose house burned down.
(c) The woman does not share the man's cautiousness.
(d) The man has calculated the financial cost of a fire.

벽난로를 사용하는 것에 대한 대화를 들으시오.

W 마이클, 어째서 벽난로를 전혀 사용하지 않아?

M 그냥 위험을 무릅쓰고 싶지 않을 뿐이야.

W 무슨 위험? 그건 안에 불을 피우도록 만들어진 거야.

M 하지만 집이 다 타버린 사람들 얘기를 너도 듣잖아.

W 조심하기만 하면 아무런 위험이 없어.

M 나에게는 그럴 만한 가치가 없을 뿐이야.

Q 대화로부터 추론할 수 있는 것은?

(a) 여자는 남자가 벽난로를 사용하지 않기를 바란다.

(b) 남자는 집이 다 타버린 누군가를 알고 있다.

(c) 여자는 남자의 조심성에 공감하지 않는다.

(d) 남자는 화재로 인한 경제적 비용을 계산해 보았다.

해설 화재가 날까 봐 벽난로를 사용하지 않는다는 남자에게 여자는 조심하기만 하면 전혀 위험하지 않다고 말하고 있다. 따라서 남자의 생각에 동조하지 않는다고 볼 수 있으므로 (c)가 정답이다. 남자는 화재 사건을 소식으로만 접했다고 볼 수 있으므로 (b)는 맞지 않다.

how come 왜, 어째서 **fireplace** 벽난로 **burn down** 전소하다 **cautiousness** 신중함

29

Listen to a conversation about a fundraiser.

W Hello. I'm calling on behalf of Smithson Valley High School.

M Is this about the school renovation fund?

W Yes, we're selling raffle tickets to raise money for it.

M Well, someone called me yesterday and sold me ten tickets.

W Oh! I'm sorry for the confusion.

M That's OK. It's a great cause.

Q What can be inferred about the man?

(a) He does not plan to buy more tickets.

(b) He does not approve of fundraising calls.

(c) He has a child in Smithson Valley High School.

(d) He feels the school renovation is too expensive.

모금 행사에 대한 대화를 들으시오.

W 안녕하세요. 스미슨 밸리 고교를 대표해서 전화 드렸습니다.

M 학교 보수 기금에 관한 건가요?

W 네, 기금 마련을 위해 경품 응모권을 판매하고 있습니다.

M 저기, 어제 누군가 전화해서 저에게 열 장을 팔았습니다.

W 아! 혼란을 일으켜 죄송합니다.

M 괜찮습니다. 좋은 취지로 하는 일인데요.

Q 남자에 대해서 추론할 수 있는 것은?

(a) 응모권을 더 살 계획이 없다.

(b) 기금 마련 전화에 찬성하지 않는다.

(c) 스미슨 밸리 고교에 다니는 자녀를 두고 있다.

(d) 학교 보수에 비용이 너무 많이 든다고 생각한다.

해설 응모권을 판매하고 있다는 여자의 말을 듣고 바로 어제 이미 열 장을 샀다고 말한 것으로 보아, 남자는 응모권을 더 구입할 의사가 없음을 알 수 있다. 따라서 (a)가 정답이다. 전화를 받고 응모권을 구입했으므로 (b)라고 볼 수 없다.

on behalf of ~을 대표해서 **renovation** 수리 **raffle ticket** 경품 응모권 **approve of** ~을 찬성하다

30

Listen to a conversation about applying to a graduate school.

W Just one more semester and college is over.

M Maybe. There's a chance I'll go to grad school.

W I didn't know that. Here at Tyler State?

M No. I applied for a master's program at NLU.

W Well, that sounds excellent. Congratulations!

M That's premature. The program has limited places.

Q What can be inferred from the conversation?

(a) They graduated from Tyler State.

(b) The woman will not miss college life.

(c) The woman will apply to study at NLU.

(d) The man worries he might not get into NLU.

대학원 지원에 대한 대화를 들으시오.

W 한 학기만 더 하면 대학은 끝나네.

M 그럴지도. 나는 대학원에 갈 수도 있어.

W 그건 몰랐는데. 여기 타일러 주립대에서?

M 아니. NLU의 석사 과정에 지원했어.

W 그래, 그거 잘됐구나. 축하해!

M 아직 일러. 그 과정은 자리가 한정되어 있거든.

Q 대화로부터 추론할 수 있는 것은?

(a) 이들은 타일러 주립대를 졸업했다.

(b) 여자는 대학 생활을 그리워하지 않을 것이다.

(c) 여자는 NLU에 다니기 위해 지원할 것이다.

(d) 남자는 NLU에 입학하지 못할 수도 있다는 점을 걱정한다.

해설 대학원에 지원했다는 남자에게 여자가 축하한다고 하자, 대학원 자리가 한정되어 있어 축하받기는 아직 이르다고 했으므로 남자는 입학하지 못할 수도 있다고 생각하고 있음을 알 수 있다. 따라서 (d)가 정답이다.

grad school 대학원 **master** 석사 **NLU** 미국 내셔널 루이스 대학 **premature** 너무 이른 **miss** 놓치다

Part IV

31

As we age, the ways in which we react to, process, and behave emotionally to perceived events change markedly. For instance, people in their 60s have been shown to react more emotionally to tragic happenings in films. They also are more capable of empathizing with the victims of tragedy. Also, they are able to identify positive aspects of sad situations. To psychologists, this suggests that older individuals are predisposed to interpersonal and compassionate relationships.

Q What is the lecture mainly about?

(a) Films created for an elderly audience

(b) The natural loss of emotional control

(c) A psychological explanation of aging

(d) Some emotional behaviors of the elderly

나이가 들어감에 따라, 우리는 인식하는 사건에 대해서 반응하고 처리하고 감정적으로 행동하는 방식이 현저하게 달라진다. 예를 들어, 60대는 영화의 비극적 사건에 대해서 더 감정적으로 반응하는 것으로 나타났다. 그들은 비극의 희생자들에게 공감하는 능력이 더 뛰어나다. 또한 그들은 슬픈 상황 속에서 긍정적인 측면을 발견하는 능력도 있다. 심리학자들에게, 이는 사람이 나이가 들수록 대인관계나 동정심을 지향하는 성향이 있음을 시사한다.

Q 강의의 주된 내용은?

(a) 노년층 관객을 위해 만들어진 영화

(b) 감정 조절 능력의 자연스러운 상실

(c) 노화에 대한 심리학적 설명

(d) 노년층의 감정적 행동들

해설 사람은 나이가 들수록 더 감정적으로 반응하거나 행동하게 되는 경향이 있다는 것이 요지로, 60대를 예로 들어 주로 노년층에서 볼 수 있는 행동을 소개하고 있다. 따라서 (d)가 정답이다.

perceive 지각하다 **markedly** 현저하게 **be capable of** ~할 능력이 있다 **empathize** 공감하다 **identify** 확인하다 **be predisposed to** ~의 성향이 있다 **interpersonal** 대인관계의 **compassionate** 동정하는 **psychological** 정신의, 심리학적인

32

In light of the substantial deficit faced by our country, there's no question that the government will be required to cut spending and adjust taxes. One proposal for the latter, instead of hiking tax rates outright, is to eliminate certain tax deductions for individuals. And one such deduction is that given to individuals who make charitable donations to eligible nonprofit organizations. Removing this deduction from the tax code would enable the government to reclaim over 40 billion dollars in tax revenue annually.

Q What is the main idea of the speech?

(a) The current tax code is too complex for individuals.

(b) Individuals who donate to charities should get a tax cut.

(c) Taxes need to be changed by cutting charity deductions.

(d) The government must cut spending and charge higher taxes.

우리나라가 직면하고 있는 상당한 적자를 고려할 때, 정부는 지출을 줄이고 세금을 조정할 수밖에 없을 것이라는 점에는 의심의 여지가 없습니다. 후자를 위한 한 가지 제안은 당장 세율을 인상하는 대신에 개인에 대한 특정 세금 공제를 없애는 것입니다. 그리고 그러한 공제 중 하나가 자격을 갖춘 비영리 단체에 자선 기부금을 내는 개인에게 주어지는 것입니다. 세법에서 이러한 공제를 제거하면 정부는 연간 400억 달러 이상의 세수를 환수할 수 있을 것입니다.

Q 연설의 요지는?

(a) 현재의 세법은 개인에게 너무 복잡하다.

(b) 자선 단체에 기부하는 개인은 마땅히 세금 감면을 받아야 한다.

(c) 자선 기부금 공제를 줄임으로써 세금을 변화시켜야 한다.

(d) 정부는 지출을 줄이고 세금을 더 많이 부과해야 한다.

해설 화자가 주장하는 제안은 자선 기부금에 주어지는 세금 공제를 없애자는 것이므로 (c)가 정답이다. (b)는 화자의 주장과 오히려 상반되고, (d)의 세금 인상에 대해서도 동의하지 않는 입장이다.

substantial 상당한 **deficit** 적자 **adjust** 조정하다 **the latter** (둘 중의) 후자 (↔ the former) **hike** 인상하다 **outright** 당장, 즉시 **eliminate** 제거하다 **deduction** 공제 **charitable** 자선의 **eligible** 자격이 있는 **tax code** 세법 **reclaim** 되찾다 **revenue** 소득

33

In the late 1800s, post-Impressionist painters branched into a number of distinct yet related artistic schools. They maintained the Impressionist conventions of bold colors and brushstrokes to depict real-life subjects, but also had their own traits. One school, which came to be known as Cloisonnism, was practiced by such giants as Paul Gauguin and Émile Bernard. The iconic Cloisonnist work, Gauguin's *The Yellow Christ*, was completed in 1889 and features several uni-tone quadrants separated by heavy, black borders.

Q Which is correct according to the lecture?

(a) Post-Impressionist painters came together in the late 1800s.

(b) Cloisonnism was one of several post-Impressionist styles.

(c) *The Yellow Christ* was without any Impressionist traits.

(d) Cloisonnist works emphasized use of a single color.

1800년대 후반에, 후기 인상파 화가들은 확연히 구분되면서도 관련성이 있는 몇 가지 예술 사조로 갈라졌다. 그들은 현실의 소재들을 묘사하기 위해 인상파의 전통적인 방식인 대담한 색채와 붓칠을 고수하면서도 동시에 각각의 특성을 담았다. 구획주의라고 알려지게 된 한 유파는 폴 고갱이나 에밀 베르나르 같은 거장들이 사용했다. 대표적인 구획주의 작품인 고갱의 〈황색의 그리스도〉는 1889년에 완성되었는데 두꺼운 검정 경계선으로 분리된 몇 개의 단색의 4분면이 특징적이다.

Q 강의 내용과 일치하는 것은?

(a) 후기 인상파 화가들은 1800년대 후반에 하나로 합쳐졌다.

(b) 구획주의는 몇몇 후기 인상파 양식 중 하나였다.

(c) 〈황색의 그리스도〉에는 인상파의 특징이 전혀 없었다.

(d) 구획주의 작품은 단색 사용에 중점을 두었다.

해설 구획주의는 후기 인상파에서 갈라진 몇 가지 예술 사조 중 하나라고 했으므로 (b)가 맞는 내용이다. (a)는 이와 반대로 1800년대 후반에 후기 인상파가 몇 가지 사조로 나뉘었다고 했으며, 단색의 사용은 〈황색의 그리스도〉라는 작품에만 해당되는 것이므로 (d)도 맞지 않다.

post-Impressionist 후기 인상파 **branch into** ~로 갈라지다 **school** 학파, 유파 **convention** 관습 **brushstroke** 붓 놀림

depict 묘사하다 **trait** 특성 **Cloisonnism** 구획주의, 클로와조니즘 **iconic** 상징적인 **feature** ~의 특징을 이루다 **uni-tone** 단일한 색조 **quadrant** 4분면

34

Mothers play a unique role in their children's language acquisition. Specifically, when a newborn hears his or her mother's voice, the regions of the brain responsible for language learning are activated. This does not occur when the newborn hears the voice of a female stranger. The phenomenon is observable immediately, even in babies who are less than 24 hours old. Developmental psychologists believe this points to the existence of some form of prenatal language acquisition, which simply continues once the child is out of the womb.

Q Which is correct according to the lecture?
(a) Newborn brains are not fully activated for language.
(b) Newborns begin learning language from anyone.
(c) Language acquisition starts at 24 hours old.
(d) Language learning may begin prior to birth.

어머니는 자녀의 언어 습득에서 독보적인 역할을 한다. 특히 신생아가 어머니의 목소리를 들을 때, 뇌에서 언어 습득을 담당하는 영역이 활성화된다. 이는 신생아가 낯선 여자의 목소리를 들을 때는 일어나지 않는다. 이 현상은 태어난 지 24시간도 채 안 된 아기에서도 바로 발견할 수 있다. 발달 심리학자들은 이것이 어떤 형태의 태내 언어 습득이 존재한다는 것을 보여 주며, 아기가 일단 태어나고 난 후에도 이것이 계속되는 것일 뿐이라고 여긴다.

Q 강의 내용과 일치하는 것은?
(a) 신생아의 뇌는 언어에 대해서 완전히 활성화되지 않는다.
(b) 신생아는 누구로부터든 언어를 배우기 시작한다.
(c) 언어 습득은 생후 24시간 만에 시작된다.
(d) 언어 습득은 출생 전에 시작될 수도 있다.

해설 마지막 문장에서 발달 심리학자들이 태내 언어 습득이 존재한다고 여긴다고 했으므로 (d)가 정답이다. 신생아는 어머니의 목소리에만 반응하며, 생후 24시간이 안 된 신생아에서도 언어 습득 현상이 관찰된다고 했으므로 (b)와 (c)는 둘 다 맞지 않다.

acquisition 습득 **newborn** 신생아 **region** 영역, 범위 **activate** 활성화하다 **phenomenon** 현상 **observable** 식별할 수 있는 **prenatal** 태아기의 **womb** 자궁

35

The site of the old Air Force base in Westchester is still experiencing high levels of groundwater contamination. This was the finding of the government's most recent environmental status report for the abandoned Westchester base. A mix of noxious substances from discarded jet fuel, industrial cleaners, and other potent chemical products has contributed to the Code 5 environmental crisis. Their presence within groundwater reservoirs is particularly worrisome, since they may be easily transported to surrounding population centers that depend on groundwater for drinking.

Q Which of the following did NOT contribute to the Code 5 environmental crisis?
(a) Jet fuel that was disposed of
(b) Cleaners used for industrial purposes
(c) Groundwater that contains no pollutants
(d) Hazardous chemical products.

웨스트체스터에 있는 구 공군 기지 부지는 아직도 높은 수준의 지하수 오염을 겪고 있다. 이는 버려진 웨스트체스터 기지에 대해서 정부가 낸 가장 최근의 환경 실태 보고서의 조사 결과였다. 폐기된 항공유와 공업용 세제, 기타 강력한 화학 제품에서 나온 유독 물질이 합쳐져 가장 심각한 5등급의 환경 위기를 초래하였다. 지하수 저장고에 그 같은 것들이 존재한다는 것은 특히 염려스러운 일인데, 식수로 지하수에 의존하고 있는 주변의 인구 밀집 지역으로 그것들이 쉽게 옮겨갈 수 있기 때문이다.

Q 다음 중 어느 것이 5등급의 환경 위기의 발생에 기여하지 않았는가?
(a) 처분된 항공유
(b) 공업용으로 쓰이는 세제
(c) 오염 물질이 들어 있지 않은 지하수
(d) 유해한 화학 제품

해설 청해 영역의 Part 4에서 고난도로 출제되는 문항 유형이다. 주어진 내용에 들어 있지 않은 사항을 알아내야 하기 때문에, 제시된 내용을 모두 이해해야 한다는 부담감이 커진다. 또한 이 문항에서처럼 paraphrase의 형태로 제시될 수도 있기 때문에, 주어진 내용을 정확하게 이해해야 한다. 주어진 내용으로부터 정답이 (c)임을 알 수 있다. 다른 항목은 모두 주어진 내용에 제시되어 있기 때문이다.

groundwater 지하수 **contamination** 오염 **abandon** 버리다 **noxious** 유독한 **substance** 물질 **discard** 버리다 **jet fuel** 항공유 **industrial cleaner** 공업용 세제 **potent** 효능 있는, 강력한 **contribute to** ~의 원인이 되다 **reservoir** 저장소 **worrisome** 걱정되는

36

The first Briton to exert any kind of control over Malaysian territory was Captain Francis Light. Employed by an East India-based trading firm, Light was leased the island of Penang, off the northwest coast of the Malaysian peninsula. In return, he promised to protect the territory from neighboring Siam and Burma. Little did the local Malaysian leaders know that Light had no authority to make such pledges. But by the time this became apparent, Light's firm was securely in possession of Penang.

Q What can be inferred about Captain Light from the talk?
(a) He was a founding member of a trading firm.
(b) He ruled Penang equally with Malaysians.
(c) He was not always honest in his dealings.
(d) He raised an army to battle the Siamese.

말레이시아 영토에 대해서 어떤 형태로든 지배권을 행사한 최초의 영국인은 프란체스코 라이트 선장이었다. 동인도에 기반을 둔 무역 회사에 고용된 라이트는 말레이시아 반도의 서북쪽 해안 연안에 있는 페낭섬을 임차받았다. 그 대가로 그는 인접한 국가인 샴과 버마로부터 영토를 보호해 주겠다고 약속했다. 그 지역의 말레이시아 지도자들은 라이트에게는 그런 서약을 할 권한이 없다는 것을 전혀 알지 못했다. 하지만 이런 사실이 드러났을 때쯤에는, 라이트의 회사가 페낭을 확실히 소유하게 되었다.

Q 라이트 선장에 대해서 추론할 수 있는 것은?
(a) 무역 회사를 설립한 사람 중 한 명이었다.
(b) 말레이시아 사람들과 동등하게 페낭을 통치했다.
(c) 항상 정직하게 거래를 하지는 않았다.
(d) 샴 주민들과 싸우기 위해 군대를 일으켰다.

해설 자신에게 아무런 권한이 없는데도 페낭을 인접국들로부터 지켜주겠다는 약속을 한 라이트 선장은 페낭섬을 얻기 위해 거짓 약속을 한 것이므로 (c)가 정답이다. 라이트 선장은 무역 회사에 고용된 사람이라고 했고, 페낭은 무역 회사의 소유가 되었다고 했으므로 (a)와 (b)는 모두 맞지 않다.

Briton 영국인 **exert** (영향력)을 발휘하다 **territory** 영토 **lease** 임대하다 **peninsula** 반도 **in return** 보답으로 **neighboring** 인접한 **make a pledge** 서약하다 **apparent** 명백한, 뚜렷한 **securely** 확실히 **be in possession of** ~을 소유하다

Part V

37-38

There are both encouraging and discouraging signs that Asian elephants can survive and thrive in the wild. On the positive side, many governments and non-governmental organizations in Asia are making efforts to dissuade farmers and poachers from killing Asian elephants illegally. Further, the authorities concerned are now utilizing isotope-based techniques as well as those based on DNA analysis in order to find out whether or not commercial ivory has been obtained in a legal manner. All these efforts are expected to ensure that Asian elephants can be protected and preserved in their natural habitats. On the negative side, however, these creatures are being threatened by farmers and poachers alike. A large number of farmers in Asia are killing elephants in order to protect their crops. Many poachers are either killing these creatures for ivory or capturing them for commercial purposes. Unfortunately, these threats are not likely to go away anytime soon.

아시아 코끼리가 야생에서 살아남아서 번창할 수 있다는 데 대해 고무적인 징조도 있고 낙담을 불러일으키는 징조도 있습니다. 긍정적인 측면에서는, 아시아의 많은 정부들과 비(非)정부 기구들이 농부들과 밀렵꾼들이 아시아 코끼리를 불법적으로 죽이는 것을 단념하도록 노력을 기울이고 있습니다. 또한 관계 당국은 상업적으로 팔리는 상아가 합법적으로 획득되었는지를 알아내기 위해서 DNA 분석에 기반을 둔 기법뿐만 아니라 동위 원소에 기반을 둔 기법도 이용하고 있습니다. 이 모든 노력들은 아시아 코끼리가 자연 서식지에서 보호를 받아 보존될 것을 보장하리라고 예상됩니다. 그렇지만 부정적인 측면에서는 아시아 코끼리라는 동물이 농부들과 밀렵꾼들로부터 위협을 받고 있습니다. 아시아의 많은 농부들은 작물을 보호하기 위해 코끼리를 죽이고 있습니다. 많은 밀렵꾼들은 상아를 얻기 위해 코끼리를 죽이거나 상업적 목적으로 포획합니다. 유감스럽게도 이런 위협들이 금방 사라질 것 같지는 않습니다.

37 Q What is the main point of the talk?
(a) Many factors are jeopardizing the survival of elephants in Asia.
(b) The authorities are developing more advanced techniques to analyze the DNA of Asian elephants.
(c) It is not certain whether Asian elephants can be protected from human threats.
(d) Illegal ivory trafficking is increasing dramatically in Asia.

Q 담화의 요지는 무엇인가?
(a) 많은 요인들이 아시아에서 코끼리의 생존을 위협하고 있다.
(b) 관계 당국은 아시아 코끼리의 DNA를 분석하기 위해 보다 고급의 기법을 개발하고 있다.
(c) 아시아 코끼리가 사람으로부터의 위협에서 보호될 수 있을지는 확실하지 않다.
(d) 아시아에서 상아의 불법적인 거래가 급격히 증가하고 있다.

Actual Test 3

해설 고난도 문항이다. (a)가 정답이라고 착각할 수 있는데, 한 면만을 말했기 때문에 오답이다. (b)는 올바른 내용으로 이해할 수도 있지만, 요지가 아니다. (d)는 그와 같은 내용이 없기도 하고, 또한 중심 내용도 아니므로 오답이다. 따라서 정답은 담화의 전반적인 흐름을 정확히 포착한 (c)이다.

38 Q What can be inferred from the talk?

(a) In Asia, non-governmental organizations have the legal authority to regulate farmers' activities.

(b) Isotope-based techniques are utilized more widely than DNA-based techniques.

(c) A large number of farmers and poachers are being killed by Asian elephants.

(d) Live Asian elephants can be used for financial gain.

Q 담화로부터 추론할 수 있는 바는 무엇인가?

(a) 아시아에서, 비(非)정부 기구는 농부들의 활동을 규제할 수 있는 법적 권한을 보유한다.

(b) 동위 원소에 기반을 둔 기법이 DNA에 기반을 둔 기법보다 더 널리 이용된다.

(c) 많은 농부들과 밀렵꾼들이 아시아 코끼리에 의해 죽음을 당하고 있다.

(d) 살아 있는 아시아 코끼리는 금전적 이득을 위해 이용될 수 있다.

해설 추론 유형은 엄밀하게 접근해야 하는데, 이 점에서 세부 사항 유형과 겹치는 측면도 있다. 따라서 세부 사항으로 분류해야 할지, 추론 유형으로 분류해야 할지가 애매한 문항들이 종종 출제된다. (a)는 이렇게 추론할 수 있는 근거가 없다. 일반적인 상식으로는 틀린 내용이지만, 담화 자체에 단서가 없다. (b)도 담화에서 분명하게 말하지 않은 내용이기 때문에 오답으로 처리해야 한다. (c)는 상식적으로 올바른 내용이라고 하더라도, 담화에 제시되어 있지 않으므로 오답이다. 따라서 정답은 주어진 내용으로부터 확실하게 추론할 수 있는 (d)이다.

encouraging 고무적인 **discouraging** 낙담시키는 **thrive** 번창하다 **in the wild** 야생에서 **poacher** 밀렵꾼 **isotope** 동위 원소 **ivory** 상아 **habitat** 서식지 **creature** 동물, 생물 **crop** 농작물 **go away** 없어지다 **jeopardize** 위태롭게 하다 **trafficking** 매매, 거래 **financial gain** 재정적 이득

39-40

I know this may sound far-fetched, but there might be hundreds of advanced alien civilizations in globular clusters. As some of you may already know, a globular cluster is a massive collection of millions of stars, which is sphere-shaped because such stars tend to be tied together by gravity. Most astronomers have long believed that life forms cannot exist in globular clusters. Just like Rosanne Di Stefano, I disagree with them. For starters, unlike what astronomers generally assume, heavy elements are not essential for the formation of planets. Therefore, although such heavy elements are not found in globular clusters, these collections of stars can contain planets where intelligent life forms may evolve. Such life forms may develop highly advanced civilizations. Further, we need to consider the possibility that the old age of planets existing in globular clusters can allow alien civilizations to advance to a higher level. At present, all this is purely hypothetical, but aliens from such planets might already have visited our planet.

이것이 황당무계하게 들릴 수도 있다는 것을 알지만, 구상성단에는 외계인이 이룩한 수백 개의 고등 문명이 있을지도 모릅니다. 여러분 가운데 일부가 이미 알지도 모르지만, 구상성단이란 수백만 개의 항성의 거대한 집합체인데요, 이 집합체는 그런 항성들이 인력에 의해 결속되는 경향이 있기 때문에 구(球)의 형태입니다. 대부분의 천문학자들은 오랫동안 구상성단에 생명체가 존재할 수 없다고 생각했습니다. 로잔 디 스테파노와 마찬가지로, 저는 그들과 생각이 다릅니다. 우선 첫째로, 천문학자들이 일반적으로 가정하는 바와 달리, 중원소가 행성의 형성에 꼭 필요하지는 않습니다. 따라서 그런 중원소가 구상성단에서 발견되지 않지만, 이 항성들의 집합체는 지적인 생명체가 진화할지도 모르는 행성을 포함할 수 있습니다. 그런 생명체가 고도로 발달된 문명을 발달시킬 수도 있습니다. 더욱이 구상성단에 존재하는 행성의 나이가 오래되었기 때문에 외계 문명이 보다 높은 수준으로 발달될 수 있다는 가능성도 고려할 필요가 있습니다. 현재는 이 모든 것이 순전히 가상적이지만, 그런 행성으로부터 외계인이 이미 우리 행성인 지구를 찾아왔을지도 모릅니다.

39 Q Why does a globular cluster look like a sphere?

(a) Because gravity binds it very firmly

(b) Because it contains millions of stars

(c) Because it allows advanced alien civilizations to develop

(d) Because there are so many heavy elements in it

Q 구상성단이 구형인 이유는 무엇인가?

(a) 인력이 매우 단단히 결속하기 때문에

(b) 수백만 개의 항성을 포함하기 때문에

(c) 외계인의 고등 문명이 발달할 수 있도록 하기 때문에

(d) 내부에 중원소가 매우 많기 때문에

해설 천문학 관련 내용이 꾸준히 출제되고 있음에 유의하자. 이 문항 유형은 청해 영역의 Part 5에 자주 제시되는 유형인데, 주어진 강의에서 (a)임을 분명하게 말했으므로 정답은 (a)이다. 이와 같은 문항 유형에서는 해

당하는 내용에만 집중하는 선택적 주의 집중 능력을 활용해야 한다. 두 번 들려준다는 사실도 충분히 활용할 필요가 있다. 참고로 이와 같은 내용은 어느 정도 배경 지식으로 미리 파악하는 것도 매우 효과적인 대비 전략이다.

40 Q Which is correct according to the lecture?

(a) Advanced alien civilizations have been found in globular clusters.

(b) Di Stefano believes that there can be no alien civilizations in globular clusters.

(c) Globular clusters tend to contain large numbers of young planets.

(d) At present, astronomers don't definitely know whether life forms exist in globular clusters.

Q 강의에 따르면, 다음 중 올바른 설명은 무엇인가?

(a) 외계인의 고등 문명들이 구상성단에서 발견되어 왔다.

(b) 디 스테파노는 구상성단에 외계 문명이 있을 수 없다고 생각한다.

(c) 구상성단은 나이가 얼마 되지 않은 행성을 많이 포함하는 경향이 있다.

(d) 현재 천문학자들은 구상성단에 생명체가 존재하는지를 확실하게 알지는 못한다.

해설 세부 사항 유형이다. (a)는 아직까지 발견된 것은 아니므로 오답이다. (b)는 오히려 반대로 디 스테파노가 외계 문명의 존재를 믿을 것으로 파악되므로 정답이 될 수 없다. (c)도 정반대로 오히려 나이가 많은 행성들을 많이 포함된다고 말했으므로 오답이다. 따라서 정답은 주어진 내용에 충실한 (d)이다. 현재는 어느 쪽도 이 문제에 대해 확정적인 해답을 제시하지는 못하기 때문이다.

far-fetched 설득력 없는, 황당무계한 **globular cluster** 구상성단 **massive** 거대한 **sphere** 구(球) **gravity** 인력, 중력 **heavy element** 중원소(重元素) **evolve** 진화하다 **hypothetical** 가상적인

어휘 Vocabulary

Part I

1 정답 (a)

A 바다의 파도 소리가 정말 마음을 차분하게 만드는구나.

B 응, 마음을 느긋하게 해주는 배경 소리야.

(a) 마음을 진정시키는 (b) 진정시키는

(c) 억누르는 (d) 정화하는

해설 B가 A의 말에 동의하고 있으므로 relaxing과 의미가 통하는 어구가 들어가야 알맞다. '마음을 진정시키는, 달래는'이라는 뜻의 (a) soothing이 가장 알맞다.

relaxing 마음을 느긋하게 해주는, 편한

2 정답 (b)

A 은행 강도를 계획했던 남자가 잡혔나요?

B 아뇨, 하지만 공범 중 한 명을 체포했어요.

(a) 선서 진술서 (b) 공범

(c) 궤양 (d) 우선권

해설 arrested의 목적어로서 의미가 통하는 것은 (b)이다. accomplice는 '공범자, 연루자'라는 뜻이다.

robbery 강도질 **arrest** 체포하다

3 정답 (b)

A 한 번도 감기에 걸린 적이 없다니 믿을 수가 없구나!

B 그래, 내가 면역성이 있거나 뭐 그런 건가 봐.

(a) 참을성 없는 (b) 면역성의

(c) 징후가 되는 (d) 방어의

해설 한 번도 감기에 걸린 적이 없는 사람이라면 감기에 면역이 있다는 말이 되어야 자연스럽다. 따라서 (b) immune이 정답이다. '~에 면역이 있는'이라는 뜻으로는 immune to the disease처럼 전치사 to를 수반하여 쓰인다.

get[have] a cold 감기에 걸리다

4 정답 (d)

A 에드에게 병원에 가라고 설득했니?

B 응. 많이 설득해야 했지만, 결국 받아들였어.

(a) 담그기 (b) 굴레

(c) 은신 (d) 구슬리기

해설 convince는 상대방이 무엇을 하거나 받아들이도록 설득하는 것을 뜻한다. 빈칸에도 이와 의미가 어울리는 어구가 들어가야 알맞으므로, '달램'이라는 뜻의 (d) coaxing이 가장 적절하다.

give in 항복하다, 받아들이다

5 정답 (c)

A 손으로 쓴 이 메모를 읽지 못하겠어. 뭐라고 쓰여 있는 것 같아?

B 나도 못 읽겠어.

(a) 출발하다 (b) 떼어내다

(c) 이해하다 (d) 실행하다

해설 not ... either는 상대방의 부정의 말에 대하여 '나도 마찬가지다'라는 뜻의 대답이다. 따라서 B의 대답은 A의 can't read this handwritten note와 같은 문맥이어야 한다. make out은 '이해하다, 판독하다'라는 뜻으로 쓰이므로 (c)가 정답이다.

handwritten 손으로 쓴

6 정답 (a)

A 공연 어땠어?

B 글쎄, 공연에 쏟아졌던 기립 박수를 받을 만하지는 않았어.

(a) 열렬한 박수 (b) 연속

(c) 얼버무림 (d) 구독

해설 빈칸 앞에 standing과 어울려 의미가 완성되는 어구를 골라야 한다. standing ovation은 '기립 박수'라는 뜻이므로 (a)가 정답이다. (b) succession(연속)은 success(성공)와 혼동하지 않도록 주의한다.

deserve ~할 만하다, ~을 받을 가치가 있다

7 정답 (a)

A 이 박하사탕 하나 먹을래?

B 고맙지만 됐어. 그건 따끔거리는 목의 통증을 더는 데 아무 소용이 없어.

(a) 경감하다 (b) 포획하다

(c) 옆길로 벗어나다 (d) 방해하다

Actual Test 3

해설 빈칸 뒤 sore throat를 목적어로 취해 의미가 통하는 것을 고른다. (a) relieve가 '(고통이나 부담을) 덜다, 완화하다'라는 뜻으로 가장 적합하다.

mint drop 박하사탕 **not do anything to** ~에 아무 소용이 없다 **sore throat** 따끔거리는 목

8 정답 (b)

A 내가 지난주에 실직한 걸 매기가 아니?
B 응. 위로의 말을 전해달라고 했어.

(a) 자격 (b) 위로
(c) 상상 (d) 일탈

해설 실직한 사람에게 전하는 말로 가장 알맞은 것은 (b)이다. condolence는 주로 복수형으로 써서 express[give] one's condolences(애도를 나타내다)처럼 쓰인다.

pass along 전달하다

9 정답 (d)

A 시원하고 맛있는 밀크 쉐이크 어때?
B 와, 그게 딱 좋을 것 같다.

(a) 화해하다 (b) 칭찬하다
(c) 판세를 뒤집다 (d) 아주 적절하다

해설 관용적으로 쓰이는 표현을 묻는 문제이다. A가 밀크 쉐이크를 먹자고 제안하고 있으므로, 동의하며 '내가 원하던 것이 바로 그것이다'라는 뜻으로 (d)가 가장 적절하다. (a)는 직역하면 '무기를 묻다', 즉 '화해하다'라는 의미이다.

How does A sound? A에 대해서 어떻게 생각해? **hatchet** 손도끼

10 정답 (a)

A 피터는 내가 알고 있는 사람 중에 가장 재미있는 사람이야.
B 맞아, 그가 농담을 할 때마다, 어쩔 수 없이 배꼽이 빠지게 웃게 돼.

(a) 배꼽이 빠지게 웃다 (b) 떨어져 나가다
(c) 입을 다물다 (d) 의식을 잃다

해설 피터는 정말 재미있는 사람이라는 말에 동의하고 있으므로, 그가 농담을 하면 정말 웃기다는 말이 되어야 자연스럽다. 따라서 '배꼽 빠지게 웃다'라는 뜻의 (a) crack up이 가장 적절하다.

tell a joke 농담하다 **can't help but+동사원형** ~할 수밖에 없다

Part II

11 정답 (c)

경찰은 도시 외곽 지역에서 도난품의 거래를 줄이기 위한 활동에 착수했다.

(a) 열거 (b) 거리 두기
(c) 거래 (d) 조성

해설 도난품을 가지고 할 수 있는 행위는 '거래, 매매'가 가장 적절하다. 따라서 (c)가 정답이다. '매매하다, 거래하다'라는 동사 traffic의 명사형은 k를 덧붙여 trafficking이 됨에 주의한다.

initiate 시작하다 **cut down on** (~의 양을) 줄이다 **outskirts** 교외

12 정답 (a)

가게의 재고 목록 및 회계 기록은 몇 달간 관리가 제대로 이루어지지 않은 뒤라 완전히 엉망이었다.

(a) 무질서 (b) 공급
(c) 배열 (d) 복잡함

해설 빈칸 뒤의 mismanagement(관리 소홀)와 의미가 가장 자연스럽게 연결되는 것은 (a)이다.

inventory 재고, 물품 목록 **mismanagement** 잘못된 관리

13 정답 (c)

증권 중개인들은 대개 여러 곳에 투자하여 자산 구성을 다각화할 것을 권장한다.

(a) 둘러싸인 (b) 명목상의
(c) 다양한 (d) 조잡한

해설 여러 곳에 투자함으로써 얻을 수 있는 결과는 '다양한' 자산 구성이 되므로 (c)가 가장 알맞다.

broker 증권 중개인 **multiple** 복수의 **portfolio** 포트폴리오, 자산 구성

14 정답 (b)

소수당의 정치인들은 부유층을 위해 세금을 대폭 삭감하겠다는 대통령의 제안에 격분했지만, 소용없었다.

(a) 비난하다 (b) 격분하다
(c) 속이다 (d) 호되게 꾸짖다

해설 빈칸 뒤의 against와 호응할 수 있는 동사를 골라야 한다. '~에 대해서, ~을 상대로 격분하다'라는 뜻으로 (b)의 rail against가 가장 자연스럽게 연결된다.

minority 소수 **slash** 대폭 삭감하다 **the wealthy** 부자들 **to no avail** 보람 없이, 헛되이

15 정답 (d)

게터맨 서비스는 매우 특별한 틈새시장을 찾아내어 가차 없이 그것을 목표로 정함으로써 인터넷 신생업체로서 성공을 거두었다.

(a) 뿌리 (b) 헛간
(c) 움찔함 (d) 틈새

해설 빈칸 뒤의 in the market과 의미상 자연스럽게 연결되는 것은 (d) niche이다. niche는 '틈새, 빈틈'이라는 뜻으로 기존 시장과 차별화되는 '틈새시장'을 일컫는 용어이다.

startup 신생업체 **identify** 발견하다 **target** ~을 목표로 정하다 **relentlessly** 가차 없이

16 정답 (a)

소비자들은 전반적으로 그 전동톱의 품질에 대해 의심스러운 점을 신고하는데, 플라스틱 손잡이가 헐거워 조잡하게 느껴지기 때문이다.

(a) 조잡한 (b) 유연한
(c) 투명스러운 (d) 관대한

해설 손잡이가 헐거워서 전동톱의 품질에 대해 소비자들이 의심을 제기한다고 했으므로, 이런 전동톱에 가장 어울리는 것은 (a) flimsy이다. '조잡한, 엉성한'이라는 뜻이다.

as a whole 전체로서 **power saw** 전동톱 **looseness** 느슨함 **handle** 손잡이

17 정답 (b)

유럽 국가들은 미국과 연대하여 전 세계 테러 위협에 대항하고 있다.

(a) 분노 (b) 연대
(c) 후회 (d) 동정

해설 빈칸 뒤 with와 호응할 수 있는 어구가 들어가야 한다. '~과 결속, 연대'라는 뜻으로 (b)가 가장 알맞다.

threat 위협

18 정답 (b)

카프리 모터스는 더 검소한 고객들을 위해 주력 상품인 아멘타 SUV를 대체할 더 저렴한 상품을 내놓을 것이다.

(a) 이익이 나도록 (b) 검소하게
(c) 수줍어하며 (d) 능숙하게

해설 빈칸 뒤의 minded는 주로 형용사나 부사와 결합하여 '~성향의'라는 뜻으로 쓰인다. cheaper alternative(더 저렴한 대안)는 비용을 아끼려는 검소한 사람들을 겨냥한 제품이므로 (b) frugally가 알맞다.

alternative 대안 **flagship** 주력 상품 **minded** ~할 마음이 있는 **patron** 고객, 후원자

19 정답 (a)

더 많은 급여를 받을 수 있을 거라는 기대에 대도시로 이끌렸기 때문에, 중국의 시골 지역에는 젊은이들이 드물다.

(a) 유혹하다 (b) 폐지하다
(c) 미끼로 꾀다 (d) 발행하다

해설 빈칸에 들어갈 분사의 주어는 young people이므로, 문맥상 대도시로 '유인되어, 꼬드겨져'라는 뜻으로 (a)가 가장 알맞다.

promise 가망성 **scarce** 희박한 **rural** 시골의

20 정답 (d)

판사는 검사가 하는 질문에 대해 계속 답변을 피한다는 이유로 증인을 질책했다.

(a) 송금하다 (b) 분별하다
(c) 약화시키다 (d) 피하다

해설 문맥상 '질문을 피하다(avoid answering directly)'라는 뜻으로 evade the questions가 되어야 자연스러우므로 (d)가 정답이다.

reprimand 질책하다 **witness** 증인 **prosecuting attorney** 검사

21 정답 (b)

하급 법원은 깃발을 태운 것이 불법이라고 판결을 내렸지만 나중에 대법원이 그 결정을 뒤집었다.

(a) 떠맡다 (b) 뒤집어엎다
(c) 압도하다 (d) 과소평가하다

해설 접두어 over-와 under-가 붙은 동사들의 의미를 구별하는 문제이다. 하급 법원의 결정을 대법원이 '뒤집어엎다'라고 하는 것이 가장 자연스럽다. 따라서 (b)가 정답이다.

lower court 하급 법원 **rule** 판결하다 **Supreme Court** 대법원 **decision** 결정

22 정답 (a)

초기에 등반가들은 세계 최고봉인 에베레스트산을 포함하여 히말라야 산맥의 거대한 규모에 충격을 받았다.

(a) 거대한 (b) 신랄한
(c) 쾌활한 (d) 점잖은

해설 빈칸 뒤의 scale(규모, 크기)과 의미상 어울리는 형용사를 골라야 한다. (a) colossal이 '거대한'이라는 뜻으로 가장 알맞다. 로마의 거대한 원형 경기장을 뜻하는 Colosseum(콜로세움)에서 유래한 형용사이다.

be taken aback by ~에 깜짝 놀라다 **scale** 규모 **peak** 봉우리

23 정답 (d)

제2차 세계대전 중에, 미국 원주민들은 통신 장교로 기용되었는데, 그들의 모국어가 적군의 암호 해독자들에게 판독 불가능한 것으로 판명되었기 때문이었다.

(a) 유독한 (b) 잠재의식의
(c) 동화하는 (d) 판독할 수 없는

해설 원주민들의 모국어가 적군의 암호 해독자들에게 '판독 불가능'했기 때문에 원주민들이 통신 장교로 기용되었다고 볼 수 있다. 따라서 (d)가 정답이다. decipher는 '해독하다'라는 뜻의 동사이다.

communications officer 통신장교 **code breaker** 암호 해독자

24 정답 (d)

그 회사의 모든 기업 임원들 꿈은 45세 무렵에는 십만 달러 이상을 버는 것이다.

(a) 치수 (b) 숫자
(c) 점수 (d) (숫자의) 자리

해설 빈칸은 앞의 six-와 결합해 액수를 나타내는 표현임을 알 수 있다. '자릿수'를 뜻하는 figure를 사용해서 six-figure는 '여섯 자리 숫자', 즉 '십만'을 뜻하므로, (d)가 정답이다.

pull in (돈을) 벌어들이다

25 정답 (a)

예상치 못한 도시 지하철의 서비스 중단으로 오늘 아침 통근하는 사람들 사이에서 대혼란이 야기되었다.

(a) 야기하다 (b) 날뛰다
(c) 해소하다 (d) 각도를 맞추다

해설 지하철 서비스 중단이 대혼란을 '야기하다, 낳다'라고 해야 자연스러우므로, (a)가 정답이다. spawn은 '알을 낳다'라는 뜻에서 확대되어 '(특정 상황이나 결과를) 낳다'라는 뜻으로 쓰인다.

unexpected 예상치 못한 **outage** (정전으로 인한) 기계의 운전 중지 **mass confusion** 대혼란 **commuter** 통근자

26 정답 (c)

광견병의 주요 증상 중 하나는 메스꺼움으로, 물에 대한 강한 두려움을 동반한다.

(a) 비만 (b) 풍자시
(c) 메스꺼움 (d) 애호

해설 선택지 중에서 광견병의 증상으로 볼 수 있는 것은 (c) nausea(메스꺼움)뿐이다. 메스꺼움에 뒤따르는 '구토'는 vomit이라고 한다.

principal 주요한 **rabies** 광견병 **be accompanied by** ~을 동반하다

27 정답 (a)

지구의 동물계는 각기 다른 수백 만 종의 생물들로 이루어져 있으며, 각각의 종은 뚜렷한 특징을 지니고 있다.

(a) 서로 전혀 다른 (b) 절망적인
(c) 유기된 (d) 부조화의

해설 형태가 비슷한 단어들의 의미를 구별하는 문제이다. 빈칸 뒤에서 뚜렷한 특징(distinguishing characteristics)을 가지고 있다고 했으므로, '서로 전혀 다른(clearly different from each other)' 종이라는 뜻인 (a) disparate가 들어가야 알맞다.

comprise ~으로 이루어져 있다 **species** (생물의) 종 **distinguishing** 뚜렷한

28 정답 (d)

가보가 든 상자들을 샅샅이 뒤지다가, 군목은 남북전쟁 당시의 머스킷총 탄환을 우연히 찾아냈다.

(a) 추적하다 (b) 살살 밀다
(c) 대신하다 (d) 뒤지다

해설 빈칸 뒤의 through와 호응하는 동사가 들어가야 한다. rummage through가 '~을 뒤지다'라는 뜻으로 쓰이므로 (d)가 정답이다.

heirloom (집안의) 가보 **chaplain** 군목(군대에 예속되어 있는 목사) **come across** 우연히 발견하다 **Civil War** 미국 남북전쟁 **era** 시대 **musket** 머스킷총(구식 소총) **ball** 탄환

29 정답 (b)

연극 대사 중에서 유머가 담긴 절묘함의 대다수는 고교 신입생들로 가득 찬 교실에서는 주목을 받지 못했다.

(a) 오명 (b) 절묘함
(c) 인사말 (d) 주성분

해설 연극 대사에서 찾아볼 수 있는 것으로 빈칸 앞의 humorous와 의미가 연결될 수 있는 어구가 들어가야 한다. '유머가 담긴 절묘한' 대사라는 뜻으로 (b)가 알맞다.

humorous 유머러스한

30 정답 (d)

미군은 2천만 갤런의 고엽제를 투하해 베트남 삼림을 황폐화시켰다.

(a) 비탄하다 (b) 매장하다
(c) 내장을 제거하다 (d) 황폐화시키다

해설 고엽제 투하로 삼림을 '황폐화시키다'라고 해야 의미상 자연스러우므로 (d)가 정답이다. 형용사 nude(발가벗은, 나체의)에서 연상할 수 있다.

Agent Orange 고엽제 **forest cover** (숲에 사는) 임상 식물

문법 Grammar

Part I

1 정답 (d)

A 이번 달 매출이 거의 4% 가까이 떨어졌어요.
B 글쎄요, 감소를 예상하고 있었잖아요.

해설 문법적으로 빈칸에 가능한 것은 (a)와 (d)인데, 의미상 현재 진행되고 있는 매출 감소를 이미 예상하고 있었다는 말이 되어야 자연스러우므로 현재완료 진행형인 (d)가 적절하다.

drop 하락 **anticipate** 예상하다

2 정답 (a)

A 호텔이 우리가 예약한 것을 잊어버렸다니 믿을 수가 없어.
B 그뿐만 아니라, 우리를 탓했잖아.

해설 빈칸 앞의 Not only와 호응할 수 있는 상관 접속사는 but also이다. not only A but also B는 'A뿐만 아니라 B도 역시'라는 뜻으로, also는 생략하고 쓸 수 있으므로 (a)가 정답이다.

reservation 예약

3 정답 (d)

A 그 정치인이 유죄라는 것은 모든 사람이 알고 있어.
B 맞아, 하지만 그는 어떤 범죄로도 정식으로 기소되지 않았어.

해설 charge A with B는 'A를 B의 혐의로 고소하다'라는 뜻이다. 빈칸 문장은 A에 해당하는 목적어가 주어로 나간 수동태이므로 과거분사 형태인 (d)가 들어가야 알맞다.

guilty 유죄의 **formally** 정식으로

4 정답 (c)

A 찰스가 그의 강의 노트를 우리에게 보여줄까?
B 나는 그럴 거라고 기대해.

해설 expect는 일반적으로 〈목적어+to+동사원형〉의 형태를 취하므로 expect him to share가 되는데 앞 문장과 중복되는 동사 share는 생략 가능하다. 이때 to는 생략해서는 안 되며, 이렇게 동사를 생략하고 쓰는 to를 대부정사라고 한다. 따라서 (c)가 정답이다.

share 공유하다 **expect** 기대하다, 예상하다

5 정답 (c)

A 이번 주말에 제게 시내 구경을 시켜 주셔서 정말 감사합니다.
B 저도 정말 즐거웠습니다.

해설 appreciate는 목적어로 동명사를 취하므로 (c)가 정답이다. your는 동명사 showing의 의미상 주어에 해당한다.

have (a lot of) fun (매우) 재미있게 놀다 **show A around** A를 구경시켜 주다

6 정답 (b)

A 이번 학기에 네가 듣는 강의가 전부 어렵니?
B 아니, 그중 한 과목만 정말 어려워.

해설 빈칸 뒤에 동사가 단수형인 is가 나오고 있으므로 형태상 단수로 받는 (b)나 (c)가 가능한데, 의미상 (c) each는 맞지 않으므로 (b)가 정답이다.

challenging 해볼 만한, 난이도 높은

7 정답 (c)

A 달걀을 넣기 전에 설탕을 넣을까요, 아니면 달걀을 넣은 후에 설탕을 넣을까요?
B 어떤 방식이든지 하고 싶은 대로 해도 돼요.

해설 복합관계사를 넣는 문제이다. '관계사+ever'의 형태인 복합관계사는 명사절이나 부사절로 쓰이는데, 여기서는 is fine의 주어 역할을 한다. 설탕을 넣는 방식이 어떻든지 상관 없다는 뜻이므로 (c) However가 들어가야 알맞다.

add 더하다

8 정답 (d)

A 그 회사에서 우리에게 배송해준 소프트웨어는 결함이 있어.
B 응, 나도 그렇게 생각했어.

해설 '그것이 바로 내가 생각했던 것'이라는 뜻으로 올바른 문장의 형태를 갖춘 것은 (d)이다. what은 선행사를 포함한 관계대명사로, what I thought라는 관계대명사절이 보어 역할을 하고 있다.

ship 발송하다 **defective** 결함이 있는

9 정답 (d)

A 제임스가 모나와 함께 도서관에 있니?
B 그가 누구와 함께 공부할 것인지는 말하지 않았어.

해설 빈칸에는 studying의 목적어로 의문사 what도 가능해 보이지만, A의 질문이 '무엇을' 공부하느냐가 아니고 '누구와' 공부하느냐에 초점을 맞추고 있기 때문에 (d)가 들어가야 알맞다.

10 정답 (a)

A 엠마는 예전보다 훨씬 자신감이 많아졌어.
B 그녀는 해가 지날수록 더 대담해지는 것 같아.

해설 문맥상 빈칸 앞의 with와 어울려 '해가 지남에 따라'라는 뜻이 되어야 자연스럽다. passing은 '경과'라는 의미의 명사이고 뒤에 of 이하의 수식을 받으므로 정관사 the를 붙여 (a)가 옳은 형태이다.

confident 자신 있는 **bold** 대담한 **passing** (시간의) 경과

Part II

11 정답 (d)

피트 씨는 비판가들의 말에 상관 없이, 자신의 발명품에 생기를 불어넣기로 결심했다.

해설 regardless of는 '~에 상관 없이'라는 뜻이고, 관계대명사 what이 이끄는 절인 what his critics said가 전치사 of의 목적어가 되는 (d)가 옳은 순서이다.

determined 결심한 **bring A to life** A에 생기를 불어넣다 **invention** 발명품 **critic** 비판가

12 정답 (b)

1960년대 중반 무렵이 되자, 프랭크 시나트라는 산업 및 연예, 부동산 업계에서 재산을 축적해 놓았다.

해설 시제를 묻는 문제이다. By the mid-1960s라는 과거를 나타내는 부사구가 있으므로 (a)와 (c)는 제외된다. By는 '~까지'라는 완료를 나타내므로 정해진 과거 시점까지의 완료를 나타내는 (b)가 들어가야 알맞다.

industrial 산업의 **real estate** 부동산 **interest** 사업 **amass** (재산을) 축적하다

13 정답 (c)

최근 연구 결과에 따르면 유전은 일부 환경적 요인보다 질병 감염에 영향을 덜 미치는 것으로 나타났다.

해설 앞에 less라는 비교급이 있으므로 이와 호응할 수 있는 (c) than이 들어가야 알맞다. 빈칸 다음에 나오는 동사 do는 중복되는 have an influence on disease contraction을 대신하고 있다.

findings 연구 결과 **genetics** 유전(학) **have an influence on** ~에 영향을 끼치다 **contraction** (병에) 걸림 **environmental** 환경의 **factor** 요인, 인자

14 정답 (a)

전문가들은 올해 대서양 서부에서 허리케인의 활동이 평균보다 더 강할 수 있다고 예보하고 있다.

해설 빈칸 뒤에 hurricane activity라는 목적어가 나오므로 수동태인 (c)는 제외된다. 의미상 앞으로의 일에 대해 말하고 있으므로 (b)나 (d)는 알맞지 않고, 가능성을 나타내는 could를 포함한 (a)가 정답이다.

expert 전문가 **forewarn** 예보하다 **Atlantic** 대서양

15 정답 (d)

매우 실망스러운 3분기가 지나고, 칼트론 인더스트리즈는 4분기에 시장에서의 주도적인 입지를 되찾기 위해서 결집했다.

해설 명사를 수식하는 수식어들의 어순을 묻는 문제이다. most는 정관사 없이 쓰면 '매우'라는 뜻으로, disappointing을 수식하는 것이 알맞고 부정관사는 일반적으로 수식어 맨 앞에 놓이므로 (d)가 정답이다.

rally 결집하다 **regain** 되찾다 **dominant** 지배적인 **quarter** 4분의 1, 사분기

16 정답 (a)

주 의회는 운전 중에 문자 메시지를 주고받는 사람들에게 구금 가능성과 함께 벌금을 규정하고 있다.

해설 문맥상 '운전 중에'라는 뜻이 되어야 하는데, 부사절에서는 주어와 be동사를 생략할 수 있으므로 while they are driving에서 they are를 생략하고 (a) while driving으로 쓸 수 있다.

legislature 입법부 **stipulate** 규정하다 **fine** 벌금 **text** 문자 메시지를 주고받다

17 정답 (b)

부상하는 기술 회사들은 여러 가지 난제에 부딪히는데, 그 중 상당 부분은 제품 출시를 위한 투자 자본의 부족이다.

해설 선택지로 보아 빈칸에는 일단 앞뒤 절을 이어줄 관계사 which가 들어간다. which가 가리키는 것은 a number of challenges인데, 이 난제들 중 상당 부분이 투자 자본의 부족이라는 뜻으로 not the least(적지 않은, 상당한)라는 표현을 포함한 (b)가 정답이다.

emerging 부상하는 **firm** 회사 **lack** 부족 **capital** 자본 **launch** 출시하다

18 정답 (a)

월리스 씨는 뇌졸중이 왔을 때 그렇게 병원 가까이 있지 않았더라면, 혼수 상태에 빠졌을 수도 있었다.

해설 주절의 〈could have+p.p.〉로 보아 가정법 과거완료 구문이므로, 조건절에는 〈had+p.p.〉가 들어가야 알맞다. 접속사 If를 생략하고 조동사 had와 주어를 도치시킨 (a)가 올바른 형태이다.

stroke 뇌졸중 **fall into a coma** 혼수상태에 빠지다

19 정답 (d)

더 많은 책임을 자진해서 맡는 것을 원치 않았기 때문에 재니스는 레이놀즈 씨를 인사부 책임자로 임명했다.

해설 분사구문인 Not wanting의 의미상 주어는 Janice인데, 빈칸에는 '그녀가 직접, 스스로'라는 뜻의 강조를 나타내는 재귀대명사가 들어가야 알맞다. 따라서 (d)가 정답이다.

volunteer 자진하여 맡다 **nominate** 임명하다 **HR** 인사부(Human Resources)

20 정답 (a)

환경 보호국의 조사 결과와 관련해서 가장 문젯거리가 되는 것은 수질 오염 수치가 사실상 증가하고 있다는 것이다.

해설 문장의 전체적인 구조는 빈칸부터 Agency까지가 주어이고 다음에 나오는 is가 동사이며 that 이하는 보어이다. 따라서 빈칸에는 절을 이끄는 주어 역할을 하는 것이 들어가야 한다. 선행사를 포함한 관계대명사인 (a) What이 알맞다.

troubling 문젯거리의 **water pollution** 수질 오염

21 정답 (c)

유권자들의 생각에, 양당의 정치인들은 에너지 위기에 대한 해결책을 찾기 위해 더 열심히 노력해야 한다.

해설 조동사를 고르는 문제이다. 문맥상 '노력해야 한다'는 뜻이 되어야 하므로 의무, 필요를 나타내는 (c)가 정답이다. (a) dare는 '감히 ~하다'는 뜻이다.

voter 유권자 **party** 정당

22 정답 (b)

검사는 배심원단이 그들에게 동의하기를 기대한다면 합리적인 의심을 넘어 피고가 유죄라는 것을 증명해야 한다.

해설 빈칸을 제외하고도 완전한 문장이 이루어지므로, 빈칸에는 부사구가 들어감을 알 수 있다. beyond는 '~을 넘어서'라는 전치사이므로 (a)나 (d)처럼 명사 뒤에 쓰이지 않는다. a reasonable doubt(합리적인 의심)를 이끌어 부사 역할을 하는 (b)가 올바른 형태이다.

prosecutor 검사 **defendant** 피고 **jury** 배심원단 **reasonable** 합리적인, 온당한

23 정답 (d)

이민법 개혁에 반대하는 사람들은 불법 이민자들로 인해 국가 안보에 전혀 위협이 가해지지 않는 것처럼 행동한다.

해설 빈칸 다음에 동사 were가 쓰였음에 주의한다. 주절은 현재 시제(behave)임에도 과거 시제가 쓰이고 있고 뒤에 주어인 no threat로 보아 단수형이 들어가야 하는데 복수형을 썼으므로 가정법 과거가 쓰였음을 알 수 있다. 따라서 '마치 ~처럼'이라는 뜻으로 뒤에 가정법을 수반하는 (d)가 정답이다.

opponent 반대자 **immigration** 이민 **reform** 개혁 **threat** 위협 **pose** (문제 · 위협 등을) 제기하다 **illegal** 불법의

24 정답 (d)

일부 보수 세력들은 기업에 대한 세제 특혜를 줄이면 경제가 또 한 번 경기 침체에 빠질 수 있다고 주장한다.

해설 빈칸에는 우선 조동사 would 다음에 본동사가 있어야 하므로 (a)는 제외된다. susceptible은 전치사 to를 수반하여 쓰이므로 (d)가 올바른 형태이다. the economy가 목적어이고 susceptible to가 목적보어가 되는 구조이다.

right 우파, 보수 세력 **tax break** 세제 특혜 **corporation** 기업 **recession** 경기 침체 **susceptible to** ~에 빠지기 쉬운

25 정답 (a)

프랑스 혁명이 시작되고 3년이 채 안 되어, 평민들은 사회 변화가 자신들이 바라던 전부가 아니었음을 깨닫게 되었다.

해설 일단 빈칸에는 주어인 the societal changes 다음에 동사가 필요하므로 (b)는 제외된다. (c)는 의미상 changes의 동사로 hoped가 어울리지 않으므로 (a)와 (d) 둘 중에서 가능하다. 문맥상 '그들이 바라던 전부가 아니었다'라고 해야 자연스러우므로 (a)가 정답이다.

commoner 평민 **societal** 사회의

Part III

26 정답 (b) as some surprise came ⇨ came as some surprise

A 사라와 데이브가 이혼한다니 믿을 수가 없어.
B 그래, 그 소식은 나에게도 뜻밖이었어.
A 그들에게 먼저 상담을 받아보라고 권했지만, 거절했어.
B 두 사람의 차이를 해결할 수 없다고 확신하는 것 같더라.

해설 (b)에서 as some surprise라는 부사구와 동사 came의 위치가 바뀌었다. come as a[some] surprise는 '놀라움으로 다가온다, 놀랍다'라는 뜻이다.

get a divorce 이혼하다 **counseling** 상담 **refuse** 거부하다 **work out** 해결하다

27 정답 (b) are ⇨ is

A 휴가 때 편히 쉬는 게 좋아요, 아니면 관광하는 게 좋아요?
B 둘 다 좋아요, 일할 필요만 없다면요.
A 정말요? 난 해변에서 빈둥거리는 건 견딜 수가 없어요.
B 하지만 우리 모두 가끔은 휴식이 필요해요.

해설 주어에 either가 포함되면 단수형으로 받으므로 (b)에서 동사 are는 is가 되어야 한다. either A or B의 형태일 때는 동사의 수를 B에 일치시킨다는 점도 함께 알아두자.

sightsee 관광하다 **as long as** ~하기만 하면 **stand** 견디다, 참다

28 정답 (b) violate ⇨ are violated

(a) 하나의 사회로서 우리는 모든 시민이 사생활과 직장 생활에서 일정한 권리를 보장받는다고 믿고 있다. (b) 하지만 누군가 인종이나 성별, 기타 다른 형태의 차별에 근거하여 고용을 거부당할 때 이러한 권리는 침해된다. (c) 이런 일이 발생하는 것을 막기 위해서 우리는 항상 경계를 늦추지 않고 어떤 불의라도 관계 당국에 신고해야 한다. (d) 서로 돕는 것을 통해서만 우리는 우리의 권리 유지를 보장할 수 있다.

해설 (b)에서 violate는 '침해하다, 위반하다'는 뜻으로 주어인 these rights는 이 행위의 주체라기보다는 대상이라고 볼 수 있다. 따라서 수동태인 are violated가 되어야 옳다.

guarantee 보장하다 **employment** 고용 **racial** 인종의 **discrimination** 차별 **constantly** 끊임없이 **vigilant** 경계하는 **injustice** 부정, 불의 **authorities** 당국 **ensure** 확실하게 하다 **uphold** 지지하다, 지탱하다

29 정답 (d) to select ⇨ selecting

(a) 많은 사람들이 영어를 세계 공용어로 여기고 있다. (b) 하지만 이러한 생각은 어떤 언어에라도 내재되어 있는 복잡성 때문에 틀렸다고 볼 수 있는데, 특히 영어처럼 널리 빠르게 퍼지고 있는 언어의 경우에는 더욱 그러하다. (c) 전 세계적으로 수십 개의 영어 방언이 사용되고 있으며, 일부는 너무 달라서 완전히 다른 언어로 여겨지기도 한다. (d) 영어를 배우고자 하는 사람들은 학교나 개인 교사를 선택할 때 이런 사실을 고려해야 한다.

해설 부사절에서는 주어와 be동사를 생략하고 분사만 쓸 수 있으므로 (d)에서 to select를 selecting으로 바꾸는 것이 옳다. when they are selecting에서 they are가 생략된 형태이다.

lingua franca 공통어 **notion** 관념 **belie** ~와 모순되다 **inherent** 고유의 **widespread** 널리 퍼진 **divergent** 서로 다른 **distinct** 뚜렷이 다른 **take A into consideration** A를 고려하다 **instructor** 교사, 지도자

30 정답 (c) how important is it ⇨ how important it is

(a) 이번 독감 철에, 백만 명 이상이 독감에 걸리고, 그로 인해 무려 20,000명이 사망하게 될 것으로 예상된다. (b) 안타깝게도, 이 희생자들의 대부분은 정부가 제공하는 무료 독감 예방 접종으로 병을 막을 수 있었다. (c) 해마다 공공 서비스 안내를 통해 무료 서비스를 이용하는 것이 얼마나 중요한지에 대해서 사람들에게 인식시키고자 하고 있다. (d) 하지만 수백 만 명이 무지나 불신, 단지 게으름 때문에 거부하고 있다.

해설 (c)에서 how important is it은 간접의문문으로 impress의 목적어가 된다. 간접의문문의 어순은 '의문사+주어+동사'이므로 how important 다음에 어순이 it is가 되어야 옳다.

flu 독감 (influenza) **contract** 병에 걸리다 **portion** 부분 **vaccination** 예방 접종 **attempt** 시도하다 **take advantage of** ~을 이용하다 **ignorance** 무지 **distrust** 불신

독해 Reading Comprehension

Part I

1

아르메니아어를 기술하는 데 사용된 문자는 서기 5세기에 처음으로 나타났다. 그것은 훨씬 더 오래된 형태의 문자인 팔레비 알파벳에서 발달한 것인데, 팔레비 알파벳은 기원전 2세기에 페르시아에서 생겨난 것이다. 전설에 따르면 언어학자이며 수도승이었던 메스로프 마쇼트가 이전에 필사에 사용되었던 설형문자는 아르메니아의 종교 활동에 어울리지 않다고 여겨, 서기 405년에 다른 학자들 몇 명의 도움을 받아 이 문자 체계를 창안했다고 한다. 나중에 이 새로운 문자를 만든 사람들은 번역 학교를 설립해서 새로 만든 아르메니아 문자 체계로 성서를 번역하는 일을 맡겼다.

(a) 성서의 아르메니아어 번역은
(b) 아르메니아 문학 전통에서 가장 초기의 시는
(c) 아르메니아 문화를 규정짓는 종교적 문서는
(d) 아르메니아어를 기술하는 데 사용된 문자는

해설 빈칸에 들어갈 것은 Mesrop Mashtots가 창안한 문자 체계이며, 이것은 마지막 문장에서 the freshly minted Armenian writing system으로 다시 표현되고 있으므로 (d)가 정답이다.

surface 나타나다 **linguist** 언어학자 **monk** 수도승 **legend has it** 전설에 따르면 **devise** 고안하다 **deem** ~으로 간주하다 **cuneiform** 설형문자 **transcription** 필사 **inadequate** 부적당한 **subsequently** 나중에 **commission** 위탁하다, (일을) 맡기다 **rendering** 번역 **mint** (신조어를) 만들어내다

2

중국 남부의 연구자들이 그들이 발견한 10만 년 된 현대 인류의 유해에 관한 조사 결과를 발표했을 때, 그것이 시사하는 바는 현재의 인류학적 사고의 토대를 흔들었다. 이 새로 발굴된 화석들은 전문가들에게 기존 가정을 자세히 조사하라고 끈질기게 요구하면서, 동아시아에서 현대 인류의 도래에 대한 널리 퍼진 믿음을 반박하였다. 새로운 유해의 연대는 이전에 발견된 것들보다 약 6만 년 정도 더 오래되었다. 이전에는 중국과 호주에서 현대 인류의 정착은 5~6만 년 전에 시작한 것으로 여겨졌다. 그러므로 남아시아 전역으로 인류의 조상이 분산된 것은 학자들이 그때까지 당연히 그럴 거라고 여겼던 것보다 더 이전에 일어났을 가능성이 높다.

(a) 인류학자들이 예상했던 것보다 인구가 더 적은 집단에서
(b) 인류가 석기 기술을 사용했던 시기에
(c) 아프리카에서 현대 인류의 분화가 있기 전에
(d) 학자들이 그때까지 당연히 그럴 거라고 여겼던 것보다 더 이전에

해설 새로 발굴된 인류의 유해가 이전에 발견된 것들보다 더 오래된 것이며 이 때문에 기존 학자들의 이론이 흔들리고 있다는 내용이다. 따라서 남아시아 지역에 인류가 정착한 연대도 기존에 추정했던 것보다 더 이전일 가능성이 있다는 결론의 (d)가 정답이다.

findings 조사 결과 **remains** 유적 **implication** 함축 **rock** 흔들다 **anthropological** 인류학의 **importune** 성가시게 조르다 **scrutinize** 자세히 조사하다 **unearth** 발굴하다 **contradict** 반박하다 **prevailing** 널리 퍼진 **colonization** 군집 형성 **dispersal** 분산 **employ** 사용하다 **speciation** (종의) 분화

3

20세기의 예술품 수집가인 아이마 호그는 가족이 그들 소유의 토지에서 석유를 발견한 후에 갑자기 부자가 되어서 물려받은 재산을 후하게 썼다. 텍사스 토박이인 그녀는 독지 활동 대부분을 텍사스 주민들에게 봉사하는 대의에 쏟았으며, 텍사스 대학에 정신 건강 재단뿐만 아니라 아동 및 가족을 위한 상담 센터도 설립했다. 휴스턴 교육 위원회에 임명된 호그는 텍사스의 교육에 영향력 있는 입지를 차지했고 교육 전문가들을 대표해서 주장을 펼치며 인종과 성별에 관계 없이 평등을 요구했다.

(a) 정계에서 막대한 역할을 했다
(b) 물려받은 재산을 후하게 썼다
(c) 재산을 막 부상하는 정유 산업에 투자했다
(d) 재산을 오로지 고등 교육을 위해서만 할애했다

해설 빈칸 뒤에 이어지는 내용에서 아이마 호그는 텍사스 주민들을 위해 독지 활동을 펼치고, 대학에 재단과 상담 센터 등을 설립하는 등의 사회적 활동을 했으므로 (b)가 가장 알맞다. 교육 분야는 그녀가 관심을 가진 여러 활동 영역 중 하나에 속하므로 (d)는 알맞지 않다.

stumble into 우연히 ~에 맞닥뜨리다 **affluence** 풍요로움 **channel A into** A를 ~에 쏟다 **foundation** 재단 **appointment** 임명 **advocate** 주장하다 **regardless of** ~에 상관 없이 **prodigious** 거대한 **inherit** 물려주다 **burgeoning** 싹트기 시작한 **apportion** 할당하다 **solely** 오직

4

사이먼 놀즈 씨께,
빌즈 버거를 대표해서, 6월 12일자 귀하의 이메일은 잘 받았으며 저희 회사에 대한 귀하의 의견에 진심으로 감사드립니다. 더블 멜트 버거의 재료 목록에 대한 귀하의 요청에 대해서는, 유감스럽지만 저희 메뉴 품목의 영양학적 자료는 찾을 수 없음을 알려드립니다. 하지만 귀하의 문의는 영양학적 정보에 대한 소비자의 요구를 보여 주었습니다. 그래서 빌즈 버거에서는 저희 메뉴의 자세한 영양학적 평가를 의뢰했습니다. 영양학적 검사 과정은 다소 시간이 걸릴 수 있지만, 앞으로는 일반인들이 영양학적 정보를 손쉽게 찾아볼 수 있도록 하겠습니다.
미카 태퍼트 드림

(a) 사실을 알리지 않았다고 빌즈 버거를 비난했습니다
(b) 패스트푸드점에 대한 무관심의 증가를 반영했습니다
(c) 우리에게 지속적인 가격 인하의 필요성을 상기시켰습니다
(d) 영양학적 정보에 대한 소비자의 요구를 보여 주었습니다

Actual Test 3

해설 소비자인 사이먼 놀즈가 요청한 것이 무엇인지를 파악해야 한다. nutritional data를 찾을 수 없다고 했고, 빌즈 버거에서 판매하는 제품의 영양학적 정보를 요구했으므로 (d)가 정답이다.

on behalf of ~을 대표해서 acknowledge (편지·소포를) 받았음을 알리다 convey 전하다 appreciation 감사 unavailable 찾을 수 없는 query 질문 assessment 평가 readily 쉽사리 accuse A of B B를 이유로 A를 비난하다 withhold ~을 주지 않다

5

이집트 해안 지역은 최근 연속적으로 비정상적인 상어의 공격을 받았다. 홍해의 해안에서 20미터 떨어진 지점에서 스노클링을 하다가 공격을 받은 한 독일 관광객이 일주일이 안 되는 사이에 연속으로 네 번이나 발생한 사건에서 가장 최근의 희생자였다. 모든 공격은 이상 행동을 보이는 단 한 마리의 상어가 저지른 것으로 추정되고 있다. 이집트 당국은 상어 두 마리를 추적해서 죽이는 것으로 대응하며, 홍해의 해안 및 휴양지에 대한 관광객들의 불안을 덜 수 있기를 바랐다. 하지만 사진상 증거로는 그 두 마리 상어 중 어느 것도 공격의 주범인 것과 동일한 것임을 알 수 없다.

(a) 해를 끼치지 않는 종에 속했다
(b) 홍해의 가장 깊은 구역에서 자주 출몰했다
(c) 작년에 이집트 바다에서 목격되었다
(d) 공격의 주범인 것과 동일한 것이다

해설 관광객들을 불안하게 하는 상어의 공격에 대응해 이집트 당국에서 상어 두 마리를 죽였는데, 마지막 문장이 Yet으로 시작하는 것으로 보아 이집트 당국이 죽인 상어가 공격을 자행한 상어인지 확인되지 않았다는 뜻으로 (d)가 들어가야 알맞다.

coastal 해안의 succession 연속 aberrant 일탈적인 of late 최근에 snorkel 스노클링하다 a string of 일련의 span 기간 perpetrate 행하다 anomalous 이상한 alleviate 완화하다 apprehension 염려 frequent 자주 나타나다 spot 발견하다

6

예술 사학자들은 베르메르의 〈뚜쟁이〉를 자화상이라고 판단한다. 〈뚜쟁이〉는 요하네스 베르메르 등의 17세기 네덜란드 화가들이 고수했던 특정한 관습을 따르고 있고 학자들이 '유쾌한 무리'라고 부르는 주제를 담고 있다. 이것은 화가가 자신의 작품에서 유쾌한 무리 가운데에 자신을 묘사하는 것을 말한다. 이 특정한 전통에 초점을 맞춤으로써, 예술 사학자들은 〈뚜쟁이〉의 인물이 확실히 베르메르 자신이 분명하다고 말할 수 있는 것이다.

(a) 베르메르의 〈뚜쟁이〉를 자화상이라고 판단한다
(b) 분실된 베르메르의 자화상을 되찾기를 바란다
(c) 베르메르의 〈뚜쟁이〉에 나오는 인물들의 이름을 붙이기 위해 노력한다
(d) 요하네스 베르메르를 네덜란드의 다빈치라고 부른다

해설 마지막 문장에서 요지가 다시 한 번 되풀이되고 있다. 예술 사학자들은 〈뚜쟁이〉에 나오는 인물이 베르메르임이 확실하다고 생각한다고 했으므로 (a)가 이에 해당한다.

procuress 뚜쟁이 convention 관습 adhere to ~을 고수하다 refer to A as B A를 B라고 부르다 motif 작품의 주제 depict 묘사하다 amid ~가운데에 composition 작품 presume 추정하다

7

올해 조지타운 지구 학교들은 새로운 의무 예방 접종을 시작하여, 6학년에서 12학년까지 등록된 모든 학생들은 백일해와 수두, 뇌수막염에 대한 예방 접종을 받을 것을 의무화하였다. 하지만 몇 달 동안이나 새로운 법령에 대한 학부모들의 인식을 높이기 위한 캠페인을 벌였음에도 불구하고, 학생들이 이를 따르지 않는 것이 전반적으로 퍼져 있다고 보고되고 있다. 다음 주 금요일에 지난 1월에 정한 기한이 만료되면, 그때까지 의무 예방 접종을 받지 못한, 350명으로 추정되는 학생들은 접종을 받지 못하게 된다. 이 학군의 대변인의 말을 빌리자면, "이것이 일부 가정에는 어려운 일일 수도 있다는 것을 알고 있습니다. 하지만 우리는 학생들을 염려하고 그들이 아프지 않기를 바랍니다"라고 전한다.

(a) 모든 학생들이 예방 접종을 받을 필요는 없습니다
(b) 그런 어려움을 극복하는 것이 교육에 있어서 중요합니다
(c) 우리는 학생들을 염려하고 그들이 아프지 않기를 바랍니다
(d) 이 연령대의 학생들은 회복력이 뛰어나고 강인합니다

해설 정책적으로 학교에서 예방 접종을 의무화하고 있지만, 아직도 이를 따르지 않는 학생들이 많다는 사실을 지적하고 있다. 이런 취지에서 학교의 입장을 대표해서 예방 접종을 권장하기 위해 대변인이 할 수 있는 말은 (c)이다.

roll out 시작하다 immunization 면역 mandate 명령하다 vaccination 예방 접종 whooping cough 백일해 chickenpox 수두 meningitis 뇌수막염 noncompliance 불복종 prevalent 만연한 put in place 시행하다 occlude 차단하다 requisite 필수의 resilient 회복력이 뛰어난 tenacious 강인한

8

이번 주에 〈네이처 신경과학〉 잡지에 연구 결과가 게재된 밴더빌트 대학의 최근 연구에 따르면, 쥐가 태어난 것이 한여름인지 아니면 한겨울인지 여부가 전혀 의미가 없는 것은 아니라고 한다. 겨울에 태어난 쥐와 여름에 태어난 쥐의 차이점을 조사하여, 이 연구팀은 태어난 계절이 습성이나 생체 시계에 따른 행동에 영향을 미친다는 결론을 내렸다. 겨울의 햇볕 조건에서는 계절 변화에 민감성이 높아지는 양상을 보인다. 상당 부분, 이것은 계절적 정서 장애를 겪는 인간에게서 보여지는 증상과 유사하며 인간의 성격과 뇌 발달에 관한 앞으로의 연구에 방향성을 제시해 줄 수 있다.

(a) **한여름인지 아니면 한겨울인지**
(b) 연구자의 개입이 있는지 아니면 없는지
(c) 자연적인 조명 환경인지 아니면 인위적인 조명 환경인지
(d) 포유류의 완전한 임신 기간 이전인지 아니면 이후인지

해설 빈칸 다음에 이어지는 문장의 Investigating differences between winter-born and summer-born mice에서 첫 문장에서 소개한 연구가 겨울에 태어난 쥐와 여름에 태어난 쥐를 비교 관찰했다고 했으므로 (a)가 정답이다.

consequence 중요성 biological clock 생체 시계 evince 분명히 나타내다 heighten 증가시키다 significantly 상당히 parallel ~와 비슷하다 manifest 명백히 나타내다 seasonal affective disorder 계절적 정서 장애 intervention 개입 gestation 임신

9

쿠바의 이 지역에 자연스럽게 생겨난 자원인 점토 매장량이 원래부터 풍부하여, 엘 카노 마을은 도기 생산의 중심지이다. 이곳에서는 가족 소유의 사업체와 가내 도자기 작업장에서 가마 가득 기와와 화분을 대량 생산한다. 하지만 그 같은 소규모 사업체는 쿠바 전체 경제의 극히 일부를 이루고 있을 뿐이다. 만약 라울 카스트로 대통령이 쿠바에서는 역사적으로 오명을 써왔던 사기업과 자영업을 장려하겠다는 제안을 밀고 나간다면, 그런 상황은 조만간 바뀌게 될 수도 있다.

(a) **하지만**
(b) 대신에
(c) 게다가
(d) 여하튼

해설 빈칸 앞에서는 도기 생산의 중심지로 자리 잡은 마을에서 도기를 대량 생산한다는 내용이 나오고, 빈칸 뒤에서는 그러한 사업체가 쿠바 전체 경제에서 극히 일부에 지나지 않는다고 하고 있으므로 내용이 서로 상반된다. 따라서 (a)가 들어가야 가장 알맞다.

endowed with ~을 타고 난 **abundant** 풍부한 **deposit** 퇴적물 **pottery** 도기 **churn out** 대량 생산하다 **roofing tile** 기와 **kiln** 가마 **make up** 구성하다 **fraction** 소량 **at large** 전체의 **promote** 장려하다 **self-employment** 자영업 **stigmatize** 오명을 씌우다

10

행운은 용감한 사람 편이라는 말이 있다. 그래서 지난밤에 매버릭스와의 경기에서 전혀 용감성을 보이지 않았던 앤젤스가 전혀 운이 없이 경기를 끝낸 것은 당연했다. 앤젤스의 심약함은 첫 쿼터에서 일찌감치 징조를 보였는데, 선수들이 매버릭스의 수비를 뚫고 기습 공격을 할 기회를 번번히 놓쳤다. 게다가 코칭 스탭은 특히 매우 서투르고 무능력한 모습을 보였으며, 이제껏 대학 경기에서 펼쳤던 가장 신중하고 용기 없는 공격이라고 주저 없이 평가할 수 있는 경기였다.

(a) **게다가**
(b) 예를 들어
(c) 그와 반대로
(d) 이 때문에

해설 앤젤스가 매버릭스를 상대로 최악의 경기를 보였다는 내용으로, 빈칸 앞뒤에서 각각 선수와 코칭 스탭들의 무능력을 비판하고 있다. 빈칸 다음 문장에서 앞문장의 내용에 첨가해서 보충 설명하고 있으므로 (a)가 가장 알맞다.

favor ~에게 호의를 베풀다 **thorough** 철저한 **deficit** 결손, 부족 **spectacularly** 극적으로 **devoid of** ~이 결여된 **faintheartedness** 심약함 **loom** 어렴풋이 보이다 **dismiss** 해산시키다 **catch A off guard** A의 허를 찌르다 **dismal** 서투른 **incompetence** 무능력 **craven** 용기 없는

Part II

11

인류의 유산으로서 보호되고 있는 태즈메이니아 산림 지역은 지구상 어느 곳과도 완전히 다르다. (a) 100만 헥타르가 넘는 험한 지형을 가로질러 뻗어 있는 광야는 세계에 남아 있는 몇 안 되는 대표적인 온대 우림 중 하나이다. (b) 빙하가 침식되며 만들어진 극적인 형상은 기념비적인 계곡과 산악 지형을 갖춘 풍경을 만들어냈다. (c) 위상기하학적으로나 지질학적으로 변화가 풍부한 덕분에 발달한 다양한 생태계는 군락을 이루는 각종 생물 종을 부양하는 다수의 서식지를 품고 있다. (d) 수십만 년 동안 태즈메이니아 섬은 가지각색의 독특한 인류 문화를 지탱하였다.

해설 Tasmanian wilderness에 대한 글로, 주로 이 지역의 지형이나 풍경, 생태계 등의 자연 환경을 소개하고 있는데, (d)는 이와 달리 그곳에 존재했던 인류 문화에 대해 언급하고 있으므로 주제에서 벗어난다.

patrimony 세습 재산 **wilderness** 황야 **rugged** 울퉁불퉁한 **expanse** 광활한 공간 **temperate** 온대성의 **sculpt** 조각하다 **erosion** 침식 **carve out** 개척하다 **monumental** 기념비적인 **mountainous** 산지의 **manifold** 다양한 **topological** 위상기하학적인 **variation** 변화 **a multitude of** 다수의 **throng** 군중 **multifarious** 다방면의

12

세계에서 가장 부드러운 쇠고기에 대한 소식이 전 세계로 퍼졌다. (a) 아르헨티나에서는 내장은 먹고, 연골은 갈고, 소시지로 간단히 식사하는 기회가 풍부하다. (b) 최상의 와인과 열정적인 탱고, 완벽한 안심은 이 나라의 결정적인 매력의 극히 일부에 불과하다. (c) 참으로, 육류 애호가들에게는 아르헨티나보다 더 천국 같은 장소는 있을 수 없으며, 그곳에서는 고기 굽는 장인들이 이 나라의 전통적인 그릴인 귀한 파릴라에 마법을 부린다. (d) 순례자들이여, 와서 세계의 쇠고기 중심지에 경의를 표하라.

해설 아르헨티나의 세계적으로 이름난 쇠고기 요리를 소개하고 있으면서 모두 고기 요리에 초점을 맞추고 있는데, (b)는 아르헨티나라는 나라의 전반적인 매력에 대해서 언급하고 있으므로 주제에서 벗어난다.

waft (공중에서) 퍼지다 **gorge** 게걸스레 먹다 **gristle** 연골 **grind** 갈다 **nosh** 간단히 식사하다 **abound** 풍부하다 **flawless** 흠 없는 **tenderloin** (소 · 돼지고기의) 안심 **exalted** 고귀한 **parrilla** 파릴라(grill의 일종) **quintessential** 전형적인 **pilgrim** 순례자 **render homage to** ~에 경의를 표하다

Part III

13

올 11월 하노이에서 개최된 제3회 국제 벼총회에서 삼발푸르 대학 출신인 인도 과학자 프라바트 K. 모하파트라가 평생 동안 벼 생리학 분야에 공헌한 공로로 수상했다. 모하파트라 박사의 연구에서 특히 중점을 둔 것은 끝눈 우성과 이삭 구조, 작은 이삭의 발달, 물질 생산과 물질 수용 간의 관계 등이다. 모하파트라 박사는 관개 시설을 한 벼의 잠재 수확량에 관한 뛰어나고 지속적인 연구를 인정받아 2010년 요시다 상을 수상했다. 생리학자들을 이제까지 최고의 잠재 수확량으로 이끈 그의 연구는 세계에서 가장 중요한 식량 중 하나에 끼친 영향력에 있어서 기여한 바가 엄청나다.

Q 뉴스 기사에 가장 적절한 제목은?

(a) 하노이의 국제 벼총회에서 우수상을 수여하다

(b) 벼 연구가인 모하파트라 박사가 요시다 상을 수상하다

(c) 모하파트라 박사, 벼의 잠재 수확량에 있어서 혁신을 이루다

(d) 모하파트라 박사의 연구가 2010년 쌀 수확량을 증가시키다

해설 벼의 연구를 통해 잠재 수확량 증가에 공헌한 모하파트라 박사가 국제 벼총회에서 요시다 상을 수상했다는 것이 주된 내용이므로 (b)가 정답이다.

career-spanning ~에 이르는 경력 **encompass** 망라하다 **apical dominance** 끝눈 우성 (현상) **panicle** 이삭 **spikelet** 작은 이삭 **in recognition of** ~의 공로로 **commendable** 훌륭한 **pertaining to** ~에 관한 **yield potential** 잠재 수확량 **irrigate** 물을 대다 **steer A toward B** A를 B쪽으로 이끌다 **endowment** 기증 **ramification** 파문 **staple** 주요 산물

14

동물 모양을 만드는 일을 시작하기 위해서, 관 모양의 풍선을 가운데서 두 번 비틀어서 분리된 절반으로 나누고, 이음매를 B지점이라고 부르기로 한다. 풍선을 묶은 끝부분으로부터 1.5인치 되는 곳에 또 하나의 이음매를 만들고 A지점이라고 한다. A와 B의 중간 지점에, 마디를 또 하나 만들고 그 마디에서 풍선을 접어 A와 B가 만나 함께 꼬일 수 있도록 한다. 아직 손대지 않은 풍선의 절반을 A와 B가 만나 생긴 틈으로 부드럽게 밀어 넣어 작은 초승달 모양을 만든다. 풍선을 묶은 끝부분은 이제 코브라의 목 뒤쪽에 넓게 펴진 살과 닮아 있고 나머지는 뱀의 몸을 이룬다.

Q 지시 사항의 주된 내용은?

(a) 목 뒤쪽을 붙잡아 코브라를 다루기

(b) 풍선을 꼬아 동물 모양을 만들기

(c) 풍선으로 만들 수 있는 여러 가지 동물

(d) 코브라 트위스트라고 부르는 매듭 묶기

해설 첫 문장에서 풍선으로 동물 모양을 만드는 과정을 설명하는 내용임을 알 수 있다. 과정을 순서대로 설명한 뒤에, 마지막 문장에서 코브라를 만들었음을 알 수 있으므로 (b)가 정답이다. 코브라를 만드는 방법만 나와 있으므로 (c)는 알맞지 않다.

tubular 관 모양의 **twist** 비틀다 **joint** 이음매 **knot** 매듭짓다 **node** 마디 **fold** 접다 **articulation** 마디 **gently** 부드럽게 **as-yet-untouched** 아직 손대지 않은 **aperture** 구멍, 틈 **crescent** 초승달 **hood** 코브라 목 뒤쪽의 넓게 펴진 살 **grasp** 붙잡다

15

수그러들지 않는 디지털 매체의 발전과 더불어 '휴대폰 소설'이 나왔다. 이것은 문자 메시지로 한 장 한 장 저술한 문학 작품으로 이동통신 장치를 통해 짧게 1회분씩 전송하는 형태로 독자들에게 다가간다. 이런 식으로 저술된 최초의 소설인 〈깊은 사랑〉은 2003년에 일본에서 처음 선보였으며, 그것의 전염성 강한 인기는 베스트셀러 소설책과 텔레비전 프로그램, 만화 소설, 나아가 영화로까지 이어졌다. 일본에서 처음 등장한 이후로 휴대폰 소설은 전 세계적으로 보급되며 우리 디지털 시대에 중요한 문학으로 당당히 입지를 굳혔다.

Q 지문의 요지는?

(a) 휴대폰 소설의 인기가 증가하고 있다.

(b) 휴대폰 소설이 일본에서 큰 사건이 되고 있다.

(c) 휴대폰 문학이 새로운 문학 장르로 등장했다.

(d) 일본 문화는 기술 동향을 받아들이는 데 편견을 가지고 있다.

해설 휴대폰 소설이 등장해 큰 인기를 끌면서, 이제 당당히 하나의 문학 작품으로 인정받고 있다는 내용이므로 (c)가 정답이다. (a)와 (b)는 현재보다는 휴대폰 소설이 처음 등장했던 몇 년 전에 해당하는 내용이고 (d)는 휴대폰 소설이 일본에서 처음 등장했다는 사실에 비추어 오히려 사실과 상반된다.

unabated 수그러들지 않는 **compose** 글을 짓다 **installment** 1회분, 한 권 **viral** 바이러스성의 **fuel** 촉진하다 **graphic novel** 만화 형태를 띤 소설 **advent** 도래 **propagate** 전파하다 **legitimacy** 적법성 **emerge** 출현하다 **predisposed** 편견을 가진 **embrace** 받아들이다

16

게임을 교육 도구로 사용한 역사적 전례가 있는데, 로마의 샤를마뉴 대제는 문제 해결 능력을 연마하기 위해 퍼즐을 사용하는 것을 용인했다. 이와 마찬가지로, 현대의 게임 방식은 실제적인 적용 능력을 시험하고 연마하기 위해 사용될 수 있다. 게이머들이 컴퓨터 및 조작기에서 연구하며 보내는 어마어마한 시간을 고려할 때, 게이머들의 집중력과 에너지를 이용하고 변형시킬 수 있는 어마어마한 잠재적인 생산성이 게임에 존재한다. 언젠가 일종의 대규모 공동 작업으로서 비디오 게임은 연구자들이 과학적 난제들을 해결하고 경제적 고점 및 저점을 예측하고 자연 재해에 대처하기 위한 전략을 시험하는 데 도움을 줄 수도 있다.

Q 지문의 요지는?

(a) 현대의 게임은 문제를 해결하기 위해 개발될 수도 있다.

(b) 게임은 역사 전반을 통해 전략을 가르치기 위해 사용되었다.

(c) 현대적 게임 방식은 퍼즐을 해결하는 재능을 필요로 한다.

(d) 게임은 사람들이 컴퓨터 작업에서 생산성을 향상시키는 데 도움을 준다.

해설 역사적으로 게임을 교육 도구로 사용한 예가 있다고 소개한 후 마지막 문장에서 여러 가지 실제적인 문제들을 해결하는 데 비디오 게임을 이용할 수도 있다고 했으므로 (a)가 가장 알맞은 요지이다.

precedent 전례 **instructional** 교육상의 **condone** 용납하다 **hone** 연마하다 **sharpen** 날카롭게 하다 **pore** 열심히 연구하다 **console** (컴퓨터) 조종기 **staggering** 엄청난 **harness** 이용하다 **transmogrify** 변형시키다 **peak** 고점 **trough** 저점

17

지난달 유나이티드 콘티넨털 홀딩즈 사는 지배주를 보유하고 있는 두 항공사 유나이티드와 콘티넨털을 합한 교통량이 4.8% 증가했다고 발표했다. 아직은 별개의 회사로 경영되고 있는 두 항공사의 통계를 합치면 작년 같은 시기와 비교했을 때 올 11월에 운행한 마일수가 증가했음을 알 수 있다. 작년 11월의 수치가 154억 마일에 머물렀던 반면 올 11월은 161억 5천만 마일을 기록했다. 게다가 두 항공사의 수용 승객은 4.1% 증가하였고 점유율은 2.1% 증가했다.

Q 지문 내용과 일치하는 것은?

(a) 유나이티드 콘티넨털 홀딩즈 사는 이윤이 4.8% 증가했다.

(b) 작년 11월 이후로 운행 마일수가 약간 감소했다.

(c) 올해 두 항공사는 전체 운행 마일수가 늘어났다.

(d) 작년에 두 항공사는 올해보다 운행 거리가 더 많았다.

해설 유나이티드 콘티넨털 홀딩즈가 지배주를 갖고 있는 두 항공사의 운행 거리가 작년 대비 늘었다는 것이 요지이다. 따라서 (c)가 정답이다. 4.8% 증가한 것은 회사의 이윤이 아니라 교통량이므로 (a)는 맞지 않다.

preceding 이전의 **consolidate** 합병하다 **administer** 관리하다 **top out** 보합세를 보이다 **clock** 기록을 내다, 달성하다 **capacity** 수용량 **occupancy** 점유 **dip** 내려가다

18

아무것도 통과시키지 않는 극지방의 얼음 차단 막으로 거의 전체가 덮인 남극 대륙은 신비한 지질을 지닌 비밀스러운 대륙이다. 남극 횡단 산맥과 해안을 따라 드러나 있는 암석에서 소량의 고지대 산물이 나오기는 하지만 2,400미터의 얼음 밑에 묻혀 비밀스러운 지질을 띠는 남극 대륙의 심장부에 도달하는 데는 어느 정도의 민첩성이 요구된다. 연구자들은 암석이나 잡석 조각을 가리지 않고 분석하여 숨겨진 남극 대륙을 어렴풋이나마 파악하는데, 흘러가는 얼음 때문에 자리가 옮겨지고 표면까지 휘돌기도 하는 이 암석이나 잡석 조각들에 가까이 다가갈 수 있는 것은 지나가는 빙하 덕분이다. 그런 표본들에는 남극 대륙의 얼음 아래 무엇이 존재하는지에 대한 지구화학적 힌트가 담겨 있다.

Q 지문 내용과 일치하는 것은?

(a) 남극 횡단 산맥은 남극 대륙의 얼음 밑에 무엇이 존재하는지를 알려준다.

(b) 남극 대륙의 심장부의 지질은 과학자들에게 알려져 있다.

(c) 연구자들은 굴착을 통해서만 표본 자료를 얻을 수 있다.

(d) 암석 표본은 해안과 산맥에 존재한다.

해설 암석은 남극 횡단 산맥과 해안을 따라 드러나 있다고 했으므로 (d)가 정답이다.

smother 감싸다 **impervious** 스며들지 않는 **Antarctica** 남극 대륙 **covert** 비밀의 **Transantarctic Mountains** 남극 횡단 산맥 **entomb** 매장하다 **shrewdness** 민첩함 **glimpse** 힐끗 보다 **rubble** 잡석 **dislodge** 이동시키다 **churn** 휘돌다 **in the wake of** ~의 결과로 **glacier** 빙하 **geochemical** 지구화학적

19

역량 있는 아테네의 정치가인 페리클레스는 자신이 태어난 도시 문화에 오래도록 남을 영향을 끼쳤으며, 그와 동시대 사람인 투키디데스는 그를 가리켜 '아테네 최초의 시민'이라고 선언할 정도였다. 기원전 461년에 페리클레스는 개혁파 정치가인 에피알테스와 공조하여 아테네의 급진적인 민주화 운동을 진척시키는 것을 도왔다. 그 후 바로 에피알테스는 새로운 아테네의 민주화를 꾀하는 데 참여하다가 암살을 당했고, 페리클레스는 초기 정부의 지도자 자리를 떠맡았다. 그는 여생 내내 공직을 통해서 자신의 유산을 규정하고 정직과 양심이라는 명성을 공고히 했다.

Q 페리클레스에 대한 내용과 일치하는 것은?

(a) 투키디데스와 손잡고 정치에 입문했다.

(b) 개혁적인 정치가인 에피알테스와 동맹을 맺었다.

(c) 에피알테스와 협력하여 초기 정부를 운영하였다.

(d) 권력을 잡은 후 민주주의에 환멸을 느끼게 되었다.

해설 Pericles joined with reformist politician Ephialtes에서 (b)가 정답임을 알 수 있다. 초기 정부가 세워지기 전에 에피알테스는 암살당했다고 했으므로 (c)는 맞지 않고, (d)에 관한 언급은 없다.

accomplished 역량 있는 **Athenian** 아테네의 **statesman** 정치가 **contemporary** 동시대 사람 **reformist** 개혁파 **radical** 급진적인 **thereafter** 그 후 **assassinate** 암살하다 **shoulder** 떠맡다 **incipient** 초기의 **cement** 공고히 하다 **scrupulousness** 양심적임 **fledgling** 풋내기 **disillusioned** 환멸을 느낀

20

5월 9일 노던 플레인 철도의 422편 열차 탑승객들께,

저는 이번 기회를 빌어 노던 플레인 철도를 대표해서 5월 9일 422편 열차의 몬트리올 도착이 지연되어 여러분에게 불편과 걱정을 끼쳐드린 데 대해 사과의 말씀을 드리고자 합니다. 노던 플레인 철도는 전국 교통안전국(NTSA)과 협력하여 사고 원인을 조사하고 있으므로 안심하시기 바랍니다. 승객 및 승무원에 대한 책임이 저희의 최우선 순위이며, 노던 플레인 철도에서 위로의 표시로 여러분께 인터넷이나 전국 지점 어디서나 사용할 수 있는 150달러 상당의 상품권을 제공하고자 합니다.

Q 안내문 내용과 일치하는 것은?

(a) 열차 시간 지연으로 불안이 초래되었다.

(b) 422편 열차는 몬트리올에 도착하지 못했다.

(c) 노던 플레인 철도는 조사를 종결했다.

(d) 승객들은 보상으로 무료 승차권을 받게 될 것이다.

해설 열차 지연으로 불편과 걱정을 끼친 데 대해 사과한다고 했으므로 (a)가 정답이다. 열차는 시간은 지연되었지만 결국 몬트리올에 도착했으므로 (b)는 맞지 않고, 승객들이 보상으로 받게 되는 것은 무료 승차권이 아니라 일정 금액의 상품권이므로 (d) 역시 맞지 않다.

apprehension 걱정 **inquire into** ~을 조사하다 **utmost** 최고의 **as a token of** ~의 표시로서 **conciliation** 화해 **voucher** 상품권 **redeemable** (현금이나 상품과) 교환할 수 있는 **nationwide** 전국의 **compensate with** ~으로 보상하다

21

콩고민주공화국과 르완다, 우간다의 접경에 있는 비룬가 마시프의 경사 지역에는 중앙 아프리카의 마운틴 고릴라가 부활을 준비하고 있다. 2003년의 개체 수 조사 이후 단기간 만에, 고릴라 개체 수는 25% 늘어났는데, 이는 멸종 위험이 대단히 높은 것으로 간주되던 종으로서는 매우 고무적인 부활이다. 사실 몇 십 년 전만 해도 그들의 멸종은 불가피해 보였는데, 전체 개체 수가 불과 250마리로 급감했기 때문이다. 30년이 지난 현재는, 약 480마리의 마운틴 고릴라가 비룬가 지역의 산에 서식하고 있으며, 이러한 성공은 지역 단체들의 꾸준하고 지속적인 노력 덕분이다.

Q 비룬가 지역의 마운틴 고릴라에 대해 일치하는 것은?

(a) 콩고민주공화국 밖에는 더 이상 존재하지 않는다.

(b) 2003년 집계 이후 개체수가 4분의 1 증가했다.

(c) 과거보다 현재 멸종될 위험이 더 크다.

(d) 개체 수가 3년 만에 거의 두 배가 되었다.

해설 2003년 집계 이후 개체 수가 25% 증가했다고 했으므로 (b)가 정답이다. 콩고민주공화국과 다른 두 나라가 국경을 접하고 있는 지역에 서식한다고 했으므로 (a)는 맞지 않고, (d)는 3년이 아니라 30년이라고 해야 맞다.

slope 경사면 **stage** 계획하다 **resurgence** 부활 **census** 인구 조사 **swell** 증대하다 **heartening** 믿음직한 **endangered** 멸종 위기에 처한 **extinction** 멸종 **inescapable** 불가피한 **plummet** 급락하다 **inhabit** 살다, 서식하다 **forested** 삼림의 **attributed to** ~에 기인한 **steadfast** 변함없는 **sustained** 지속적인

22

중력 렌즈에 관한 복잡한 이론은 어렵지만, 기본 원리는 쉽게 설명할 수 있다. 그것은 아인슈타인의 중력이라는 개념에 전적으로 기초하고 있다. 우주를 트램펄린이라고 상상하고, 행성이나 별 등의 무거운 물체가 그 표면에 하중을 가하고 있다고 해 보자. 이러한 천체의 하중은 빛까지도 끌어당길 수 있는 중력을 생성한다. 블랙홀처럼 엄청나게 큰 물체의 경우에는 빛이 마치 거대한 렌즈에 의한 것처럼 확대되는 방식으로 중력에 의해 굴절된다. 그래서 관측자의 시각에서는 블랙홀의 훨씬 뒤에 있는 물체에서 나오는 빛이 확대되어 더 분명하게 보일 수 있는 것이다.

Q 지문 내용과 일치하는 것은?

(a) 아인슈타인은 중력 렌즈에 대한 가설을 세웠다.

(b) 거대한 물체는 빛의 확대를 감소시킨다.

(c) 블랙홀은 멀리 있는 물체에 대해 렌즈와 같은 기능을 할 수 있다.

(d) 중력이 빛에 미치는 영향은 다른 물체에 대한 것과 다르다.

해설 중력 렌즈(gravitational lensing)란 물체에서 나오는 빛이 중력에 의해 굴절되어 마치 렌즈에 의한 것처럼 확대되어 보이는 현상이라고 했으므로 (c)가 정답이다. 아인슈타인이 중력 렌즈에 대한 가설을 세웠다는 언급은 없으므로 (a)는 맞지 않다.

intricacy 복잡 **readily** 쉽게 **explainable** 설명할 수 있는 **hinge on** 전적으로 ~에 달려 있다 **trampoline** 트램펄린(쇠틀에 넓은 그물망이 스프링으로 연결되어 점프를 할 수 있는 운동기구) **depression** 하중, 내리누름 **supermassive** 엄청나게 거대한 **bend** 구부리다 **magnify** 확대하다 **perspective** 시각 **hypothesize** 가설을 세우다

23

학부모님께,

선의의 경쟁은 하키 같은 스포츠에서 꼭 필요한 덕목입니다. 하지만 경쟁이 너무나 종종 악의적이고 비열하며 해로운 것이 되는 문화에서는 그런 장점은 무시될 수 있습니다. 경쟁과 협동이 공존하는 양육 환경을 조성하기 위해서 저를 비롯한 제 보조 감독들은 학부모님께서 긍정적인 태도에 대한 본을 보이시고 스포츠맨십을 장려해 주시기를 부탁드립니다. 이를 위한 방법들로는 다음과 같은 것들이 있습니다. 자녀의 노력을 북돋아 주고 칭찬해 주기, 팀에서 모든 역할의 중요성을 인정하기, 상대팀이나 심판을 비방하지 않고 자신의 팀을 응원하기 등입니다. 우리의 첫 번째 경기 때 응원석에서 여러분을 뵙기를 기대하겠습니다!

크리스틴 비톨즈 드림

Q 편지로부터 필자에 대해서 추론할 수 있는 것은?

(a) 청소년 하키 심판으로 재직하고 있다.

(b) 청소년 하키팀 선수의 학부모이다.

(c) 청소년 하키팀의 코칭 스탭 중 일원이다.

(d) 최고의 선수들에게만 포상을 해야 한다고 생각한다.

해설 하키팀 선수들의 학부모들에게 보내는 편지인데, my assistants and I에서 하키팀 감독이라 짐작할 수 있으므로 (c)가 적절하다.

integral 필수의 **scurrilous** 악의적인 **mean-spirited** 비열한 **detrimental** 해로운 **negligible** 하찮은 **foster** 조성하다 **nurturing** 양육 **coexist** 공존하다 **model** 모형을 만들다 **applaud** 박수갈채를 보내다 **acknowledge** 인정하다 **malign** 비방하다 **referee** 심판

24

미국 인류학 협회(AAA)는 더 이상 인류학을 과학 분야로 간주하지 않는다. 대신에, 스스로 내린 정의에서 '과학'이라는 말을 빼기로 결정하고, 이 단체는 사회에 대한 이해와 문화적 연구 지지라는 사명에 집중하기 시작했다. 인류학 분야에 속한 사람들, 예를 들어 인종과 민족과 성을 연구하는 자들은 항상 스스로를 과학 분야보다는 인문학의 일원이라고 여겨왔기 때문에 이 결정을 환영했다. 하지만 그로 인해 과학에 기반을 둔 고고학이나 물리 인류학 분야의 동료들과 일부 인류학자들이 분리되게 되었다. 이 분야의 전문성은 인류학에 대한 새로운 정의에서 벗어나는 것이다.

Q 보도로부터 추론할 수 있는 것은?

(a) 대부분의 인류학자들은 여전히 스스로를 과학자라고 여긴다.

(b) AAA는 역사적으로 인류학을 과학으로서 장려했다.

(c) 고고학자들은 문화적 연구를 과학보다 덜 타당하다고 여긴다.

(d) 물리 인류학자들은 AAA의 변화를 위해 거세게 로비를 펼쳤다.

해설 첫 문장에서 AAA가 더 이상 인류학을 과학으로 간주하지 않는다고 한 것으로 미루어 이제까지는 인류학을 과학으로 간주해 왔음을 짐작할 수 있기 때문에 (b)가 정답이다. 인류학자들은 예전에도 스스로를 인문학자라고 여겼다고 했으므로 (a)는 맞지 않다.

proffer 제의하다 **anthropology** 인류학 **discipline** 학과, 분야 **expel** 추방하다 **advocacy** 주장 **humanities** 인문학 **ethnicity** 민족성 **archaeology** 고고학 **expertise** 전문 지식 **exclude** 배제하다

25

〈페이션스 오브 스피치〉는 전국의 아마추어 이야기꾼들의 작품을 중점적으로 다루는 주간 라디오 프로그램입니다. 비영리 단체로서 우리는 살아 있는 예술이자 우리 문화 유산의 초석으로서 스토리텔링을 계속해서 장려하는 기부자들의 관대함에 의존하고 있습니다. 〈페이션스 오브 스피치〉를 후원하고 싶으시면, 소득 공제가 되는 기부를 하실 것을 고려해 보시기 바랍니다. 저희 인터넷 상점을 방문하셔서 저희의 특별한 이야기들을 출력해 보십시오. 여러분께 아주 행복한 휴가철이 되기를 바랍니다. 여러분에게 드리는 선물로서 모든 구매에 대해서 무료 배송을 해 드리고 있으며, 12월 23일까지 도착을 보장해 드립니다.

Q 광고로부터 추론할 수 있는 것은?
(a) 프로그램을 위한 기금은 정부 보조금에서 나온다.
(b) 무료 배송 혜택은 한시적으로 제공된다.
(c) 무료 배송은 기부에 대한 조건으로 뒤따르는 것이다.
(d) 출력본이 소진될 위험이 있다.

해설 구매자들에 대한 선물로서 현재 무료 배송을 해주고 있다고 했고, 이 혜택은 항시 있는 것은 아니기 때문에 (b)가 정답이다. print editions는 컴퓨터를 통해 출력하는 것이므로 (d)는 맞지 않다.

highlight 강조하다 **not-for-profit organization** 비영리 단체 **rely on** ~에 의존하다 **generosity** 관대함 **cornerstone** 초석 **heritage** 유산 **tax-deductible** 소득 공제가 되는 **perk** 특전

Part IV

26-27

세계적으로 유명한 물리학자가 뉴턴 대학교에서 연설할 예정

뉴턴 대학교는 다음 주 수요일 10월 17일 오후 6시에 레이첼 크로스 씨가 로빈스 홀에서 특별 강연을 할 예정임을 기쁜 마음으로 알려드립니다. 크로스 씨는 웜홀에 중점을 두면서 천체 물리학 분야의 최신 경향을 논의할 것입니다.

크로스 씨의 천재성은 그녀가 다섯 살 때 아인슈타인의 상대성 이론을 분명하게 이해하여 설명하면서 널리 인정을 받게 되었습니다. 그 천재성이 특별 강연을 통해 드러날 것이라고 확신합니다.

연설이 끝나고 나서, 크로스 씨는 30분 동안의 질의·응답 시간을 가질 것인데, 제기되는 어떤 질문에든 기꺼이 답변할 것입니다. 그렇지만 시간 제약을 감안하여, 10개의 질문만이 주어지게 될 것입니다.

뉴턴 대학교의 어떤 학생이든 크로스 씨의 질의·응답 시간에 제기할 질문을 제출할 수 있습니다. 질문을 제출할 때, 다음 지침을 명심하십시오.
- 질문은 웜홀에 관한 것이어야 합니다.
- 질문은 짧고, 분명한 하나의 문장이어야 합니다.
- 질문에는 초빙 연사를 폄하할 의도가 있는 어떤 단어도 포함되어서는 안 됩니다.

보다 자세한 내용을 알고 싶으시면, 555-7234-9225으로 피터 앤더슨에게 전화를 하십시오.

26 Q 발표에 따르면, 다음 중 올바른 설명은 무엇인가?
(a) 크로스 씨는 전국의 많은 명문 대학들에서 특별 강연을 펼치고 있다.
(b) 많은 이들이 크로스 씨를 신동으로 여겼다.
(c) 웜홀 이론은 크로스 씨가 다섯 살 때 제안했다.
(d) 뉴턴 대학교의 정규 학생들만이 크로스 씨에게 질문을 할 수 있다.

해설 세부 사항 유형이므로, 내용 하나하나를 꼼꼼하게 확인해야 한다. (a)는 주어진 내용만으로는 알 수 없으므로 반드시 오답으로 처리해야 한다. (c)는 지나친 비약이다. 지문에는 다섯 살 때 상대성 이론을 이해했다고만 제시되어 있다. (d)는 어떤 학생이든 질문이 가능하다고 했으므로 정답이 아니다. 따라서 정답은 두 번째 단락의 첫 번째 문장에서 분명하게 알 수 있는 (b)이다.

27 Q 다음 질문들 중 어느 것이 질의·응답 시간에 제기될 가능성이 높은가?
(a) 왜 웜홀에 대해서 모든 것을 아는 척 하시나요?
(b) 웜홀이 실제로 존재한다는 과학적 증거가 있나요?
(c) 평판이 좋은 과학자들과 함께, 자신의 학문적 배경에 대해 논의하는 것을 편하게 받아들이시나요?
(d) 아인슈타인의 상대성 이론을 정말로 이해하는 천체 물리학자들은 몇 명인가요?

해설 (a)는 초빙 연사를 폄하하는 것으로 이해될 수 있으므로 오답이다. (c)와 (d)는 웜홀 자체에 대한 질문이 아니기 때문에 오답이다. 따라서 정답은 (b)이다. 기존 텝스에서와 마찬가지로, 뉴텝스에서도 천문학이나 천체 물리학과 관련된 내용의 출제 빈도가 매우 높다. 청해 영역에 출제되기도 하고, 독해 영역에 출제되기고 한다. 따라서 평소에 관련 배경 지식을 익혀두는 것이 여러모로 유리하다.

physicist 물리학자 **astrophysics** 천체 물리학 **genius** 천재성; 천재 **convinced** 확신하는 **constraint** 제약, 제한 **guideline** 지침 **denigrate** 폄하하다; 명예를 훼손하다 **guest speaker** 초청 연사

28-29

수평파는 근대 민주주의의 선구자였는가?

영국 대내란이 발생하기 전에, 영국의 평민들은 대개 국왕과 귀족의 처분에 따라 삶이 좌우되어서 종종 극심한 빈곤을 겪었다. 전쟁이 전개됨에 따라, 평민들은 정치적 권리를 주장하려는 노력의 일환으로 국가의 지배 방식에 대한 발언권을 갖기를 원했다. 그들 가운데 일부는 급진적인 생각을 제안해서 '수평파'라고 불렸다.

이런 급진적인 생각에는 자연권의 증진과 투표권의 확대가 포함되어 있었는데, 이 때문에 일부 역사학자들은 이 저항 집단을 근대 민주주의의 선구자라고 간주한다. 이 역사학자들은 수평파의 생각을 요약한 '인민 협정'이 민주적인 영국에 대한 '헌법'을 제안하기 위한 시도였다고 이해한다.

다른 역사학자들은 이 저항 집단이 충분히 민주적이지 않았다고 지적한다. 이는 주로 이 급진파가 여성이 투표권을 행사해서는 안 된다고 주장했기 때문이다. 수평파는 당시 여성들이 남편에게 재정적으로 의존했기 때문에 책임 의식을 갖고 투표할 수 없다고 생각했다. 마찬가지로, 이 저항 집단은 빈곤한 남자들이 투표권을 갖는 것에도 반대했다.

수평파가 진정으로 민주적인 생각들을 제창했는지는 논란의 여지가 있지만, 영국에서 민주주의가 성장하는 데 기여한 그들의 공로는 간과되어서는 안 된다.

28 Q 기사의 요지는 무엇인가?
(a) 수평파는 영국에서 계급의 차이를 없애는 것을 열망했다.
(b) 수평파는 투표권이 보편적으로 부여되어야 한다고 생각했다.
(c) 수평파가 심하게 여성을 혐오하는 태도는 오랫동안 역사가들에 의해 간과되어 왔다.
(d) 온전히 민주적이지는 않았지만, 수평파는 민주주의의 이상을 증진했다.

Actual Test 3

해설 고난도 문항이다. (b)와 (d)에서 고민을 할 수 있는 문항이다. (b)에서 투표권의 보편적 부여라는 말은 일반적으로 어떤 성인에게든 투표권을 준다는 뜻이다. 그런데 수평파의 주장을 보면, 여성과 빈곤한 남성에게 투표권을 허용하지 않으려고 했다. 따라서 (b)는 오답으로 처리해야 한다. 정답은 전반적인 내용을 정확히 포착한 (d)이다. (a)는 비약에 해당하는 선택지로, 그렇게 판단할 수 있는 근거가 분명하게 제시되어 있지 않다.

29 Q 기사에 따르면, 다음 중 어느 것이 수평파에 대해 올바른 설명인가?

(a) 자연권을 옹호하는 데 대해 상반되는 태도를 가졌다.

(b) 경제적 지위가 투표에서의 선택에 영향을 미친다고 생각했다.

(c) 영국에 입헌군주제를 도입하기 위해 분투했다.

(d) 보편적인 복지 제도와 같은 사회주의적인 대의명분을 지지했다.

해설 세부 사항 유형은 문제에서 요구하는 정보를 빠르고 정확하게 포착하는 연습을 평소에 해 두어야 한다. (a)는 상반된 태도를 갖지 않았으므로 오답이다. (c)는 수평파가 입헌군주제를 도입하려고 노력했는지에 대한 단서가 없기 때문에 정답이 될 수 없다. (d)는 주어진 지문에 내용 자체가 없다. 따라서 정답은 지문으로부터 정확하게 알 수 있는 (b)이다.

Leveller 수평파 **pioneer** 선구자, 개척자 **at the mercy of** ~의 마음대로인 **gentry** 신사 계급, 상류 계급 **abject** 극도로 비참한 **unfold** 전개되다 **have a say** 발언권이 있다 **assert** 주장하다 **radical** 급진적인 **natural rights** 자연권 **suffrage** 투표권, 참정권 **constitution** 헌법 **debatable** 논란의 여지가 있는 **ambivalent** 모순된 감정을 가진

30-31

편집자께:

귀지(貴紙)의 9월 25일 자 사설은 근본적으로 제한 속도를 낮추면 자동적으로 교통사고가 줄어들 것이라고 주장합니다. 문제가 그렇게 단순하지 않다는 것을 깨달을 필요가 있습니다.

우선 첫째로, 운전자들이 단지 제한 속도가 줄어들었다고 해서 자동적으로 속도를 늦추지는 않습니다. 수많은 연구들은 또한 제한 속도를 낮추는 것이 자동차 사고의 유의미한 감소로 귀결되지 않는다는 사실을 밝혀냈습니다. 정반대로, 그런 조치는 교통사고를 증가시키는 경향이 있습니다.

또한 전문가들은 제한 속도를 높이는 것이 자동차 사고의 유의미한 증가로 귀결되지 않는다는 데에 일반적으로 동의합니다. 많은 연구들이 그런 조치가 교통사고의 감소로 이어질 가능성이 높다는 사실을 밝혀냈습니다. 그리고 운전자들이 제한 속도가 높아지면 보다 기꺼이 제한 속도를 준수하려고 한다는 사실은 주목할 만합니다.

이런 결과들이 당황스러운 것이라고 느낄지도 모르겠습니다. 그렇지만 자동차 사고를 줄이기 위해서는, 운전자들을 행동하게 하는 것이 정말로 무엇인지 이해해야 합니다. 운전자들은 본질적으로 합리적인 의사 결정자들입니다. 대다수는 현재의 제한 속도가 일반적인 도로 여건에 적정한 속도를 반영하지 못한다고 느낍니다. 그렇기 때문에, 제한 속도를 낮추는 것은 해결책이 아닙니다.

30 Q 편지의 주된 목적은 무엇인가?

(a) 자동차 사고의 숫자가 늘어나는 이유를 편집자에게 설명하는 것

(b) 편집자에 대한 저자의 경멸을 표현하는 것

(c) 운전자들이 일반적으로 생각되는 것보다 훨씬 더 합리적이라고 주장하는 것

(d) 사설이 제기하는 주장을 반박하는 것

해설 편집자에게 보내는 독자의 편지 형식의 문항이 꾸준히 출제되고 있다. (a)는 사고의 숫자가 증가하는 이유 자체를 다룬 것은 아니므로 오답이다. (b)는 전형적인 비약에 해당하는 선택지이므로 반드시 오답으로 처리해야 한다. (c)는 편지에 포함된 내용으로 이해할 수도 있지만, 주된 목적이 아니다. 따라서 정답은 (d)이다. 사설에서 제기하는 것처럼 제한 속도를 낮춘다고 해서 교통사고의 숫자가 줄어드는 것은 아니라고 반박하는 것이 주된 목적이기 때문이다.

31 Q 저자가 어떤 진술에 동의할 가능성이 가장 높은가?

(a) 자동차 사고를 줄이는 데 관해서는 전문가들이 신뢰할 가치가 없다.

(b) 제한 속도를 높이는 것은 항상 교통사고를 감소시킨다.

(c) 건전한 교통 정책은 운전자의 행동에 대한 이해에 바탕을 두어야 한다.

(d) 일반적으로 도로 여건은 제한 속도의 감소를 요구한다.

해설 (a)는 저자의 입장과 관련이 없다. 편지의 저자는 여러 연구 결과를 요약해서 말하고 있기 때문에 오히려 반대라고 이해할 수도 있다. (b)는 그럴 가능성이 높다고 해서 반드시 그런 것은 아니기 때문에 오답이다. 가능성과 실제는 다르다. (d)는 저자 입장과는 오히려 반대라고 이해할 수 있다. 따라서 정답은 본문 네 번째 단락의 두 번째 문장에서 분명하게 알 수 있는 (c)이다. 이것이 저자가 주장을 전개하는 근거이기도 하다.

editorial 사설 **speed limit** 제한 속도 **motorist** 운전자 **measure** 조치 **noteworthy** 주목할 만한 **comply** 준수하다, 따르다 **finding** 결과, 결론 **perplexing** 당황하게 하는 **make ~ tick** ~을 기능하게 하다 **prevalent** 일반적인, 널리 퍼져 있는

32-33

한동안 인정을 받지 못한 걸작인 〈아스니에르에서 멱 감는 사람들〉

1884년에, 당시 24세였던 조르주 피에르 쇠라는 〈아스니에르에서 멱 감는 사람들〉을 완성했는데, 이 작품은 현재 쇠라의 규모가 큰 대작들 가운데 하나로 인정을 받고 있다. 그렇지만 1884년에는 이 그림이 인정을 받지 못했다. 쇠라에게는 불행히도, 〈아스니에르에서 멱 감는 사람들〉은 그의 평생 동안 인정을 받지 못했다.

이 기념비적인 작품을 완성한 직후에, 쇠라는 이 작품이 1884년 파리 연례 미술 전람회에 전시되어야 한다고 요청했다. 전람회 심사위원들은 그의 요청을 거절했는데, 그것이 쇠라가 다른 화가들과 함께 '독립 예술가 집단'을 결성한 이유의 일부였다. 이 단체는 앵데팡당 전(展)이라는 명칭의 자체 전시회를 개최했으며, 〈아스니에르에서 멱 감는 사람들〉은 전시된 작품들 가운데 하나였다.

그 전시회에서 〈아스니에르에서 멱 감는 사람들〉은 펠릭스 페네옹이 그 가치를 인정했지만, 팬들을 끌어들이지는 못했다. 쇠라가 31세의 나이에 사망하고 나서 9년 후에, 페네옹은 그 작품을 사들였는데, 이는 그 작품에 대한 관심이 다시 시작된 계기를 뜻했다. 사실 점점 더 많은 평론가들이 〈아스니에르에서 멱 감는 사람들〉의 가치를 인정하게 된 것은 20세기 동안이었다.

쇠라의 사례가 입증하듯이, 몇몇 대작들은 온전히 인정을 받는 데 오랜 시간이 걸리는데, 특히 그런 대작의 창작자가 시대를 앞서가는 경우에 더욱 그러하다.

32 Q 지문에 따르면, 다음 중 무엇이 쇠라가 '독립 예술가 집단'을 결성하도록 재촉하는 데 영향을 미쳤는가?

(a) 미술계의 기득권층이 자신을 화가로서 인정하지 않은 것

(b) 권위 있는 미술 전람회에 자신의 작품을 전시할 기회를 상실한 것

(c) 그의 인상주의를 현실로 구현해서 파리 연례 미술 전람회의 심사위원과 갖게 된 긴장된 관계

(d) 미술에서 미지의 영역을 탐구하려는 정신

해설 (a)는 전형적인 비약이다. 쇠라의 작품 한 점이 전시되는 것을 거부했다고 해서, 화가로서 쇠라를 인정하지 않았다고 판단할 수는 없기 때문이다. (c)는 지문에 내용이 제시되어 있지 않아서 알 수 없다. (d)는 그럴 수도 있겠지만 지문 자체에는 분명하게 나와 있지 않은 내용이다. 따라서 지문의 내용에 충실한 (b)가 정답이다. 중요 작가이기 때문에, 작품과 화풍에 대해 기본적인 내용을 익혀 두는 것이 바람직하다.

33 Q 지문으로부터 〈아스니에르에서 멱 감는 사람들〉에 대한 추론할 수 있는 바는 무엇인가?

(a) 쇠라는 그 작품이 자신의 가장 영향력 있는 미술 작품이 될 것이라고 생각했다.

(b) 앵데팡당 전(展)에서 두 번째로 가장 많이 관람된 미술 작품이었다.

(c) 쇠라의 동시대인들 가운데 그 작품의 미술적 가치를 이해한 이는 거의 없었다.

(d) 프랑스의 노동자 계층에 대한 혁명적인 메시지를 전달하려는 데 목적이 있었다.

해설 추론 유형의 정답은 반드시 주어진 지문에 근거가 있어야 한다. (a)는 그런 근거가 없기 때문에 오답이다. (b)는 거의 팬들을 끌어들이지 못했다고 했으므로 틀린 설명이다. (d)는 실제로 그런 의도가 있었다고 하더라도, 주어진 지문에 그 내용이 제시되어 있지 않다. 이런 경우에는 반드시 이처럼 지문에 없는 내용은 오답으로 처리해야 한다. 지문에 없는 배경 지식을 측정하는 데 목적이 있지 않기 때문이다. 따라서 정답은 (c)이다.

masterpiece 걸작, 대작 **monumental** 기념비적인 **reject** 거부하다, 거절하다 **institution** 단체, 기관 **exhibition** 전시회 **attract** 끌어들이다 **admirer** 팬, 숭배자 **renew** 재개하다 **merit** 가치 **creator** 창조자, 창작자

34-35

NYC 타임스

홈페이지 / 환경 / 정치 / 비즈니스 / 국제 / 문화 / 스포츠

북극 증폭이 지구 환경을 위협하다

거의 모든 이들은 지구의 온도가 조절되어야 한다는 것을 이해한다. 그렇지만 그런 조절 과정에서 북극이 필수적인 역할을 맡는다는 것을 인식하는 이들은 많지 않다. 기상학자들에 따르면, 북극의 육지와 해양 표면이 막대한 양의 태양 에너지를 반사하는데, 이것이 지구의 온도를 조정하는 데 도움을 준다고 한다.

지구 온난화가 지구의 점점 더 많은 지역에 영향을 미쳐서, 북극의 육지와 해양 표면이 반사하는 태양 복사보다 흡수하는 태양 복사가 훨씬 더 많은 경향이 있다. 그 결과 북극이 점점 더 따뜻해지는 경향이 있는데, 이것이 북극 증폭으로 알려져 있다. 이것은 지구의 환경을 위태롭게 할 수 있다는 점에서 지극히 심각한 문제이다.

주로 북극 지역의 기후 변화가 중위도 지방의 기상 조건에 영향을 미치기 때문에, 북극 증폭은 이상 기후 현상의 만연으로 귀결될 수 있다. 많은 기상학자들은 북극 증폭이 오랫동안 지속되는 폭염과 한파로 이어질 것이라고 예측한다.

널리 알려져 있듯이, 기후 변화는 지구 공동체가 다루어야 하는 긴급한 문제인데, 북극 증폭은 그런 필요성을 강력하게 일깨우는 역할을 한다.

34 Q 두 번째 단락의 주제는 무엇인가?

(a) 지구 환경이 태양 복사로부터 위협을 받고 있는 이유

(b) 북극 증폭은 어떻게 발생하는가

(c) 북극이 엄청난 양의 태양 에너지를 반사하는 이유

(d) 지구 온난화가 지구의 생태계에 어떻게 영향을 미치는가

해설 (a)는 태양 복사로부터 위협을 받는다고는 하지 않았기 때문에 오답이다. (c)는 반사하는 양보다 흡수하는 양이 많기 때문에 문제가 생긴다고 했으므로 정답이 아니다. (d)는 두 번째 단락에서 다루고 있는 내용이 아니다. 두 번째 단락은 북극 증폭이 어떻게 해서 발생하는가를 주로 말하고 있기 때문에 정답은 (b)이다.

35 Q 기사에 따르면, 다음 중 북극 증폭에 대해 올바른 설명은 무엇인가?

(a) 지구의 온도를 조절하는 데 핵심적인 역할을 수행한다.

(b) 중위도 지방에서 폭염 기간이 늘어나는 데 기여할 수 있다.

(c) 북극의 야생 생물 개체군에는 어떤 영향도 미치지 않는다.

(d) 인간이 간섭할 가치가 없는 자연 현상이다.

해설 (a)는 매력적인 오답인데, 실제 고사장에서 문제를 풀 때는 이처럼 일부 내용이 빠져 있는 오답 유형에 특히 유의해야 한다. (a)는 북극 증폭이 아니라, 북극에 대한 설명이기 때문에 정답이 아니다. (c)는 영향을 미칠 것으로 예상되지만, 지문에서 제시하지 않았으므로 오답으로 처리해야 한다. (d)는 마지막 문장에서 말하는 바에 어긋난다. 따라서 정답은 주어진 내용으로부터 정확하게 확인할 수 있는 (b)이다. 생태학이나 환경 관련 지문은 꾸준히 출제되는 영역이기 때문에, 평소에 기본적인 배경 지식을 갖추는 것이 바람직하다.

Arctic 북극의 **amplification** 증폭 **regulate** 통제하다 **vital** 필수적인 **meteorologist** 기상학자 **solar radiation** 태양 복사 **jeopardize** 위태롭게 하다 **prevalence** 널리 퍼짐, 유행 **mid-latitudes** 중위도 지방 **heat wave** 열파(熱波) **cold spell** 한파 **pressing** 긴급한 **potent** 강력한